Grenzen – Tabu und Wirklichkeit

Beiträge zur Individualpsychologie
(begründet von Rudolf Kausen und Franzjosef Mohr)
Im Auftrag der Deutschen Gesellschaft für Individualpsychologie e.V.
herausgegeben von
Dipl.-Psych. Thea Ahrens, Elisabeth Fuchs-Brüninghoff und
Univ. Prof. Dr. med. Dipl.-Psych. Ulrike Lehmkuhl

Band 25
XVIII. Delmenhorster Fortbildungstage für Individualpsychologie e.V. 1998
Redaktionelle Bearbeitung: Ulrike Lehmkuhl

Grenzen – Tabu und Wirklichkeit

Herausgegeben von Ulrike Lehmkuhl

Mit Beiträgen von

Heide Bade
Almuth Bruder-Bezzel
Jörg Fengler
Günter Heisterkamp
Kurt Hemmer
Sabine Herpertz
Hans Keilson
Katharina Lenner
Christel Lueb-Pietron
Klaus Ohm

Ernst Reinhardt Verlag München Basel

Die Deutsche Bibliothek – CIP Einheitsaufnahme

Grenzen – Tabu und Wirklichkeit / hrsg. von Ulrike Lehmkuhl.
Mit Betr. von Heide Bade ... – München ; Basel : E. Reinhardt, 1999
   (Beiträge zur Individualpsychologie ; Bd. 25)
   ISBN 3-497-01501-6

ISSN 0722-8902

© 1999 by Ernst Reinhardt, GmbH & Co KG, Verlag, München

Dieses Werk einschließlich aller seiner Teile ist urheberrechtlich geschützt. Jede Verwertung außerhalb der engen Grenzen des Urheberrechtsgesetzes ist ohne schriftliche Zustimmung der Ernst Reinhardt, GmbH & Co KG, München, unzulässig und strafbar. Das gilt insbesondere für Vervielfältigungen, Übersetzungen in andere Sprachen, Mikroverfilmungen und die Einspeicherung und Verarbeitung in elektronischen Systemen.

Printed in Germany

Inhalt

Vorwort 7

Hans Keilson
Grenzsituationen – Was Menschen einander antun
Psychoanalyse und man-made-disaster – Versuch der Beschreibung
eines persönlichen Werdeganges 9

Günter Heisterkamp
Vom Handeln des Analytikers in der "talking cure" 22

Kurt Hemmer
"Alles kann auch anders sein" – ganz anders
Ein Analytiker, wie er leibt und lebt, seine Grenzen, seine Tabus
und seine Wirklichkeiten: "Einmal Lincoln Street und zurück" 40

Heide Bade
Grenzen setzen, Grenzen überschreiten
Erfahrungen aus der Psychotherapie mit Kindern, Jugendlichen
und Eltern 52

Jörg Fengler
Helfen macht müde
Zur Analyse und Bewältigung von Burnout und beruflicher Deformation ... 65

Sabine Herpertz
Psychodynamik und Therapie selbstverletzenden Verhaltens 76

Klaus Ohm
Der Zwischenmensch
Recherchen an den Grenzen der Gegenübertragung 87

Katharina Lenner
Grenzen (in) der Teamsupervision 101

Christel Lueb-Pietron
Erfahrungen mit Leben – Sterben – Tod
Solidarität zwischen Trost und Ermutigung 116

Almuth Bruder-Bezzel
Hat sich die Individualpsychologie von 1933 erholt? 125

Namenverzeichnis 139

Sachverzeichnis 141

Verzeichnis der Referentinnen und Referenten

Heide Bade, Dr. phil.
Fallmerayerstraße 9 a, D-80796 München

Almuth Bruder-Bezzel, Dr. phil.
Pariser Straße 56, D-10719 Berlin

Jörg Fengler, Prof. Dr. phil.
Zur Schneidemühle 6, D-53347 Alfter

Günter Heisterkamp, Univ.-Prof. Dr. phil.
Stolsheide 5, D-40883 Ratingen

Kurt Hemmer, Dr. phil.
Eschelbachstraße 8, D-53129 Bonn

Sabine Herpertz, Priv.-Doz. Dr. med.
Am Zehnthof 7, D-50999 Köln

Hans Keilson, Dr. med. Dr. hc.
Hilversumer Weg 29, NL-1406 TC Bussum

Katharina Lenner
Thalkirchner Straße 145, D-81371 München

Christel Lueb-Pietron
Hamannstraße 44, D-40882 Ratingen

Klaus Ohm, Dr. phil.
Birkenstraße 11, D-10559 Berlin

Vorwort

Als 1996 das Thema für die Delmenhorster Fortbildungstage 1998 festgelegt wurde "Grenzen – Tabu und Wirklichkeit", war gerade ein Jahr zuvor im Jüdischen Verlag in Frankfurt/Main "Bruchstücke" von Binjamin Wilkomirski erschienen. Bruchstücke aus einer Kindheit von 1939-1948. Im Spätsommer 1998 erfuhr die Öffentlichkeit, daß es diese Kindheit nie gegeben hat, daß Binjamin Wilkomirski Erinnerungen an den Holocaust erfunden hatte.

Ganz anders die Erinnerungen, an denen uns am 31. 10. 1998 Hans Keilson teilnehmen ließ. Ein Leben fast so lang wie das zu Ende gehende Jahrhundert mit dem historischen Einschnitt, der Verfolgung und ein Leben im Untergrund und Widerstand bedeutete. Die erste Tochter brauchte viele Jahre, bis aus dem früheren und dem aktuellen geigespielenden Mann wieder ein Vater wurde, obwohl sie mit ihrer Mutter diese schweren Jahre "ohne große Gefahren und Bedrohungen" (so die Beschreibung des Vaters) (v)erlebte.

Das Thema ist sicher wie kaum ein anderes von historischen und politischen Dimensionen belastet, hat aber noch sehr viel mehr Facetten, wie die Vielfalt der übrigen Vorträge belegt. Verbunden sind alle Themen jedoch bestimmt durch die kollektive Erfahrung von unvorstellbarer Grenzüberschreitung. Die aktuelle Debatte um die Rede Martin Walsers, die er anläßlich des diesjährigen Friedenspreises des Deutschen Buchhandels gehalten hat, zeigt einmal mehr, wie dünn unsere Haut ist, wie verletzbar wir alle sind, wie rasch Mißverständnisse aufkeimen und zu nahezu unüberwindbaren Hindernissen anschwellen können.

Das Sprechen über Grenzüberschreitungen möge verhindern helfen, daß sie als solche nicht rechtzeitig erkannt werden, daß sie bewußt sind, daß dieser entscheidende Schritt nicht arglos, sondern in vollem Bewußtsein gemacht wird.

Berlin im Dezember 1998   *Ulrike Lehmkuhl*

HANS KEILSON

Grenzsituationen – Was Menschen einander antun

Psychoanalyse und man-made-disaster – Versuch der Beschreibung eines persönlichen Werdeganges

Extreme Situations – What Humans do to Each Other

Psychoanalysis and Man Made Disaster. Trying to Describe a Course of Life

The personal course of life forms the background of the author's description of his understanding of psychoanalytical thinking. He relates it to own experiences with contemporary history and describes the meetings with contemporaries, students, and closely related persons.

Auf dem Hintergrund seines persönlichen Lebensweges beschreibt der Autor sein Verständnis von psychoanalytischem Gedankengut, setzt es in Beziehung zu zeitgeschichtlich Miterlebtem. Er schildert Begegnungen mit Zeitgenossen, Studenten und ihm nahestehenden Menschen.

Lange Zeit ist es eine offene Frage für mich geblieben, ob es von der Deutschen Gesellschaft für Individualpsychologie sinnvoll war, mich, einen einst in Preußen, in der Mark Brandenburg, in einer kleinen Provinzstadt des Oderbruches geborenen und im deutschen Kulturkreis aufgewachsenen Juden, der Deutschland im Herbst 1936 für immer verlassen hat und nur von Zeit zu Zeit als Gast das Land wieder besucht, im Rahmen der 18. Delmenhorster Fortbildungstage für Individualpsychologie zu einem Vortrag über das Thema "Leben-Überleben in Grenzsituationen" als Zeitzeugen einzuladen. Zeitzeugen sind nicht immer die zuverlässigsten Zeugen, ihre Erinnerungen sind von besonderer Art, heimgesucht durch Lücken oder Fälschungen, die sie durch Vor- oder Nachurteil bedingten Phantasien auszuschmücken gedenken. Es sind Pendler zwischen den Zeiten, und wie die meisten Pendler nirgends wirklich zu Hause. Zeugen treten, außer bei Hochzeiten, bei juristischen Prozessen und Gerichtsverhandlungen auf zur Klärung von Unfällen oder Vergehen, welcher Art auch immer. Sie ernennen mich zum Zeugen einer Zeit, eines Zeitalters, dessen Risse, Widersprüche, Versagungen, Siege, Triumphe, Niederlagen und Zerstörungen selbst für Historiker schwer in ein Gesamtbild, geschweige für einen Psychiater/Psychoanalytiker in Worte zu fassen sind, vor allem, wenn er in den entscheidenden Jahren 1939 bis 1945 in dem von deutschen Truppen besetzten Europa geblieben ist.

Auf einem medizinischen Kongress von "Amnesty International" im Dezember 1997 in Kopenhagen, an dem ich teilnahm, hat der dänische Neurologe Per Thygesen, einer der ersten Ärzte, der Überlebende von Konzentrations- und Vernichtungslagern untersuchte und seine Befunde an dänische Gerichte weitergegeben hat, einige interessante Aussagen getan. Als forensisch-psychiatrischer Gutachter sah er sich mit einer Gesetzgebung konfrontiert, die alle Zeichen einer sozio-kulturellen Retardation aufwies. Er mußte als Arzt den Gerichten über Folgen von Kriegsverbrechen und Verbrechen gegen die Menschlichkeit, die in der bestehenden Rechtsprechung bisher nicht kodifiziert waren, Gutachten abgeben. Als Arzt wurde er mit einer neuro- und psychopathologischen Symptomatik von Krankheitsbildern konfrontiert, die in dem Zusammenhang von traumatischem Ereignis, Traumaerfahrung und Traumafolge und -reaktion bisher unbekannt waren.

Auch ich stand bei meiner ersten Untersuchung im November/Dezember 1945 mit einem aus Bergen-Belsen zurückgekehrten zwölfjährigen Jungen, der seine Eltern und vier Geschwister im Lager verloren hatte, und in den folgenden Jahren vor einer ziemlich ratlosen Situation. Im Jahr 1947 kamen mit Hilfe der Jugend-Alija ungefähr fünfhundert jüdische Kinder, zum übergroßen Teil Waisen aus Rumänien, in die Niederlande zur Vorbereitung ihrer Übersiedlung in das damalige Palästina. Die Gründung des Staates Israel am 30. April 1948 habe ich in ihrer Mitte erlebt. Diese Kinder hatten auf eine abenteuerliche Weise Krieg und Verfolgung zum Teil in Verstecken in Rumänien bei Bauern, in Wäldern der angrenzenden Staaten, überlebt. Eigentlich wußte niemand von uns, wo und wie sie überlebt hatten. Daß sie überhaupt überlebt hatten, war ein Wunder und die Weise, wie sie es geschafft hatten, ein noch größeres. Wir hatten beinahe keine Anamnesen von ihnen und die spärlichen Daten, die uns zur Verfügung standen, waren höchst unzuverlässig. Die Sprachprobleme waren zu Beginn unlösbar. Nach einigen Monaten trat in der sprachlichen Kommunikation eine Besserung ein.

Über die Lebensweise der Kinder war ich eigentlich nicht so sehr erstaunt. Ich hatte die Rückkehr der kleinen Anzahl unserer holländisch-jüdischen Kinder aus den Konzentrations- und Vernichtungslagern in die Heime miterlebt. Sie verhielten sich so, als lebten sie noch immer im Lager, sie wuschen sich nicht, Toiletten kannten sie nicht, sie lagen mit Schuhen im Bett, aßen unter dem Tisch, ängstlich spähend, ob ihnen ihr Nachbar etwas wegnehmen könnte und zugleich auf der Lauer, sich keine Gelegenheit entgehen zu lassen, selbst dem Anderen etwas zu stehlen. Auch der Gebrauch von Messer und Gabel war anscheinend ein großes Problem für sie. Sie verließen das Haus durch offene Fenster oder schlugen, wenn sie geschlossen waren, die Scheiben ein. Man hatte den Eindruck, als ob sie den ganzen zivilisatorischen Firnis, oft kritisiert und bewitzelt, im Lager abgelegt oder verloren hatten. Man vergaß dabei, daß es die Folge der Überlebensstrategie ihres Aufenthaltes im Lager war. Auch ihre Schergen unterlagen einer noch viel tieferen Regression, selbst wenn sie Hölderlin lasen oder Weihnachtslieder sangen.

Die Kinder der Jugend-Alija waren, als sie in den Niederlanden ankamen, wieder einigermaßen resozialisiert. Aber die Spuren ihrer jüngsten Vergangenheit waren noch deutlich erkennbar. Die Leitung der Kinder-Organisation verlangte damals, daß ich alle Kinder testen sollte. Ich hatte einige Testerfahrungen mit dem überarbeiteten Binet-Simon, der Stanford Revision des Terman-Testes, mit Rorschach, Behn-Rorschach, Alexander Performance und auch dem Wartegg-Test. Wenn es mir nötig erschien, gebrauchte ich diese Tests auch bei unseren holländischen Kriegswaisen, von denen die meisten aus Verstecken wieder zum Vorschein gekommen waren. Sie alle waren in sozio-kultureller Hinsicht retardiert. Viele hatten als Folge der zahlreichen, wechselnden Verstecke keine, wieder andere doch eine gewisse Schulausbildung genossen. Da die Diskrepanz zwischen Intellekt und Ausbildung auf allen Fronten die Wiedereinschulung behinderte, erschien es mir damals sinnvoll, ein Testprofil anzufertigen. Aber das Wichtigste war für mich die Beobachtung des Verhaltens des betreffenden Kindes während der Testdurchführung, eine Anregung, die bereits von dem Schöpfer des sogenannten "Binet-Simon-Testes" ausgegangen war.

Bei dieser Arbeit mit den rumänischen Kindern wurde mir nach kurzer Zeit klar, daß es, abgesehen von den Sprachproblemen, ziemlich widersinnig war, Kinder aus dieser Ecke des Balkans, aus einem völlig anderen sozio-kulturellen Milieu und mit ihren, uns völlig unbekannten und schwer einfühlbaren Kriegs- und Verfolgungserfahrungen mit einer formalisierten Testbatterie zu untersuchen, die in Zeiten einer gewissen sozialen Stabilität und eines gewissen kulturellen Niveaus durch Intellektuelle für eine bestimmte Population in einem anderen Teil unseres Planeten ausgeklügelt worden war. Ich versuchte, mir durch Spiele oder andere Aktivitäten mit den Kindern ein Bild von ihrem status praesens zu formen, um einen Kontakt aufzubauen. Es gelang mir nicht, die verantwortliche Leitung von der Ratio meiner Überlegungen zu überzeugen. Sie glaubte fest an den universalen Wert der Testbatterien, er war für sie der Beweis des aristotelischen Wissenschaftsideals, des universalen Fortschrittes, der Wissenschaft als Produkt des menschlichen Geistes kraft der ihm eigenen Logik. Bereits damals kamen mir die ersten Zweifel an der ungebrochenen Anwendbarkeit einer psychologischen Theorie für Engel, Teufel und Dämonen und jüdische Kinder, bloßgestellt durch Krieg, Verfolgung und tödliche Bedrohung nicht nur auf dem Balkan.

Als ich später bei Thomas S. Kuhn, einem Physiker und Wissenschaftshistoriker, seine These von der "Theoriebeladenheit jeder Wahrnehmung" kennenlernte und die verheißungsvolle Gruppe um Freud, "dass die Psychoanalyse das Angesicht der Erde verändern werde [..], in welchem kein Raum mehr für Neurosen sein werde" (Wittels, Der Taufjude, 1904, Die sexuelle Not, 1907), begriff ich auch, daß eine normale wissenschaftliche Tradition sich dann erst entwickeln kann, wenn "ein Kreis von Personen sich zusammengefunden hat, deren Glieder von den Leistungen einer Auffassung zur Deutung bestimmter Phänomene überzeugt sind, und auch davon, daß aus dieser Auffassung Modelle für weitere Problemlösungen herauszuholen sind" (Stegmüller). Das Werk von Wilhelm Reich vor dem Ausbruch seiner Krankheit, von Theodor Reik "Der Mut nicht zu verstehen", aber vor allem von psychoanalytisch orientierten Gesellschaftswissenschaftlern wie Herbert Marcuse (historizistische Denkweise über die Mission der Arbeiterschaft) und Erich Fromm über den "Sozialcharakter", über "Soziale Bedingungen und psychologische Konsequenzen", bestärkte mich in meinen Erfahrungen mit den Problemen in einer modernen, hochindustrialisierten Gesellschaft, in der auch die Psychoanalyse beheimatet ist. Ich begriff, von welcher Art die damals nicht nur in Wien anerkannt wichtigen und relevanten Probleme waren, für die das Paradigma der Psychoanalyse Lösungsvorschläge brachte.

Aber vollends wurde mir das Ausmaß der wissenschaftstheoretischen Problematik erst bewußt, als ich meine eigene Untersuchung über die massive kumulative Traumatisierung bei Kindern am Beispiel des Schicksals der jüdischen Kriegswaisen in den Niederlanden begann und mich mit dem Problem der Traumatisierung durch man-made-disaster befaßte. Diese Langzeituntersuchung mit dem Titel "Sequentielle Traumatisierung bei Kindern" ist außer in Deutsch auch integral in englischer Sprache erschienen. Seit einigen Monaten besteht auch eine komprimierte französische Ausgabe unter dem Titel "Enfants les victimes de la guerre", aufgenommen in der Reihe "Monographie de la psychiatrie d'enfants" bei der Presses Universitaires de France. Es hat sich ergeben, daß das Konzept meiner Untersuchung auch anwendbar ist auf andere Populationen. In die Untersuchung der jüdischen Kriegswaisen habe ich mein eigenes Verwaistsein eingebracht.

Ich weiß nicht, ob es überhaupt von mir sinnvoll, um nicht zu sagen, vernünftig war, diese Einladung anzunehmen zu einem Referat, dessen unmißverständlicher Titel "Psychoanalyse und man-made-disaster, Versuch der Beschreibung eines persönlichen Werdeganges", abgesehen von der Verzahnung von wissenschaftlichen und persönlichen Ingredienzien, viele Fallstricke und Tücken enthält. Diese Überlegung enthebt mich nicht der angenehmen Pflicht, nachträglich Ihrem Institut, meine aufrechten Wünsche zu übermitteln. Was es mit diesen Wünschen auf sich hat, hoffe ich, im Verlauf meiner Ausführungen zu verdeutlichen, wobei ich auf den im Verbum "verdeutlichen" inhärenten Sinn rhetorischen Sprachgebrauchs "Deutung" aufmerksam machen will. Zudem suggeriert das Thema meines Vortrages einen Zusammenhang zwischen dem persönlichen Werdegang des Referenten, Nervenarzt und Psychoanalytiker seines Zeichens, und seiner wissenschaftlichen Beschäftigung mit dem ihm nicht nur durch Hörensagen vertrauten Problem der Traumatisierung durch man-made-disaster, was die Sache nicht einfacher macht.

Es ist gewiß bekannt, daß zum Beispiel in der Literaturkritik die Gewohnheit, bei der Präsentation des Werkes eines Autors dessen Biographie als Ausgangspunkt zu wählen, in methodischer Hinsicht äußerst kritisch betrachtet wird. Mit Recht, wie mir scheint. Ob man diese Kriterien auch auf eine wissenschaftliche Arbeit anwenden darf, ob die man-made-disaster-Erfahrungen den Werdegang eines Psychiaters/Psychoanalytikers prägen und diese in der Art, wie sie auf seine spezialisierte Ausrüstung einwirken und er sie in seinem Fachgebiet instrumentalisiert und damit hantiert, zum Ausdruck kommen, diese Frage ist durchaus legitim. Aber dies ist nicht das Entscheidende. Die Entwicklung des Traumabegriffes in der Psychiatrie ist ein apartes Kapitel. Es geht nicht mehr um Naturkatastrophen, Erdbeben, Taifuns, Überschwemmungen usw. Wissenschaftliche Formulierungen und Untersuchungen finden ja nicht sub specie aeternitatis statt. Auch die Hypothesen und die Theorie der Psychoanalyse tragen viele, nicht alle Zeichen einer sozio-kulturellen Retardation, und es wäre vermessen, dies zu leugnen. Auch hier gelten Freuds abschließende Worte in der "Neuen Folge der Vorlesungen" (Bd. XV, 169):

> "Ich sage Ihnen, die Psychoanalyse begann als eine Therapie, aber nicht als Therapie wollte ich sie Ihrem Interesse empfehlen, sondern wegen ihres Wahrheitsgehaltes, wegen der Aufschlüsse, die sie uns gibt über das, was dem Menschen am nächsten geht, sein eigenes Wesen, und wegen der Zusammenhänge, die sie zwischen den verschiedensten seiner Betätigungen aufdeckt".

Der Begriff "Wahrheit" steht zentral in Freuds Reflexion über seine Arbeit. Er verstand sich, Peter Gay zufolge, als "der Zerstörer von Illusionen, als der treue Diener der wissenschaftlichen Wahrhaftigkeit". Als er die Haltlosigkeit der Verführungstheorie einsah, gab er sie auf. Wenn er sie nicht aufgegeben hätte, könnte man phantasieren, was wäre dann mit dem Term "man-made-disaster" geschehen? Aber trotzdem bleibt die Frage, was Freud hier mit dem Begriff "Wahrheitsgehalt" verstanden wissen will, bestehen. Die "Neue Folge der Vorlesungen", 1932 verfaßt, hatten als Vorläufer die Schrift "Das Unbehagen in der Kultur". Und ein Jahrzehnt davor wurde Freud fasziniert von dem dialektischen Dualismus Eros-Thanatos, von dem auch seine Arbeit "Das ökonomische Problem des Masochismus" Zeugnis ablegt. "Die Seele als Schlachtfeld" also, könnte man mit Peter Gay fragen. In seinem Vortrag "Wege der psychoanalytischen Theorie" (Bd. XII, Werke aus den Jahren 1917 bis 1925) formuliert Freud in einigen knappen Sätzen das Ziel der psychoanalytischen Therapie:

"Wir haben als unsere ärztliche Aufgabe formuliert, den neurotisch Kranken zur Kenntnis der in ihm bestehenden unbewussten, verdrängten Regungen zu bringen und zu diesem Zwecke die Widerstände aufzudecken, die sich in ihm gegen solche Erweiterungen seines Wissens von der eigenen Person sträuben". Und einige Sätze weiter liest man: "Die Elemente dieser Zusammensetzung sind im letzten Grunde Motive, Triebregungen ... Wir lehren ihn nun die Zusammensetzung dieser hochkomplizierten seelischen Bildungen verstehen".

Die Schlußfolgerung ist also gestattet, daß "Wahrheitsgehalt" als innerliches Ziel der Psychoanalyse über die Aufdeckung des Zusammenspieles von Motiven, Triebregungen, Widerständen nicht verändert ist. Aber verändert ist der Begriff "Trauma". Und um diese Veränderung geht es.

Wenn ich diese Texte von damals heute lese, fühle ich ein Unbehagen in mir aufsteigen, einen Widerstand in mir entstehen, der mit dem dort proklamierten "Wahrheitsgehalt", wie ich ihn in meiner Analyse erlebt habe, bitter wenig noch zu schaffen hat. Oder lassen Sie es mich vorsichtiger ausdrücken. Natürlich geht es in jeder Analyse um Motive, Triebregungen, Verdrängungen, Projektionen, depressive Regressionen, Abwehrmechanismen usw. In meiner Analyse ging es um das Überleben, um die abgrundtiefe Trauer um diejenigen, die es nicht überlebt haben. Natürlich ging es, wenn Sie wollen, auch um Tod und Thanatos. Aber dieser "Thanatos" ist nicht der Goethescher Prägung, oder aus dem Gedicht "Der Tod und das Mädchen" von Matthias Claudius oder der von Jens Peter Jacobsen in seinem von Freud hochgepriesenen Roman "Niels Lyhne". Wer kennt ihn noch heute?

Entscheidend ist demnach im vorliegenden Fall, ob die psychoanalytische Theorie die Zusammenhänge aufdeckt zwischen einem Zeitgeschehen, dem man-made-disaster, den external happenings und ihren psychologischen Konsequenzen. Dies ist gewiß ein weites Feld. Denn was dem Menschen am nächsten geht, sein eigenes Wesen trägt und Zusammenhänge aufdeckt, sind gewiß auch die Leiderfahrungen eines Zeitgeschehens, insofern man es überlebt hat. Mit anderen Worten: Es betrifft das Verhältnis zwischen kritischer Reflexion und dem Bewahren einer gewissen subjektiven Unbefangenheit. Dieser Satz gilt für alle Zeitgenossen, soweit sie in das man-made-disaster an welcher Seite und auf welche Weise auch immer verwickelt waren.

Ich habe den Eindruck, daß ich bereits mit diesen einleitenden Sätzen so viele Probleme, Fragen und damit bewußt oder unbewußt Konfliktstoff angeführt habe, daß ich nicht umhin kann, mich deutlicher zu fassen. Und wenn sich leises Unbehagen und Zweifel regen, welche Motive sich wohl in und hinter meinen Worten verbergen, so kann ich diese Übertragungsreaktion nicht außer Acht lassen und muß sie ernstnehmen. Aber zugleich muß ich bekennen, daß dieselben Fragen, Zweifel auch mich bewogen haben, als ich lange Zeit überlegte, welche Motive Sie wohl veranlaßt haben zur Formulierung eines Themas, das – Wissenschaft, Psychoanalyse hin oder her – so unwiderruflich im historischen Raum angesiedelt ist. Dies wäre dann meine Übertragungssituation. Vielleicht ist diese historische Modalität jedoch das Faszinosum, das uns beide verbindet, wie es Generationen zuvor getrennt hat, ein Faszinosum, dessen Erhellung nicht nur unser professionelles Dasein steuert.

Um der psychoanalytischen Wahrheit die Ehre zu geben, muß ich eingestehen, daß das, was ich soeben als Ihre Übertragungsreaktion mutmaßte, vielleicht meine Gegenübertragung ist. Aber im Grunde glaube ich nicht, daß ich mich zutiefst irre. Indem ich meine Gedanken in der Dimension von Übertragung und Gegenübertragung ansiedele, hoffe ich auch, den Raum geschaffen zu haben für ein weiteres fruchtbares Verständnis der nachfolgenden Ausführungen. Ich bin, seit ich im Herbst 1936 Berlin verlassen mußte, wo ich im Januar 1934 mein medizinisches Staatsexamen ablegte und bereits 1930 meine Ausbildung an der Preußischen Hochschule für Leibesübungen in Spandau als staatlich geprüfter Turn-, Sport- und Schwimmlehrer abschloß, in der Fremde, in den Niederlanden zu Hause, wo ich dank meiner holländischen Freunde im Untergrund und als Arzt einer holländischen Widerstandsorganisation Krieg und Verfolgung überlebte.

Bei uns in den Niederlanden heißt es, wenn jemand das Alter von fünfzig Jahren erreicht hat, er habe Abraham gesehen. Man schenkt ihm eine aus Lebkuchen geformte Figur, den Erzvater Abraham versinnbildlichend. Vor einigen Wochen sprach ich anläßlich des fünfzigjährigen Bestehens eines Institutes und gebrauchte die folgenden Bilder. Festredner gebrauchen zuweilen die nicht ungewöhnliche Formel, mit der sie ihre Ansprache beginnen, um den zähen Kuchenteig ihrer Worte und Sätze etwas aufzulockern, nämlich "Meine sehr verehrten Damen und Herren, ich will nicht zu weit ausholen. Als Adam und Eva aus dem Paradies vertrieben wurden ..." usw. usw. Für einen gestandenen Psychoanalytiker sind nicht so sehr Adam und Eva, sondern ist Abraham, und zumal in Berlin, wo ich einst studiert habe, eine Gallionsfigur. Obwohl nicht verschwiegen werden soll, daß mit Adam und Eva der vermaledeite Triebkonflikt begann, dem wir unsere ursprüngliche Berufslegitimation verdanken, und andere – in meinen Augen – unnötige auch. Wie dem auch sei: Karl Abraham und Berlin. Ich habe noch mit seiner Tochter Hilde in Berlin studiert, sie war wohl zwei Semester weiter als ich, als ich sie kurz kennenlernte. Kommilitonen, besser in der Ikonologie der psychoanalytischen Bewegung zu Hause als ich, wiesen mich ehrfurchtsvoll auf sie hin. Ein anderer Kommilitone vom gleichen Jahrgang wie ich, Kurt Kronheim, uns verbanden auch dieselben musikalischen Interessen, seine Mutter war Ärztin, auch er mußte Berlin verlassen, machte mich mit einem anderen Kommilitonen bekannt namens Fliess, sein Vorname ist mir nicht mehr gegenwärtig, vielleicht hieß er Robert. Die beiden waren mir schon vorher auf dem Seziersaal und bei anderen Praktika aufgefallen. Kronheim, ein begeisterter, zu Späßen aufgelegter Bursche, und Fliess, ein abgeklärter, selbstbewußt erscheinender Mann: die Weise, in der er mit den Professoren, die ihn prüften, umging, als unterhielte er sich mit seinesgleichen, imponierte mir gewaltig. "Du weißt doch, Fliess, sein Vater, der Kehl-, Nasen- und Ohrenarzt und Freud", flüsterte Kronheim mir zu, als verrate er ein allgemein bekanntes Staatsgeheimnis. Ich nickte zustimmend, als gehörte ich schon dazu. Aber im Grunde gehörte ich noch nicht dazu. Ich wußte wohl, wer Freud war und kannte eine Publikation von ihm. Aber wie es dazu kam und was sie mir bedeutete, ist eine andere Geschichte.

Ich stand im siebzehnten Lebensjahr, als ich zum ersten Mal von Freud und seiner Psychoanalyse Kenntnis nahm und zwar über die Literatur. Als Schüler nahm ich an einem Preisausschreiben des Börsenvereins des Buchhandels für Schüler teil mit dem Titel "Kannst Du ein Buch empfehlen?". Ich empfahl "Demian" von Hermann Hesse, gewann den dritten Preis in Höhe von dreißig Mark, mein Text wurde in einer Spezialbroschüre des Börsenvereins publiziert, für das Geld durfte ich in freier Wahl Bücher kaufen. Ich wählte eine Novellensammlung von Stefan Zweig, ein Buch von Karl Plättner, einem Kumpan von Max Hölz, mit dem Titel "Eros im Zuchthaus", um meine altersgemäße sexuelle Neugier zu befriedigen, und "Die Vorlesungen" von Freud, die kostbare, in Leder gebundene Dünndruckausgabe des Psychoanalytischen Verlages. Ich habe das Buch über die Zeiten gerettet. "Das gibts nur einmal, das kommt nicht wieder, das ist zu schön, um wahr zu sein", ich habe diesen Hit als Musiker oft auf Bällen der damaligen Reichshauptstadt geblasen. Wie ich auf den Namen von Freud stieß? Intuition, würde ich heute sagen. Ich hatte damals einen älteren Bekannten, Assessor am Landratsamt, den ich verehrte. Er machte mich mit dem Werk von Thomas Mann bekannt, dem "Tonio Kröger", "Unordnung und frühes Leid". Auch der Name von Freud fiel in unserer von pädagogischem Eros gesteuerten Freundschaft. Auch dieser Assessor hat sich 1935 gleichgeschaltet.

Welche Wirkung hat die Lektüre auf mich gehabt, an was erinnere ich mich? Es war, als ob aus der Wirklichkeit ein Schleier weggezogen wurde, der sie mir bisher vernebelt hatte. Ich begann, anders zu sehen, und ich fühlte auch, daß ich anders sah. Die Wirklichkeit hatte etwas verloren und etwas hinzubekommen, eine Farbe, oder vielmehr eine Tonsequenz, die viele Wahrnehmungen veränderte oder, genauer gesagt, mir den Eindruck vermittelte, daß die Wirklichkeit noch eine andere Dimension hatte, als ich sie glaubte wahrzunehmen. Es war verwirrend, nicht leicht, mit dieser Neuordnung der Dinge außen und innen zu Rande zu kommen. Ich war bereits als Kind sehr eng bezogen auf die Wirklichkeit, auf die sinnliche und kognitive Wahrnehmung. Ich höre noch das Echo der Schritte meines Vaters auf dem Pflaster der Markt- und Bahnhofstraße, als er 1915 in Uniform am Sonntagabend Abschied von uns nahm und nach Berlin zu seiner Truppe zurückkehrte, wo er ausgebildet und an die Front geschickt wurde. Ich sehe in den Revolutionstagen Freienwalder Bürger, zum Teil mit Jagdgewehren bewaffnet, aufgescheucht durch die Stadt hin zum Rathaus eilen und sich dort versammeln. Einige Jahre später: Fräulein Hoche, meine vornehme Geigenlehrerin, wandelte mit einer damals modischen Kinnstütze um den Hals gebunden, ohne daß sie es merkte, durch die Straßen zum Einkauf. "Und jetzt spielst du *Großer Gott wir loben Dich* mit großem, breitem Strich", sagte sie und ich spielte. Dreizehnjährig, an einem Samstagmittag, komme ich aus dem einzigen Stadtkino, wo ich den "Frederikus Rex"-Film mit Otto Gebühr voller Bewunderung anschaute und vernehme zu Hause, meine Eltern stehen wie geschlagen in ihrem Geschäft, die Ermordung Walter Rathenaus. Rathenau besaß ein Schlößchen in Freienwalde. Dann kamen die Fememorde. Ich lese Zeitung. Der Putsch in München mit Kahr, Ludendorf, Hitler, sein Ausspruch: "Köpfe werden rollen", und so geht es weiter. Das Versagen des deutschen Bürgertums und immer ist es, als gebe es zwei Nachrichten in einer. Mein Vater, der unter dem Druck der Umstände sein Geschäft nicht mehr meistert und sich einschließt, um sich vor uns und sich selbst in seiner Ohnmacht zu verbergen. Ein Vater, der scheitert. Welche Väter sind nicht gescheitert in unserem Zeitalter? Und dennoch, auch erfreuliche, schöne Erfahrungen und Erinnerungen, aber meistens diese Doppelgriffe der Wirklichkeit. Hitler, der aus der Reichskanzlei zu den Arbeitern in den Siemens-Werken fährt. Ich stehe, aus dem Hygienischen Institut kommend, in der Wilhelmstraße, im Regierungsviertel, unter der wartenden Menge, viele, gleichsam verhexte Mütter mit ihren Kindern, der Führer strahlend, ein Sieger, vorne neben dem Fahrer, aufrecht, hinten im Fonds des Wagens die spähenden Bewaffneten, das Auto fährt vorsichtig, langsam, vor dem Kühler tanzen die Kinder, sie haben die Sperren durchbrochen, die gemütlichen Polizisten lachen, Hitler, nervös, ich stehe neben seinem Auto, er fuchtelt mit den Händen und sagt halblaut, hastig, ich kann ihn hören: "Die Kinder, die Kinder, daß ihnen ja nichts passiert". Er war ja so kinderlieb, ein jeder wußte das. Die Kinder, die er später in seinen Materialschlachten unbarmherzig geopfert hat.

Meine Frau, einige Jahre älter als ich, wir waren nicht gesetzlich verheiratet, und fielen kurz darauf unter die Nürnberger Gesetze, sie, eine exzellente Graphologin, a woman of genious, wir stehen in einem Museum, dort hängt das große, übergroße Foto des Führers mit seiner Unterschrift. Meine Frau, sonst lebhaft, süddeutsches Temperament, steht rührlos, plötzlich sagt sie so vor sich hin: "Der zündet die Welt an". "Du bist verrückt", sage ich. Sie schweigt, vielleicht hat sie mich nicht gehört, da sie etwas taub war.

Doch zuvor will ich noch eine Begebenheit erwähnen. Es war, glaube ich, im Sommer 1929*, ich wohnte damals in der Apostel-Paulus-Straße in Berlin. Zufällig las ich in einer Anzeige die Ankündigung eines individualpsychologischen Kongresses im Schöneberger Rathaus. Ich beschloß, hinzugehen. Welches war mein Motiv? Ich glaube, ein sehr legitimes: die Neugier. Von der Individualpsychologie wußte ich nicht viel. Freuds Psychoanalyse war mir im Vergleich vertrauter. Ich war noch nicht in Analyse gewesen, hatte keine Beziehungen zur psychoanalytischen Vereinigung. Im Schöneberger Rathaus, gefüllt mit Anhängern oder Neugierigen so wie ich, saßen oben auf dem Podium an einer langen Tafel die damaligen Koryphäen der Individualpsychologie. In der Mitte saß Alfred Adler, das ausgeprägte, etwas fleischige Gesicht mit dem Kneifer erkannte ich sofort, daneben saßen Kronheim, Künkel, Alice Rühle, und ein Mann mit einer schwarzen Binde vor einem Auge, ich glaube, er hieß Neuer. Man sagte von ihm, er sei der Autor des mit großem Erfolg im Berliner Renaissance-Theater gespielten Stückes "Krankheit der Jugend" mit Hilde Körber und Adalbert von Schlettow, Herman Valentin (?) und Rosa Valetti(?). Hinter dem Namen des Autors, Ferdinand Bruckner, mutmaßte man verschiedene andere, u.a. den Neuer. Anscheinend war es Theodor Tagger, der Direktor des Renaissance-Theaters, und man sagt, seine Frau sei die Schwester von Neuer gewesen. Dies erzählte man sich damals in Berlin. Es kann sein, daß es der Berliner Tratsch um die dreißiger Jahre ist, den ich hier zum Besten gebe. Es sei so. Dann wurde als letzter Sprecher Manès Sperber aufgerufen. Aus einer der hintersten Ecken des großen Saales im Schöneberger Rathaus stiefelte ein grimmig aussehender, schlanker junger Mann, Brillenträger, unter dem Arm eine Aktentasche geklemmt, durch den Mittelgang in Richtung Podium,

* Internationaler Kongreß für Individualpsychologie in Berlin, 1930

stellte sich hinter einem Pult auf, das zu ebener Erde stand, als gehöre er nicht zu denen da oben, obwohl er wohl dazugehörte. Er sprach auch grimmig. Was er vorgetragen hat, weiß ich nicht mehr. Sicherlich sprach er auch über die historischen Modalitäten. Aber an seine Schlußworte erinnere ich mich genau: Er rief die Vereinigung für Individualpsychologie auf, geschlossen der kommunistischen Partei beizutreten. Man klatschte. Nicht die auf dem Podium.

Mehr als dreißig Jahre später traf ich Manès Sperber in Amsterdam wieder. Er hielt vor der niederländisch-deutschen Gesellschaft einen Vortrag. Er war ein gestandener Mann geworden, die wilden Haare hatte er verloren. Nach dem Vortrag sprach ich mit ihm und erinnerte ihn an die Begebenheit im Schöneberger Rathaus Ende der zwanziger Jahre. Er schmunzelte, rief seine Frau herbei und sagte zu ihr auf deutsch: "Hier ist jemand, der mich damals in Berlin gesehen hat, bei der individualpsychologischen Gesellschaft". Dann standen wir noch eine Weile zusammen. Sperber fragte mich, was ich täte. Es war ihm nicht bekannt, daß die Psychoanalyse und die Individualpsychologie durch das Werk von Anna Freud "Das Ich und die Abwehrmechanismen" einander näher gekommen waren, daß wir keine Es-Deutungen mehr gaben. Wenn ich nicht irre, war damals auch eine Zeitlang von der Gründung eines individualpsychologischen Institutes in Düsseldorf die Rede, das Sperber leiten sollte. Er berichtete noch von seiner Arbeit in Paris bei einem französischen Verlag, ich erzählte ihm von den Neuauflagen meiner Publikationen. Dann trennten wir uns.

Auch Alfred Adler hatte ich zuvor noch einmal in den Niederlanden gesehen. Es war 1937 in Hilversum in einem Saal des Hotels "Gooiland". Der Abend wurde, wenn ich mich recht erinnere, von einer Vereinigung zur Reformierung des Schulsystems organisiert. Der Saal war gefüllt mit Lehrern, Lehrerinnen und anderen, die entweder in irgendeiner Beziehung zu dem Thema standen oder, wie ich, Alfred Adlers wegen gekommen waren. Alfred Adler saß wie im Schöneberger Rathaus in der Mitte eines langen Tisches auf einem Podium, umgeben von holländischen Unterrichtsspezialisten. Ich erinnere mich nur an einen Teilnehmer, Herrn Gunning, Rektor des Amsterdamer Lyceums, einem allgemein angesehenen Pädagogen. Sein Einsatz für Adler gab dem Abend einen gewissen Charakter. Aber trotzdem habe ich diesen Abend als niederdrückend empfunden. Adlers Gang ins Exil lag als ein Schatten über der Veranstaltung, von der man noch einen gewissen optimistischen Impuls erwartet hatte. Oder war es meine Erinnerung an den Verlauf und das Hochgestimmtsein damals in Berlin und jetzt die reale Situation des Exils? Adler machte einen matten, ermüdeten Eindruck. Ich radelte nach Hause, nach Naarden, nur sieben Kilometer entfernt von Hilversum, in dem Bewußtsein, daß ich Adler wohl zum letzten Mal gesehen hatte.

Auf der Einladung zu einem Vortrag am oben genannten Institut standen auch einige Titel meiner Publikationen. Ein Kollege machte mich darauf aufmerksam, daß der Titel meiner letzten Publikation, ein Essayband, nicht korrekt wiedergegeben war. Mir selbst, ich muß es bekennen, war dieser Lapsus entgangen. Der Titel des Buches lautet nämlich in Anlehnung an eine bereits 1984 in der "Psyche" erschienen Publikation "Wohin die Sprache nicht reicht". Auf der Einladung fehlte das "nicht", es stand "Wohin die Sprache reicht". Das Faszinosum dieser Fehlleistung verdient es, wie es sich für Psychoanalytiker gehört, näher betrachtet zu werden. Es war sozusagen ein Geschenk aus dem psychoanalytischen Himmel. Anstatt der naheliegenden Verführung zu erliegen nachzuspüren, wem dieser Lapsus unterlaufen ist, und in ausufernden theoretischen Erwägungen und Bespiegelungen Übertragungs- und Gegenübertragungsinhalte spekulativ auszuloten, will ich folgende Begegenheit erzählen:

Im Sommersemester 1996 erhielt ich eine Gastprofessur auf den "Franz-Rosenzweig-Lehrstuhl" der Gesamthochschule Kassel / Universität Kassel, dem Geburtsort von Rosenzweig. Ich war der zehnte Inhaber dieses Gastlehrstuhls. Ich hatte zwei Seminare angemeldet über "Vorurteil und Haß" und über "Traumatisierungen". Als ich zur ersten Seminarstunde kam, saßen 120 Teilnehmer im Saal, ich hatte 20 bis 30 erwartet. Am Schluss des Semesters waren es noch 80. Ich stand vor einer unlösbaren Aufgabe. Nach einem einleitenden Gestammel, in dem ich angesichts dieses Massenaufgebotes meiner Rat- und Hilflosigkeit in bedeckten Termen Ausdruck verlieh, fragte ich einer plötzlichen Eingebung folgend, ob vielleicht irgend jemand im Saal eine Frage hätte, die die Arbeitsstunde einleiten könne. Darauf meldete sich ohne Umschweife eine junge Studentin aus der ersten Reihe, sie saß direkt vor mir, und sagte: Sie wolle gerne wissen, warum sie noch immer Wiedergutmachung zahlen müsse, sie habe schließlich nichts getan, das sie dazu verpflichte. Sie erhielt, verstohlen, einige Zustimmung aus dem Saal. Aber sie hatte kaum ausgesprochen, da erhoben sich am anderen Ende des Saales Studenten und begannen zu schreien: "Raus, mach daß du raus kommst" und noch einiges mehr. Ein Tumult drohte. Zu den aufgeregten Studenten gewandt, sagte ich einigermaßen gefaßt: "Ja, was ist denn hier eigentlich los? Eine Kommilitonin von Ihnen stellt eine Frage, die Ihnen nicht paßt, und Sie wollen sie daraufhin rausschmeißen. Ich denke, wir alle sind hier, um unsere Gedanken auszutauschen und nicht, um einen anderen rauszuschmeißen". Die Situation war gerettet. Ich muß bekennen, daß ich mit diesem Zwischenfall nicht gerechnet hatte, aber er kam mir als Geschenk des Himmels vor. Später unterhielt ich mich noch mit den aufgeregten Rausschmeißer-Studenten. Als ich sie nach einem halben Jahr bei einem Besuch in Kassel wiedertraf, erzählten sie mir, daß ich damals noch etwas anderes gesagt habe, das mir selbst entfallen war, nämlich einen Vergleich aus dem Fußball: "Sie müssen den Ball spielen und nicht den Mann". "Oder die Frau", füge ich heute hinzu. Denn heute spielen ja auch Frauen Fußball.

Warum erzähle ich dieses friedlich abgelaufene Intermezzo? Vielleicht ist der Fehler auf dem Einladungsblatt wirklich nur ein harmloses Versehen, so etwas gibt es schließlich auch noch. Aber lassen Sie uns annehmen, eine Gruppe von Ihnen ist von der Wahrhaftigkeit und der Bedeutung des Titels "Wohin die Sprache nicht reicht" überzeugt, sie meint, das, was geschehen ist, liegt jenseits der menschlichen Sprache. Und eine andere Gruppe wäre nicht der Meinung, nicht aus politischen Gründen, sondern weil sie überzeugt ist, daß jegliches Geschehen, so schrecklich und grausam es auch ist, der Sprache zugänglich sei. Sie könnte dabei auf die bestehende Romanliteratur hinweisen. Aber es könnte auch sein, daß dahinter die Hoffnung steht, daß es vielleicht doch nicht so schlimm gewesen ist, oder auch die Leugnung, daß es überhaupt schlimm gewesen war.

Wenn ich zu Anfang von den beiden Übertragungssituationen sprach, worin Sie und ich uns in diesem Augenblick befinden, und die uns beide verbindet, so bedeutet dies auch, inwieweit partizipieren wir beide an unserer Geschichte, an unserer gemeinsamen Geschichte, gemeinsam im man-made-disaster-Geschehen, wie Kollege Beland dies einmal in einem magistralen Vortrag analysierte. Dies hat nichts mit Problemen von Wiedergutmachung, Schuldzuweisung, Reue, Versöhnung usw. zu schaffen. Wohl aber mit der Frage, inwieweit die Psychoanalyse sich außer mit Triebkonflikten, ödipalen Verstrickungen, Abwehrmechanismen u. a. und neuerdings mit Borderline und auch mit den Modalitäten des Zeitgeschehens befaßt und die Probleme sichtet, die einer Lösung harren.

Die historischen Modalitäten gehören von jeher zu den Basiselementen des psychoanalytischen Denkens, gehören zur psychologischen Erfassung und kognitiven Durchdringung eines Menschenlebens von der Kindheit an, seit die Psychologie aufgehört hat, sich als eine veredelte Form des Briefmarkensammelns zu präsentieren. Es war die kinderanalytische Forschung mit ihrer Formulierung der "basic needs", den soziokulturellen Prämissen eines Entwicklungsganges, die die zeitlichen Dimensionen in der Psychoanalyse verdeutlicht haben. Ich habe sie als Kriterien bei der Beschreibung eines traumatischen Entwicklungsganges gebraucht.

Der Zwischenfall in Kassel offenbart, daß die intuitive Grundeinstellung der Studenten ihrer eigenen Geschichte gegenüber, wie nicht anders zu erwarten, konfliktuös ist und keine gemeinsame Haltung und Übereinstimmung zeigt. Im Grunde habe ich dieses Inzident begrüßt. Es bot mir die Gelegenheit, mit dem Saal nicht über die Frage zu diskutieren, ob eine Wiedergutmachung nun gerechtfertigt ist oder nicht, sondern den Zuhörern die Möglichkeit zu bieten, über ihre eigene Geschichte, d.h. über historische Fakten und Modalitäten dieser Geschichte und u. a. auch dort, wohin die Sprache vielleicht doch nicht reicht, nachzudenken und ihre Gedanken, selbst wo sie widersprüchlich und mit Aggression geladen sind, in Worten zu verlautbaren.

Aber daß sie in der ersten Seminarstunde diese Frage gleichsam als ein hors d'oeuvre mir anboten, mir, von dem ihnen vorher bekannt war, woher ich komme – mit diesem Angebot prüften sie zugleich, auf welche Weise ich an meiner doppelten Geschichte partizipiere, an der deutschen Geschichte und an der Geschichte der ehemaligen jüdischen Gruppe in deutschen Landen. Daß es in dieser Geschichte gute und böse, sehr böse Tage gab, macht es nicht leichter, darüber zu sprechen. Aber was bedeuten diese Erwägungen für die Psychoanalyse, für das Paradigma, das Freud selbst so oft formuliert hat, für fundamentale Fragen und Probleme der menschlichen Existenz, für die seine Psychoanalyse Lösungsvorschläge gemacht hat? Wir wissen: Das Ich ist nicht Herr im eigenen Haus. Es ist eine pessimistisch gestimmte Einsicht und Beurteilung der menschlichen Möglichkeiten, "die Probleme, die die technologische Entwicklung mit sich bringt, zu kontrollieren und gleichzeitig die Art der Humanität zu bewahren", die Herbert Marcuse – und nicht nur er – für wünschenswert hält.

Die Sache mit der gemeinsamen intuitiven Grundeinstellung als Vorläufer jeder Beobachtung, die Abwertung der sogenannten neutralen, objektiven Wahrnehmung bei der Lösung von Problemen spielt nicht nur in der Wissenschaft bei der Einschätzung und Beurteilung von Sachverhalten eine gewichtige Rolle. Sie hat auch Gewicht bei der Vorurteilsforschung, bei Problemlösungen im täglichen Leben. Ich habe dies bereits auf dem Gymnasium erfahren, als ich im Alter von sechzehn Jahren das Gedicht "Die Weber" von Heinrich Heine, eines der schönsten deutschen Revolutionsgedichte, vortrug, und die Klasse mich in den "Klassenschiß" verbannte, da dies Gedicht "das eigene Nest beschmutze", wie sie meinten. Das Verdikt der Klasse traf mich als Jude und Adoleszent unmittelbar. Daß aber die Schulleitung nicht imstande und auch anscheinend nicht willens war, diesen Konflikt zu lösen, zeichnet ein bedeutsames Segment des damaligen Zeitgeistes, die gemeinsame intuitive Grundeinstellung gegenüber einem Kreis von Problemen, zu deren Lösung anscheinend auch die militärischen Nachtübungen von Schülergruppen gehörten unter Leitung von Lehrern, die auch die meinen waren. Ergänzend muß ich hinzufügen, daß ich bei sportlichen oder musikalischen Veranstaltungen nicht ausgeschlossen wurde. Dieses anscheinend konträre Verhalten gehörte zu dem fundamentalen ambivalenten Beziehungsmuster meines Werdeganges und der gesamten jüdischen Minderheitsgruppe im deutschen Raum. Ich weiß nicht, ob Ihnen der prozentuale Anteil der jüdischen Bevölkerung 1933 bekannt ist. Er betrug 0,75 Prozent. Aber "die Juden sind unser Unglück" verkündete bereits Heinrich von Treitschke in Berlin und er nicht allein.

Die Psychoanalyse definiert Identität als eine Ich-Leistung. Freud wußte, daß er "jene rätselhafte Sache" in sich hatte, "die bis jetzt – jeder Analyse unzugänglich – den Juden ausmacht". Aber gilt dieser Satz nur für uns Juden? Noch einmal: "Ich sage Ihnen, die Psychoanalyse begann als eine Therapie, aber nicht als solche wollte ich sie Ihrem Interesse empfehlen, sondern wegen ihres Wahrheitsgehaltes, die sie uns gibt, über das, was dem Menschen am nächsten geht, sein eigenes Wesen, und wegen der Zusammenhänge, die sie zwischen den verschiedensten seiner Betätigungen aufdeckt".

Wahrheitsgehalt, sein eigenes Wesen, Zusammenhänge aufdecken – das sind die Widersprüche und Risse, das ist das persönliche, das eigene "Skandalon", das private und öffentliche Ärgernis, der Kern, den die Analyse enthüllt. Die Basis der Ich-Leistung ist die Annahme des Konfliktes, der Widersprüche und Risse, der conditio humane und nicht ihre Leugnung und Glättung durch die unkritische Annahme kollektiver Identifizierungsangebote in Gestalt harmonisierender Heilserwartungen religiös-kirchlicher oder weltanschaulich-politischer Natur. Die Annahme dieser, seiner eigenen condition humane gilt auch für den Menschen Sigmund Freud. Er erfuhr sie als mitteleuropäischer Jude, im Wetterleuchten der Shoa. Andere haben sie am Leibe erfahren und nicht überlebt. Wenige haben sie überlebt. In der Psychoanalyse formulierte Freud diese conditio humane, nicht zuletzt in seinen kulturkritischen Schriften, in ihrer Allgemeingültigkeit.

Literatur

Freud, S. (1932): Neue Folge der Vorlesungen zur Einführung der Psychoanalyse. GW XV, 169. Fischer, Frankfurt/M.
Freud, S. (1917-1925): Wege der psychoanalytischen Theorie. GW XII, 183f. Fischer, Frankfurt/M.
Freud, S. (1925-1931): Das Unbehagen in der Kultur. GW XIV. Fischer, Frankfurt/M.
Fromm, E. (1980): Arbeiter und Angestellte am Vorabend des Dritten Reiches. DVA, Stuttgart
Gay, P. (1987): Freud. Eine Biographie für unsere Zeit. Fischer, Frankfurt/M.

Keilson, H. (1979): Sequentelle Traumatisierung bei Kindern. Enke, Stuttgart
Keilson, H. (1984): Wohin die Sprache nicht reicht. Psyche 10, 915-926
Kuhn, Th. S. (1967): Die Struktur wissenschaftlicher Revolutionen. Zit. n. Stegmüller, W. (1979, 738)
Marcuse, H. (1957): Eros und Kultur. Klett, Stuttgart
Marcuse, H. (1967): Der eindimensionale Mensch. Luchterhand, Neuwied
Reich, W. (1925): Der triebhafte Charakter. Seine Stellung zu Freud und Marx. In Dahmer, H. (1972): Marxismus. Psychoanalyse. Sexpol. Bd. 2. Frankfurt/M.
Reik, Th. (1935): Der Mut nicht zu verstehen. In Reik, Th. (Hrsg.): Der überraschte Psychologe. S. 279. Sijthoff, Leiden
Stegmüller, W. (1979): Hauptströmungen der Gegenwartsphilosophie. Bd. 2, 725. 6. Aufl. Kröner, Stuttgart
Wittels, Fr. (1904): Der Taufjude. (Ohne Angaben)
Wittels, Fr. (1907): Die sexuelle Not. Stern, Wien

GÜNTER HEISTERKAMP
Vom Handeln des Analytikers in der "talking cure"*

Regarding the Acting of the Psychoanalyst within "Talking Cure"

The paper is dealing with the question what psychoanalysts *do* when they *do* what they *do*. The answer shows, behind the principles of interpretation or relation, to a large extent hidden principle of psychoanalysis. It stands for the present self experiences and self treatments of the patient within the direct contact between patient and analyst. 12 dimensions of acting within analytical psychotherapy are outlined and two of them are presented in detail: the immediate effects that occur at the contact point between life and therapy, and the turning points in therapy which happen because of the direct encounters between analyst and analysed person within the therapeutic setting.

Dieser Artikel geht der Frage nach, was Psychoanalytiker eigentlich *machen*, wenn sie das *machen*, was sie *machen*. Die Antwort läßt hinter den Prinzipien der Deutung oder der Beziehung ein weitgehend verborgenes Handlungsprinzip der Psychoanalyse aufscheinen. Es steht für die präsentischen Selbsterfahrungen und Selbstbehandlungen des Patienten im unmittelbaren Wirkungsgeschehen zwischen Patient und Analytiker. Es werden 12 Handlungsdimensionen analytischer Psychotherapie skizziert und zwei von ihnen ausführlich erörtert: die unmittelbaren Wirkungen, die sich an der Kontaktstelle zwischen Lebens- und Therapieraum ergeben, sowie Wendepunkte der Therapie, die sich infolge unmittelbarer Begegnungen zwischen Analytiker und Analysand innerhalb des therapeutischen Settings ereignen.

1. Prinzip "Handlung"

In diesem Beitrag versuche ich aus der Position eines Analytikers, der bewegungs- und körperpsychotherapeutische Verfahren in seine Arbeit einbezieht, eine Brücke zu den Kolleginnen und Kollegen zu schlagen, die im traditionellen Setting arbeiten. Die Pfeiler dieser Brücke sind jene Züge der analytischen Psychotherapie, in denen es um mehr als nur um einen verbalen Austausch zwischen Patient und Analytiker geht. Entgegen der These Freuds, es ginge "nichts anderes zwischen ihnen vor, als daß sie miteinander reden" (GW XIV, 213), läßt sich nach einer mehr als 80jährigen Weiterentwicklung der tiefenpsychologischen Konzepte herausarbeiten, daß sich die psychoanalytische Therapie mittlerweile als mehr und als etwas anderes erweist als eine bloße Redekur. Eine mögliche Brücke der Verständigung liegt im Handeln des Analytikers. Deswegen befasse ich mich hier einmal ausdrücklich mit dem Tun und Lassen des Analytikers in der traditionellen talking cure. Was machen Analytiker eigentlich, wenn sie das machen, was sie machen?

Die Antwort auf diese Frage legt nahe, neben die Prinzipien der "Deutung" und der "Beziehung" noch das in der herkömmlichen Psychoanalyse latent wirksame Prinzip der "Handlung" zu stellen. Es steht für die präsentischen Selbsterfahrungen und Selbstbehandlungen im Interaktionsgeschehen, für die impliziten Wirkun-

---

* Vortrag auf dem 1. Wiener Symposium zu "Psychoanalyse und Körper" vom 9.–12 Juli 1998. Erstmals veröffentlicht im Sonderheft der Zeitschrift Psychosozial 74, 1998

gen eines unmittelbaren zwischenmenschlichen Kontakts. Im Kontrast dazu steht das für die analytische Therapie typische hermeneutische Verfahren. Es bedarf der sprachlichen Repräsentierung des Seelischen und bleibt deswegen ein mittelbares Verstehen. Mit Stern läßt sich sagen, daß sich die Psychoanalyse mit "explizitem Wissen" befaßt und es ihr darum geht, gelebte Erfahrungen "symbolisch und deklarativ" darzustellen, und daß ihr deswegen Nachträglichkeit "das einzig wirklich Wichtige ist" (1998, 84).

Das reife repräsentierende Verstehen gründet in basalen Formen der Sinnerfassung: dem präsentischen Verstehen. Ihm entspricht nach Stern das "implizite Wissen" oder das "Prozeßwissen" bzw. das "Prozeßgedächtnis" (Dornes 1998). Im Sinne von Piaget (1948) könnte man auch von einem operativen Verstehen sprechen. Hier geht es immer um Gegenwärtigkeit. Wenn wir in Worte zu fassen versuchen, wie man z.B. Fahrrad fährt oder wie man jemanden umarmt und küßt, erleben wir uns sprachlich überfordert. "Solche Situationen können nur evoziert werden und sind nicht wirklich in Worte zu fassen" (1998, 83). Stern ist der Meinung, daß "etwa neunzig Prozent von dem, was wir klinisch beobachten, aus implizitem Wissen besteht" (1998, 84). Mit den restlichen 10 %, so möchte ich fortfahren, befassen sich vorwiegend unsere Lehrbücher der analytischen Psychotherapie.

2. Präsentisches Verstehen

Die Unterschiede von mittelbarem und unmittelbarem Verstehen sowie ihre Übergänge lassen sich gut an den Kontakten zwischen Analytiker und Patient zeigen, die im Grenzbereich zwischen dem alltäglichen und dem therapeutischen Raum stattfinden; nennen wir sie Randkontakte. Da die Phänomene des präsentischen Verstehens nicht so leicht zugänglich sind und beim Patienten erst über den mittelbaren Weg der nachträglichen Symbolisierung zugänglich werden, bin ich bei diesem Thema oft auf eigene Analyseerfahrungen angewiesen. Die bisherige Vernachlässigung und insbesondere die Eigenqualität dieser Erscheinungen machen das Verfahren der Selbstbeobachtung erforderlich. Ich untersuche hier nämlich die Fähigkeit des Seelischen, sich immanent zu verstehen und sich immanent zu behandeln. Dieses implizite Selbstverstehen, wie ich es kurz nennen möchte, bleibt oft sowohl dem Analytiker als auch dem Analysanden verschlossen, obwohl es von grundlegender Bedeutung für alle therapeutischen (und nicht nur für diese) Wirkungen ist.

Ich möchte hier zunächst auf Nachwirkungen meiner mittlerweile fast 25 Jahre zurückliegenden ersten Analyse eingehen. Zu den wenigen Erinnerungen, die mir allerdings seinerzeit nicht verfügbar waren, gehört z.B. die angenehme Situation, wenn mein Analytiker mich freundlich begrüßte bzw. sich freundlich von mir verabschiedete und wenn ich ihm dabei in die Augen schaute, die meinen Blick – nach meinem Erleben – warmherzig erwiderten. Zu dieser Erinnerung assoziiere ich sogleich eine weitere, nämlich wie ich mich im Klang seiner lieben und gütigen Stimme wohl und geborgen fühlte. Da mein damaliger Analytiker die entsprechenden Situationen seinerseits nie angesprochen hat, gehe ich davon aus, daß auch er sie nicht als bedeutsam bzw. nicht bewußt wahrgenommen hatte, zumindest nicht verstanden hatte, sie therapeutisch zu nutzen. Daß die warme Responsivität meines

Analytikers offenbar nachhaltig gewirkt hatte, mir aber nach der Behandlung symbolisch nicht verfügbar war und daß ich mir diese heilsamen Wirkungen erst in späteren Analysen, zu denen auch körper- und bewegungsbezogene gehörten, wieder erarbeiten mußte – ähnlich wie man die Ressourcen seiner eigenen Selbstentwicklung immer wieder vom Schutt notdürftiger Abwehrformen und Selbstsicherungen befreien muß – hat mich immer mehr gewundert. Bedeutet es doch, daß die Wirkfaktoren der damaligen Analyse nicht tief genug verstanden und nicht sinnvoll ausgeschöpft worden waren, wenn es weiterer Analysen bedurfte, um ihre Fruchtbarkeit erst verstehen zu können. Zumindest stellt sich hier die Frage, ob man das unmittelbare Kontaktgeschehen nicht mehr beachten sollte. Es blieb damals – wie es auch heute noch immer geschieht – im Schatten der psychoanalytischen Praxeologie.

Mittlerweile verstehe ich die Vorgänge als basale Formen des Wahrnehmens und des Verstehens, die dem repräsentierenden Verstehen vorangehen bzw. dieses begründen. In der "Handlungseinheit" (Salber 1965) des warmherzigen Dialogs und/oder des liebevollen Begrüßens und Verabschiedens habe ich – trotz der streng triebtheoretischen Orientierung meines Analytikers, der in der unmittelbaren Nachfolge Freuds steht – eine dem Entwicklungsniveau meiner Störung adäquate Form des prozeduralen Verstehens erhalten. Ohne daß mein damaliger Analytiker und ich es merkten, konnte ich eine implizite Erfahrung, quasi einen operativen Begriff meines Selbstwertes, wiederfinden.

Diese schwer zugänglichen und deswegen immer wieder in den Bereich des Symbolischen verschobenen Momente möchte ich nun an einem Beispiel aus einer späteren Reanalyse bringen. Als selbsterfahrener Analysand wurde mir hier eine analoge präsentische Erfahrung deutlich, die das psychologische Verständnis für diese Phänomene noch weiter zu vertiefen hilft. Es ist wieder eine Begrüßungsszene, ich schätze, daß sie sich etwa um die 100. Stunde ereignete. Wie immer schellte ich an der Tür meiner Analytikerin, hörte eine Zwischentüre im Innern des Hauses sich öffnen und ihre Schritte näherkommen, bis sich die Haustüre öffnete und sie mich freundlich begrüßte, indem sie mich anschaute, mir die Hand entgegenstreckte und mir, mich dabei herzlich anschauend, einen "Guten Tag" wünschte. Auch ich, der ich ihr ebenfalls freundlich begegnete, schien zuerst unser Begrüßungsritual in derselben Weise wie schon viele Male vorher zu wiederholen. Vom Ablauf her schien alles gleich, jedoch mit einer wichtigen Ausnahme, die sich in Bruchteilen von Sekunden abspielte und für mich zu einem therapeutisch hochbedeutsamen "Augenblick" wurde. Ich hielt plötzlich inne und merkte, daß ich erstmalig in anderer Weise in ihre Augen schaute. Ich sah in schöne blaue Augen, die meinen Blick strahlend und sicher erwiderten. Ich merkte, wie ich Sekundenbruchteile länger, als es üblich war, in diesem Augenkontakt blieb. Dabei spürte ich, wie der Hauch eines neuen Selbstverstehens mich durchwehte. Es war mir sofort klar: In dieser Weise hatte ich bisher noch nie (wieder) in blaue Augen mir bedeutsamer Frauen zu schauen gewagt. Ein wesentliches "schema of being with" (Stern 1989; 1996) hatte sich, davon war ich unmittelbar überzeugt, verändert.

Ich möchte hier aus didaktischen Gründen einen Einschub machen, um die Aufmerksamkeit auf eine bestimmte Stelle zu lenken: Wenn der Leser jetzt seinen analytischen Verstand einsetzt und diese Übertragungsszene zu deuten versucht, ist er schon vom präsentischen zum repräsentierenden Verstehen gesprungen: Er versucht – nachträglich und sprachsymbolisch vermittelt – ein Ereignis zu verstehen, dessen Wesen und Wirkung gerade in der Gegenwärtigkeit und der Unmittelbarkeit der Begegnung lag. Mir ist es wichtig, durch diese Unterbrechung meiner Darstellungen auf die Grenze und den Unterschied zwischen dem präsentischen und dem repräsentierenden Verstehen hinzuweisen. Wir setzen nämlich gewöhnlich das allvertraute mittelbare Verstehen dem unmittelbaren gleich bzw. drängen es damit in den Hintergrund der Beachtung. Nach diesen ausdrücklichen Hinweisen auf den Unterschied folge ich nun auch meinem repräsentierenden Verstehen. Auch mir wird nach diesem innigen Augenkontakt und durch ihn, noch bevor ich auf der Couch liege, die Bedeutung des Geschehens, worauf sich die Aufmerksamkeit des Lesers ja vermutlich sofort gerichtet hatte, deutlich: Ich habe unvermittelt – d. h. im direkten Augenkontakt, also nicht durch kognitive Erkenntnisse – gemerkt, wie sehr ich mich bisher im Augenkontakt mit Frauen vorbeugend davor geschützt habe, eine panische Angst, eine flackernde Unsicherheit und eine aufsaugende Bedürftigkeit wahrzunehmen.

Im Rahmen einer positiven Übertragungsbeziehung verringerten sich meine unbewußten Ängste vor einer narzißtischen Be*nötigung*, und ich konnte es wagen, meiner Analytikerin in die Augen zu schauen und zu sehen, wie sie wirklich ist: ein zugewandtes und konturiertes Gegenüber, das mir offen begegnet und dem ich ebenso offen antworte. In der Begrüßungshandlung, insbesondere im Blickdialog, wagte ich eine korrigierende Beziehungserfahrung mit einer bedeutsamen Frau. Noch genauer formuliert: Ich habe auf einer tieferen Ebene, als es mir in meinen vorausgegangenen Analysen, in denen ich selbstverständlich immer wieder meine Mutter-Beziehung bearbeitet hatte, eine differenziertere und grundlegendere Erfahrung mit der Dialektik des Bezogenseins und des Getrenntseins gemacht.

Dieses Beispiel macht noch etwas deutlich, was die Vernachlässigung dieses Phänomens in der Praxeologie erklärt. Dieser hochbedeutsame Vorgang spielte sich zwar im Kontext einer Übertragungsbeziehung ab, aber der fruchtbare Augenblick ereignete sich in der Form einer Art Selbstbehandlung, die unbemerkt von der Analytikerin, obwohl sie einen großen Anteil daran hatte, ablief. In meinem Fall war ich aufgrund meiner ausgiebigen psychoanalytischen und meiner zusätzlichen körperpsychotherapeutischen Selbsterfahrung in der Lage, meiner Analytikerin zu vermitteln, was sich zwischen mir und ihr ereignet hatte. Leider habe ich von dem Erleben der Analytikerin nicht soviel erfahren, daß ich auch noch die andere Seite mit in die Erklärung einbeziehen könnte. Diese Phänomene werden so selten behandelt, weil die betreffenden Wirkungszusammenhänge dem Analytiker nicht auffallen bzw. überhaupt nicht auffallen können und dem Patienten selten bewußt werden.

Ein weiterer Grund liegt in der subtilen Verschiebung, auf die ich oben hingewiesen habe. Indem die unmittelbaren Wirkungen an den Horizont des Erkennens projiziert werden, vermitteln sie dem Analytiker das Bewußtsein, daß sein Verstehen oder seine Deutung den therapeutischen Effekt bewirkt haben. Das dient sicherlich seinem Selbstbewußtsein, blendet aber die schöpferischen Kräfte des Seelischen, die hier in basaler Weise am Werke sind, aus. Diese Phänomene werden besonders deutlich, wenn der Patient sie dem Analytiker erst einmal erläutern muß, insbesondere in den Fällen, in denen es gegen die konzeptuellen Widerstände des Analytikers geschieht. Das erklärt wohl auch, daß in Untersuchungen zur Wirksamkeit von Therapien häufig so viele Hinweise auf unspezifische Faktoren gefunden werden.

Ich möchte die obigen Phänomene als implizite Wandlungserfahrungen bezeichnen und versuchen, sie näherungsweise zu beschreiben. Der Leser wird merken, wieviel Mühe es macht, diese präsentischen Ereignisse sprachlich zu fassen. Es setzt bei dem, der sie erlebt, und auch bei dem, der sie nachvollziehen will, eine hohe Sensibilität für die Prozesse seelischer Selbstwahrnehmungen voraus sowie eine gewisse Frustrationstoleranz, wenn es nicht so ganz gelingt, diese auch sprachlich zu fassen. Ich versuche es, so gut es geht. Ohne noch so vorläufige Beschreibungsversuche würden sich die betreffenden Vorgänge und Erscheinungen wieder verflüchtigen und im Hintergrund der psychoanalytischen Praxeologie verschwinden.

1. Die implizite Wandlung wird nicht gemacht, sondern sie ereignet sich, geschieht mit einem. Sie ist für Analytiker und Analysand nicht planbar. Dennoch erscheint sie abhängig vom Übertragungs- und Gegenübertragungsgeschehen, noch präziser von den zirkulären Wirkungszusammenhängen, die wir mit diesen Begriffen meinen.

2. Auch das Erleben ist schwer zu fassen. Am besten paßt noch für mich, daß ich etwas gewahr oder eines seelischen Geschehens inne werde. Es ist deutlich verschieden von den klar fokussierten Erlebensprozessen kognitiver Umstrukturierungen. Eher ist es mit dem Strömungserleben vergleichbar, das sich ergibt, wenn sich muskuläre Verspannungen als leibfundierte Abwehr- und Sicherungsformen auflösen. Aber auch diese Erlebensprozesse sind noch zu spezifisch, körperlich meistens ziemlich genau zu lokalisieren, um mit den Erfahrungen impliziter Wandlung gleichgesetzt werden zu können. Es war, als wenn mich ein Hauch des Verstehens ganzheitlich durchwehte. Es ist weder nur mental noch nur leiblich zu qualifizieren. Der Prozeß erfaßte mich jedenfalls ganzqualitativ. Es sind Erfahrungen, die im religiösen Bereich wohl mit "Erleuchtung" und "Offenbarung" umschrieben werden. Wenn man von dem theologischen Kontext der Begriffe absieht und das Erleben mit den schöpferischen Tendenzen des Seelischen in Verbindung bringt, würden diese Begriffe wieder besser passen: Ich werde meiner eigenen schöpferischen Lebensbewegung inne. Ich merke, wie sich meine Wirklichkeit wandelt. Erlebensmäßig durchzieht mich tatsächlich ein neuer Geist. In mir erhellt sich etwas, das bisher nicht zugänglich oder nicht da war. Ich glaube, daß sich in den Therapien immer wieder derartige "Pfingsterlebnisse" ereignen.

3. Die impliziten Wandlungserfahrungen gehören zu bestimmten Situationen, die man mit Adler (1929) als prototypisch oder mit Lichtenberg (1987) als modellhaft bezeichnen kann. Ich lebe meine lebensstiltypische Wirklichkeit und diese erfährt über die Anregungen einer besonderen Bezugsperson einen Wandlungsruck. Diese Veränderung wird staunend erfahren und nachträglich erinnerlich. Anders als bei den von Stern (1998) beschriebenen "now-moments" geht dieser impliziten Wandlungserfahrung keine Prägnanzphase voraus, in der sich der

Analytiker bewußt in einer kritischen Situation erlebt, die zu einer Entscheidung nötigt. Die Erfahrungen kommen quasi unvermittelt über einen.

4. Wenn die beschriebenen Beispiele auch Ereignisse sind, die nicht planbar sind, ja durch den Versuch, sie zu arrangieren, schon verhindert werden, so kann der Analytiker wiederum vieles tun und bereitstellen, damit solche Erfahrungen möglich werden. Meine Erfahrung von Spiegelung und Akzeptanz hätte ich in den beschriebenen Situationen wohl nie machen können, wenn sie nicht durch analoge explizite und implizite Verstehensprozesse in vorausgegangenen Phasen dieser und früherer Analysen vorbereitet worden wären.

5. Aus der Sicht des Analytikers gesprochen, scheint mir seine Fähigkeit, authentisch zu reagieren, ohne dabei die therapeutische Asymmetrie aufzugeben, sehr wichtig. Deswegen sei hier noch ein kurzes Beispiel aus der Perspektive des Analytikers angeführt: Ein sehr gewissenhafter, teilweise skrupulöser Analysand kommt, obwohl er immer ein größeres Zeitpolster einkalkuliert, wegen eines langen Verkehrsstaus zehn Minuten zu spät. Während er sich für sein Zuspätkommen entschuldigt und lange Erklärungen abgibt, merke ich, wie sehr er in seiner bisherigen Entwicklung hat lernen müssen, sich zu erklären und sich zu rechtfertigen, und wie sehr seine Wirklichkeit durch die Antizipation von Beschuldigungen geprägt ist, denen er auch bei mir glaubt vorbeugen zu müssen. Ich spüre, wie ich traurig werde über die Mühsal eines solchen Lebensweges. Ich hätte mich schon "lege artis" verhalten, wenn ich mich in seine Angst, wieder angeschuldigt zu werden, und in seine Not, den fiktiven Beschuldigungen zuvorkommen zu müssen, eingefühlt hätte. Diese Empathie hätte ihm sicher gut getan und den therapeutischen Prozeß gefördert. Da ich mich aber noch tiefer auf diese Interaktion einließ, indem ich ihm auch nicht vorenthielt, wie sehr mich seine Not berührte und wie wenig seine Rechtfertigungen zu meinem Gefühl paßten, ergab sich eine sehr fruchtbare Begegnung, die eine berührende Stunde vorstrukturierte und wie ein advanced organizer eine ganze Reihe bisher unzugänglicher, impliziter "väterlicher" Förderungen bzw. Hilfen freilegte. In diesem therapeutischen Wirkungsgeschehen zwischen Patient und Therapeut bildete sich vermutlich eine neue Repräsentanz bzw. ein operativer Begriff für Unterstützung.

3. Handlungsdimensionen analytischer Psychotherapie

Die psychotherapeutische Relevanz des präsentischen Verstehens und seiner jeweiligen Bezüge zum repräsentierenden Verstehen läßt sich wenigstens an folgenden 12 Handlungsdimensionen der psychoanalytischen Psychotherapie zeigen:

1. Rahmung
2. Setting
3. Atmosphärisches
4. Randkontakte
5. Übertragungsszenen
6. Stellvertretendes Nacherleben

7. Now-moments
8. Freudige Begegnungen
9. Therapeutische High-lights
10. Passagere Übertretungen des Settings
11. Die leibliche Dimension im therapeutischen Dialog
12. Übergänge und Wendepunkte

zu 1.: Rahmung
Die substantivische Rede vom therapeutischen Rahmen verdeckt die grundlegenden externen und internen Handlungen, durch die sich die Als-ob-Situation der Therapie immer wieder konstituiert: Der Patient kommt und geht zu abgesprochenen Zeiten, und der Analytiker steht in dieser Zeit seinem Patienten zur Verfügung. Dasselbe Muster wiederholt sich nach dem bekannten Theaterbild (inszenieren und reflektieren) innerhalb der analytischen Situation. Die Dosierung der Stundenfrequenz hinsichtlich Indikation und Therapiephase ist eine Selbstverständlichkeit unseres beruflichen Alltags. Psychoanalytiker, die die hochfrequente analytische Psychotherapie von mindestens vier Wochenstunden für die vertragsärztliche Versorgung erhalten möchten (z.B. Danckwardt u. Gattig 1996), heben die spezifischen Auswirkungen einer hohen Frequenz auf den analytischen Prozeß hervor, "wobei sie die besondere Dichte der Deutungen und Intensität des Übertragungs-Gegenübertragungsgeschehens herausstellen, mit deren Hilfe der analytische Prozeß die emotionale Unmittelbarkeit erreicht, die zur Erlangung eines bestimmten Behandlungserfolges erforderlich ist" (Lehmkuhl 1997, 245). Es sei hier auch an die vielen Handlungseinheiten erinnert, die sich ergeben, wenn Patienten durch ihr Verhalten die Konstituierung oder die Erhaltung des therapeutischen Rahmens gefährden, und an die wie auch immer geartete Reaktion des Therapeuten, die ihrerseits besondere Wirksamkeiten zwischen beiden entfalten. In diesen Fällen wird also mehr oder weniger ausdrücklich oder unausdrücklich gehandelt. Hier konstituieren sich zwischen Analytiker und Patient Wirkungseinheiten, die ihre eigenen heilsamen oder unheilsamen Effekte erzeugen.

zu 2.: Setting
Man kann die von Freud entwickelte Technik, den Patienten anzuregen, sich auf die Couch zu legen und "frei" zu assoziieren, als eine grandiose körper- und bewegungstherapeutische Handlungsprobe ansehen. Es entstehen sehr unterschiedliche Basierungen für das anschließende Interaktionsgeschehen, wenn der Psychoanalytiker dem Patienten aus indikatorischen Gründen die Sitzposition vorschlägt. Der Übergang vom repräsentierenden zum präsentischen Verstehen sowie ihr Zusammenwirken lassen sich mustergültig beobachten, wenn dem Patienten die Gelegenheit geboten wird, handelnd die verschiedenen Positionen – am besten eine zeitlang ohne Sprache – erlebensmäßig zu erproben und auszuloten. Selbst Analysanden, die sich schon längst an eine Position gewöhnt zu haben scheinen, werden verblüffender Selbsterfahrungen, die auch den Analytiker erstaunen bzw. verunsichern können, gewahr.

zu 3.: Atmosphärisches
In welchem sozialen Umfeld auch immer die Praxis des Analytikers oder der Analytikerin liegt, wie auch immer er oder sie sich eingerichtet haben und wie auch im-

mer er oder sie sich kleiden und geben, es offenbart eine persönliche Wirklichkeit, auf die der Patient, insbesondere bei der ersten Begegnung, seine in der Literatur selten thematisierte "Gegenübertragung" hat. Dieses unausdrückliche soziale Feld wirkt wie die Basierung für die sich daraus entwickelnden Handlungseinheiten. Sie können die therapeutischen Prozesse des Patienten erleichtern und behindern. Sie können mit dem Widerstand des Patienten in eine Kollision geraten oder trotz einer grauen Theorie zu einer unausdrücklichen klimatischen Heilkur werden. Die in seiner Praxis ausstrahlende Wirklichkeit des Analytikers steckt die geographischen Bedingungen für die sich im Therapieprozeß entwickelnden seelischen Jahreszeiten ab.

zu 4.: Randkontakte
Auf diese Wirkungszusammenhänge, die sich an der Kontaktstelle zwischen Lebens- und Therapieraum ergeben, bin ich ja bereits eingegangen.

zu 5.: Übertragungsszenen
Unter diesem Stichwort möchte ich nur auf die vielfältigen Übertragungssituationen hinweisen, in denen die Störungen des Patienten "konkret und manifest" (Freud GW VIII, 374) werden und der Analytiker die vielfältigsten Gegenübertragungsgefühle zu regulieren und zu transformieren hat. Unsere einschlägigen Lehrbücher stellen diese Vorgänge überwiegend im repräsentierenden Modus dar und blenden dabei die Dimension des präsentischen Wirkungsgeschehens aus. Sie suggerieren dadurch eine besondere Wichtigkeit der sprachlichen Interpretation und Deutung und drängen die unmittelbaren Beziehungserfahrungen in den Hintergrund.

zu 6.: Stellvertretendes Nacherleben
Fromm-Reichmann (1959) schlägt in Situationen, wenn bloßes Zuhören die unbewußte Bedeutung und den tiefen psychologischen Sinn nicht erschließt, als therapeutisches Hilfsmittel vor, die vom Patienten berichteten körperlichen Erlebnisse absichtlich nachzuahmen. Im Nachahmen oder Nachspielen – wie es Hirsch (1994) nennt – findet der Analytiker hier also Zugang zu den Bedeutungen, die sonst jenseits der Deutung geblieben wären. Die Frage ist allerdings, warum das quasi hinter dem Rücken des Patienten geschehen soll und warum er als der Betroffene nicht selber angeregt und angeleitet wird, seine Körpersprache zu erkunden. Ähnliche Fragen stellen sich bei der Behandlung der projektiven Identifikation, bei der der Analytiker einem Patienten in einem manchmal geradezu heroischen Masochismus vieles von dem abnimmt, was dieser zu seiner eigenen Gesundung besser selbst erforschen könnte (Heisterkamp 1999).

zu 7.: Now-moments
So kennzeichnet Stern (1998) die fruchtbaren Augenblicke im Therapieprozeß, in denen Patient und Analytiker einander unmittelbar begegnen. Der Analytiker erlebt sich dabei in einer kritischen und verunsichernden Phase, in der er in seine Routinetechnik ausweichen oder den Mut zu einer authentischen Antwort finden kann. Selbst Deutungen enthalten diese Momente des gegenwärtigen Kontaktes

und stellen nach Stern unter dieser Perspektive eigentlich auch eine nonverbale Vorgehensweise dar.

zu 8.: Freudige Begegnungen
Die Freude ist ein in der analytischen Psychotherapie – mit Ausnahme der Selbstpsychologie (Kohut 1981; 1987) – weitgehend tabuisierter Bereich. Es würde allen unseren analytischen Erfahrungen widersprechen, wenn sich zu der salutogenen Bedeutung der Freude im Austausch zwischen Eltern und Kindern nicht ein Analogon im therapeutischen Dialog wiederfinden ließe. Wenn Analytiker und Analysand sich miteinander freuen, könnte man von einer basalen wechselseitigen Resonanz sprechen, die der Heilung des Patienten und der Psychohygiene des Analytikers sehr dienlich ist. Wenn das präsentische Geschehen in Sprache übersetzt würde, was nur unzureichend gelingt, könnte es heißen: "Ich freue mich, daß es mich gibt, und ich freue mich, daß es dich gibt, wir freuen uns, daß wir uns hier begegnen." Die Heilwirkung des Humors wird ja derzeit entdeckt (Frings 1996; Titze 1995), die der Freude steht noch weitgehend aus (Heisterkamp 1990; 1991; 1998a).

zu 9.: Therapeutische High-lights
Im Laufe von mehreren Reanalysen habe ich eine Reihe von nachhaltigen Analyseerfahrungen gemacht. Darunter sind High-lights, die ich wohl wie frühe Kindheitserinnerungen nie vergessen werde. Ich hatte mich bis vor kurzem gescheut, sie zu publizieren, und zwar aus zwei Gründen: Es handelt sich nämlich, wie ich zunächst überrascht feststellte, oft um Situationen, in denen sich meine Analytiker oder Analytikerinnen nicht lehrbuchmäßig verhielten, und ich befürchtete, daß ich sie damit der oft unerbittlichen Kritik von Kollegen ausliefern würde. Der andere Grund lag darin, daß ich mich auch davor schützen wollte, daß diese liebgewonnenen und kostbaren Erfahrungen, die mich so zentral betreffen, von besserwisserischen Kollegen demontiert worden wären. Mittlerweile weiß ich durch Rückmeldungen eigener Analysanden und durch Befragungen von Analytikern, daß hier noch ein weiterer Forschungsbereich wartet, der wichtige Resultate für die Psychoanalyse verspricht.

zu 10.: Passagere Übertretungen des Settings
Hier sind die allen vertrauten Szenen angesprochen, in denen die Patienten nichts mehr im Sessel oder auf der Couch hält und sie durch ihr spontanes Verhalten von sich aus den Analytiker in eine "inszenierende Interaktion" (Scharff 1995) hineinziehen, also den therapeutischen Raum quasi um Bewegungs- und Berührungsproben erweitern. Was auch immer der Analytiker tut oder läßt, er handelt, und es ereignen sich dabei unmittelbare Begegnungen mit ihren basalen Erfahrungen. Es sei hier auf einen Aufsatz von mir zum Umgang des Analytikers mit passageren Übertretungen des Settings durch den Patienten hingewiesen (1998b).

zu 11.: Die leibliche Dimension im therapeutischen Dialog
Hier geht es darum, was der Analytiker mit seinen und insbesondere mit den leiblichen Assoziationen seines Patienten macht: den Impulsen der Hände, Arme, Beine usw., seinen Selbstberührungen, seinem Atemrhythmus und seinen Atem-

tönen, seinen Modulationen der Stimme usw. Der Umgang mit diesen Phänomenen ist üblicherweise durch das Prinzip "Ansprechen und Deuten" gekennzeichnet. Statt dem Patienten den Raum zu bieten, daß er seinen Körper in der ihm gemäßen Weise sprechen läßt, wird vorschnell reflektiert, was der Körperausdruck bedeutet. Der körpersprachliche Dialog wird dann, noch ehe er sich weiter entfalten konnte, durch eine verbalisierende Intervention unterbrochen. In diesen Dimensionen sind die Gegenübertragungswiderstände noch die Regel (Heisterkamp 1997a und b; 1998c).

zu 12.: Übergänge und Wendepunkte
Den letzten Punkt möchte ich hier im folgenden 4. Abschnitt wieder ausführlicher behandeln.

4. Ein Wendepunkt (in) der analytischen Psychotherapie

In seinem Buch über die Grundstörung erläutert Balint (1970) sein Konzept des "Neubeginns" sowie die dazu notwendige "Regression um der Progression willen" (S. 161) und veranschaulicht die entsprechenden Vorgänge an folgendem Beispiel:

"In der zweiten Hälfte der zwanziger Jahre nahm ich eine attraktive, lebhafte, ziemlich kokette junge Frau Ende der Zwanzig in analytische Behandlung. Ihre hauptsächliche Beschwerde war, daß sie nichts durchführen konnte. Sie hatte schon vor mehreren Jahren ihr Studium praktisch beendet, brachte es aber nicht fertig, sich zum Abschlußexamen zu melden. Sie war sehr beliebt, mehrere Männer hatten sich ihr genähert, einige mit ernsthaften Heiratsabsichten, aber sie konnte ihre Liebe nicht erwidern. Allmählich kam heraus, daß ihre Hemmung mit einem lähmenden Gefühl der Unsicherheit einherging, sobald sie ein Risiko eingehen und eine Entscheidung fällen sollte. Sie hatte eine enge Bindung zu ihrem energischen, ziemlich zwanghaften, aber äußerst zuverlässigen Vater; sie verstanden und schätzten einander, während ihre Beziehung zu der etwas eingeschüchterten Mutter, die sie als unzuverlässig empfand, offenkundig ambivalent war.

Es dauerte fast zwei Jahre, ehe diese Zusammenhänge für sie einsichtig wurden. Es war etwa zu jener Zeit, als ich einmal die Deutung gab, es sei für sie sehr wichtig, immer den Kopf oben und die Füße fest auf dem Erdboden zu behalten. Darauf erwähnte sie, daß sie es seit frühester Kindheit nie fertiggebracht habe, einen Purzelbaum zu schlagen, obwohl sie es oft versucht hatte und ganz verzweifelt war, wenn es nicht ging. Ich warf ein: 'Na, und jetzt?' – worauf sie von der Couch aufstand und zu ihrer eigenen größten Überraschung ohne weiteres auf dem Teppich einen tadellosen Purzelbaum schlug.

Dies erwies sich als ein wahrer Durchbruch. Es folgten Veränderungen in ihrem gefühlsmäßigen, sozialen und beruflichen Leben in Richtung auf größere Freiheit und Elastizität. Sie erreichte es, zu einer schwierigen Prüfung zugelassen zu werden, bestand sie, verlobte sich bald darauf und heiratete" (Balint 1970, 156f).

Wenn Psychoanalytiker, die eine Integration bewegungs- und körperpsychotherapeutischer Verfahren in die analytische Psychotherapie vertreten, dieses Beispiel veröffentlichen würden, könnten sie mit heftiger Kritik rechnen. Das Beispiel weicht nämlich in eklatanter Weise von dem klassischen psychoanalytischen Behandlungsverständnis ab (Scharff 1995). Wer dieses zu bewahren versucht, könnte alle Kritikpunkte, die bisher gegenüber der analytischen Körperpsychotherapie angeführt worden sind, bemühen:

- Die Behandlung ist keine bloße Rede- und Liegekur mehr, die ohne Augenkontakt durchgeführt wird. Damit verstößt Balint gegen die geforderte Neutralität des Analytikers und verfälscht die Übertragung des Patienten.
- Ebenso verletzt er die fundamentalen Regeln der freien Assoziation und der gleichschwebenden Aufmerksamkeit sowie das Prinzip der Nicht-Aktivität. Dadurch ist eine erhebliche Einbuße an tiefenpsychologischer Erkenntnis zu befürchten.
- Gleichzeitig verstößt Balint gegen das eherne Prinzip Deutung und versäumt damit, Einsicht in die infantilen Wünsche und die triebbestimmten Phantasien zu gewinnen und sie in einem Prozeß mühsamen Durcharbeitens zu sublimieren, um dabei die Übertragung aufzulösen.
- Die psychoanalytische Kur wird nicht mehr in der Versagung durchgeführt, sondern die Analysandin wird vom Analytiker geradezu zum Agieren aufgefordert und in ihren Triebbedürfnissen befriedigt. Das geradezu unverschämte "Na, und jetzt?" Balints rüttelt mit einer einzigen Replik an den Grundfesten der Übertragungsanalyse.
- Geradezu unfaßbar ist Balints Verstoß gegen das die psychoanalytische Behandlung fundierende Abstinenzprinzip. Kriegt er denn nicht mit, was er hier macht? Drängt sich nicht in diesem Beispiel der Verdacht auf, daß Balint dem Charme "der attraktiven, lebhaften und ziemlich koketten Frau Ende der Zwanzig", die wohl zur Zeit ihres Purzelbaumes auch noch Kleider trug, erlegen ist und eigene libidinöse Bedürfnisse voyeuristisch befriedigt?
- Dieses Beispiel ist exemplarisch für die psychologischen Konsequenzen, daß ein Therapeut, wenn er körper- oder bewegungstherapeutische Interventionen in seine Arbeit einbezieht, unweigerlich die Patient-Therapeut-Beziehung erotisiert oder sexualisiert und dabei in eine maligne Mesalliance gerät, in der er seine Analysandin entweder zur eigenen Bedürfnisbefriedigung mißbraucht oder sich von ihr zur Bedürfnisbefriedigung mißbrauchen läßt.
- Liegt in der Aufforderung zu einer konkreten Handlung nicht wie in jeder Anregung von Bewegungs- und Berührungsproben oder gar schon in der Fokussierung leiblicher Ausdrucksbewegungen ein manipulativer Eingriff in den Erlebensprozeß des Patienten? Hier kehrt Balint zum suggestiv-autoritären Verfahren zurück, das doch Freud anfänglich selber ausprobiert und dann aus guten Gründen wieder aufgegeben hat.
- Ein so suggestives Vorgehen, das dem Patienten zu Bewegungs- und Berührungsproben anregt, bringt doch auch die Gefahr mit sich, daß der Widerstand des Patienten gewaltsam gebrochen, seine Abwehr überrumpelt wird und die Triebdurchbrüche oder die Leiderfahrungen die Verarbeitungsmöglichkeiten des Patienten überfordern. Dabei würden dann besonders die Ich-Leistungen, die sich im Symptom ausdrücken und die die entscheidenden Wachstumsimpulse enthalten, vernachlässigt.
- Das Beispiel weckt auch die Befürchtungen des Analytikers, den Patienten durch einen direkten Kontakt zu verwöhnen und ihn dabei an das Stadium seiner verbliebenen Kindlichkeit zu fixieren. Hier müssen dieselben gegen Ferenczi und

Kohut gezielten Vorbehalte wiederholt werden. Diese verkennen ebenso wie die Körperpsychotherapeuten die Möglichkeiten und Grenzen des Therapeuten, da sie realiter die frustrierten Bedürfnisse zu stillen und die individuelle Mangellage des früheren Kindes zu kompensieren versuchten, so als wollten sie das frühe Leid ungeschehen machen und die realen Eltern ersetzen.

- Schließlich glaubt der traditionell arbeitende Analytiker auch einem vermeintlichen Irrglauben entgegentreten zu müssen, in körperlichen Aktionen ließe sich mehr und Tieferes als in der analytischen Imagination und Verbalisation ausdrücken. Dabei trifft eigentlich das Gegenteil zu: Wieviel differenzierter wäre der analytische Dialog zwischen Balint und seiner Patientin verlaufen, wenn er sich, statt sie zu einer anstößigen Handlung zu verführen, unter kontinuierlicher Beachtung der Gegenübertragung mit ihr über ihre Einfälle und Phantasien gesprochen und dabei die unbewußten Motive aufgedeckt hätte. Das Seelische wurzelt zwar im Körperlichen, aber die körperlichen Ausdrucksbewegungen bleiben immer mehrdeutig und verengen den seelischen Ausdruck auf das, was im Rahmen der allgemeinen Sitte gestisch-szenisch darstellbar ist, und das ist viel weniger als das, was symbolisch vermittelbar ist.
- Wenn der Analytiker direkt auf den Patienten eingeht und auf ihn reagiert, klammert er die bewußten und unbewußten Phantasien als zentralen Bereich der analytischen Psychotherapie aus. Von welchen Phantasien wird Balint geleitet, wenn er nicht auf die Phantasien der Patientin bezüglich ihres Bedürfnisses, einen Purzelbaum zu schlagen, eingeht? Hier steht das Handeln eindeutig im Dienste des Widerstands des Patienten. Auf seiten des Analytikers handelt es sich hier um einen eklatanten Fall von Gegenübertragungswiderstand und Gegenübertragungsagieren.

Ich möchte Balint hier einmal fiktiv auf eine solche Kritik antworten lassen, indem ich seinem Buch die entsprechenden Gedanken über die therapeutischen Aspekte der Regression entnehme:

- Die obige Kritik ist generell zurückzuweisen, da ich in dem Purzelbaumbeispiel einen regressiven Prozeß schildere, der offensichtlich im Dienste der Progression steht. Die Patientin ist im Übertragungsprozeß mit mir auf die Ebene der Grundstörung zurückgekehrt, um dort in einer arglosen und geschützten Atmosphäre eine neue Beziehungserfahrung zu machen, die ihr Leben heilsam verändert hat. Im einzelnen möchte ich auf folgende therapeutisch relevante Gesichtspunkte meiner Behandlungsmethode verweisen:
- Zunächst ist einem geläufigen Mißverständnis vorzubeugen, wenn "Übertragung" nur als Gefühlsübertragung von einer Person (z. B. in der Vergangenheit) auf eine andere Person (z. B. in der Gegenwart) verstanden wird. Wir, und hier schließe ich besonders Ferenczi mit ein, meinen nämlich mit Übertragung "die ganze analytische Situation" (S. 158). Wenn meine Patientin in meinem Praxisraum den Einfall hat, einen Purzelbaum zu schlagen, und ich sie dabei ermutige, das zu tun, unterstütze ich sie gerade dabei, eine Übertragung in Szene zu setzen, da sie auf diesem Regressionsniveau auf die handelnde Reinszenierung angewiesen ist.

- Dabei fasse ich den Prozeß der Regression als ein interaktives Geschehen auf, das von meiner Patientin und mir in einem einmaligen dialektischen Vorgang geschaffen wird. Der Purzelbaum geschieht in einer Objektbeziehung und drückt auch deren Veränderung handlungssymbolisch aus. Die Patientin wagt, unterstützt durch die Erfahrungen mit mir, im umfassenden Sinne des Wortes, sich freier zu bewegen.

- Während des therapeutischen Prozesses regrediert die Patientin auf die Ebene ihrer Grundstörung, die völlig verschieden ist von der ödipalen Konfliktdynamik und mehr als Mangel oder Defekt zu verstehen ist. Wie bei meiner Patientin mit ihrer ängstlichen Mutter und ihrem zwanghaften Vater wird deutlich, daß das Kind und die Bezugspersonen, die seine Welt ausmachen, nicht richtig zueinander passen, daß es in den primären Objektbeziehungen an etwas gemangelt hat, das zu einer gesunden Entwicklung notwendig gewesen wäre. Eine solche Regression geschieht "mit dem Ziel des Erkanntwerdens" (S. 176f). Mein Beispiel zeigt auch, wie früh frustrierte Entwicklungsbedürfnisse wieder spürbar werden und wie sie ihrem Entwicklungsniveau entsprechend wahrgenommen und nachbehandelt werden können. Damit die Grundstörung ausheilen kann, "muß der Patient die Möglichkeit haben, auf die spezielle Form seiner Objektbeziehungen zu regredieren, in welcher der ursprüngliche Mangelzustand aufgetreten war, oder sogar auf eine noch darunterliegende Stufe. Dies ist eine Vorbedingung, die erfüllt sein muß, bevor der Patient, zunächst nur sehr versuchsweise, sein starres Verhaltensschema aufgeben kann. Erst dann kann er 'neu beginnen', d.h. neue Weisen der Objektbeziehung entwickeln, durch die er die aufgegebenen ersetzen kann" (S. 202).

- Die Rückkehr auf die Ebene der Grundstörung wird getragen und gefördert durch eine einfache und gewährende Beziehung. Die Atmosphäre ist arglos, und der Patient fühlt sich in einer schlichten, vertrauensvollen Situation, in der ihm von seiner Umwelt nichts Schädliches droht und in ihm auch nichts Schädliches gegen die Umwelt gerichtet ist. Die Rolle des Analytikers gleicht hier derjenigen der primären Substanzen oder Objekte. "Meiner Ansicht nach besteht das wichtigste dieser Mittel darin, dem Patienten zu helfen, eine primitive Beziehung in der analytischen Situation einzugehen, die seinem eingeschliffenen Schema entspricht, und sie in ungestörtem Frieden aufrechtzuerhalten, bis er die Möglichkeit neuer Formen der Objektbeziehung entdecken, erleben und mit ihnen experimentieren kann" (S. 201).

- Der Purzelbaum markiert genau einen der wenigen Wendepunkte, die sich während einer analytischen Psychotherapie ereignen. Die Patientin hatte zu mir eine primäre Objektbeziehung entwickelt, um in der gewährenden und unterstützenden Atmosphäre einen Durchbruch hinsichtlich ihres bisherigen Lebensmusters zu wagen, d.h. ihre Wirklichkeit neu zu gestalten.

- Auf dieser Ebene verlieren die Worte ihre konventionelle Bedeutung, wird "die Erwachsenensprache oft unbrauchbar und irreführend" (S. 26). "Die Worte hören in solchen Perioden auch auf, Vehikel für freie Assoziationen zu sein; sie werden leblos, repetitiv und stereotyp. Sie klingen wie alte, abgespielte Grammophonplatten, bei denen die Nadel immer in derselben Rille läuft. Das gilt übrigens oft auch für die Deutungen des Analytikers; auch sie scheinen während dieser Periode endlos das gleiche zu wiederholen" (S. 212).

- Es ist keineswegs so, daß ich das Übertragungsgeschehen, aus welchen Gegenübertragungswiderständen auch immer, verfälscht oder übersehen hätte, sondern ich habe ganz bewußt auf oknophile Übertragungsdeutungen verzichtet, weil sie in dieser Phase von meiner Patientin als aufdringlich erlebt worden wären und die regressions- und entwicklungsförderliche Atmosphäre zwischen der Patientin und mir gefährdet hätten. Der Neubeginn meiner Patientin wurde gerade erst dadurch möglich, daß ich mich ihr nicht als ein zu scharf konturiertes Objekt gegenüberstellte und mich hütete, mich für meine Patientin in ein kenntnisreiches, mächtiges oder gar omnipotentes Objekt zu verwandeln. Übertragungsdeutungen im herkömmlichen Sinne hätten den regressiven Prozeß blockiert.

- Über mehrere Jahre des Experimentierens mit nonverbaler Kommunikation habe ich zu einer Technik gefunden, "die es dem Patienten erlaubt, eine Zweier-Beziehung zu erleben, die nicht in Worten ausgesprochen werden kann und auch nicht ausgesprochen zu werden braucht, ja vielleicht nicht einmal ausgesprochen werden darf, die vielmehr gelegentlich nur durch das ausgedrückt wird, was man 'agieren' in der analytischen Situation nennt. Ich beeile mich hinzuzufügen, daß alle nichtverbalen Mitteilungen und das Agieren natürlich durchgearbeitet werden, nachdem der Patient aus der Regression wieder aufgetaucht und auf die ödipale Ebene zurückgelangt ist – aber eben erst dann und nicht eher" (S. 211f).

- Für mich "kann kein Zweifel darüber herrschen, daß etwas befriedigt werden muß, aber es ist recht schwierig, dieses 'Etwas' als Abkömmling einer bestimmten Triebkomponente zu identifizieren" (S. 164). Beispiele sind neben dem Purzelbaum: einen Finger oder die ganze Hand halten; den Sessel des Analytikers berühren; sich krankschreiben lassen; Extrastunden; Telefonate usw. Diese Regression führt zu einem Sehnen und Verlangen, und ich reagiere positiv darauf, d. h., ich befriedige sie (S. 164). Ich ersetze die Deutung nicht durch die Befriedigung, sondern die Befriedigung kommt als etwas Zusätzliches hinzu, je nach den Erfordernissen geht mal die Deutung und mal die Befriedigung voraus. So war ich z. B. in der entsprechenden Phase meines Purzelbaumbeispiels "nicht ein stimulierendes, erregendes oder verbietendes erwachsenes Objekt, in dessen Gegenwart eine junge Dame niemals daran denken könnte, einen Purzelbaum zu schlagen, sondern ein sicheres Objekt, in dessen Gegenwart ein Patient sich ein kindliches Lusterleben erlauben konnte" (S. 165).

- Die tiefenpsychologischen Merkmale des Neubeginns kennzeichnen eine gutartige Regression, da sie der Fortentwicklung der Patienten dient. In diesem Prozeß spürt der Patient deutlich, daß er mit seinen seelischen Problemen weiterkommt und mehr zu sich bzw. seiner Wirklichkeit findet. Auch der Analytiker merkt an den Wirkungen seines Tuns und Lassens, ob er sich mit dem Patienten in einem benignen oder malignen Prozeß befindet. Die gutartige Regression führt zu einer oder einigen wenigen Perioden eines echten Neubeginns, zur Entdeckung neuer Möglichkeiten des Liebens und Hassens. Damit tritt diese Form der Regression in den Dienst der Progression. Im Gegensatz dazu führt die maligne Regression in eine suchtartige Spirale: Die Patienten meinen, niemals genug bekommen zu können. Sobald einer ihrer primitiven Wünsche befriedigt worden ist, stellte sich ebenso drängend ein neues Verlangen ein. In diesem Fall zielt die Regression auf die Befriedigung von Triebverlangen hin.

• Schließlich bitte ich meine Kritiker in Hinsicht auf die beobachtbaren Auswirkungen meiner therapeutischen Interventionen, es als eine Erfahrungstatsache zu respektieren, daß sich der beschriebene Neubeginn meiner Patientin katamnestisch über 30 Jahre hinweg als stabil erwiesen hat (S. 157).

5. Weiterführung

Um Balints Gedanken weiterzuführen, möchte ich das Fallbeispiel aus meiner heutigen Perspektive erläutern, die sich aus den methodologischen Fesseln der Trieb- und Ichpsychologie befreit hat und sich einer beschreibungsnahen Analyse des Geschehens verpflichtet fühlt. Dabei wird dann die Wirkungsweise analytischer Körperpsychotherapie erläutert.

Die eingeschüchterte Mutter und der zwanghafte Vater von Balints Patientin fühlen sich in ihren eigenen Selbstsicherungen durch die spontane Lebendigkeit ihrer Tochter tief geängstigt und müssen sich vor der als bedrohlich erlebten Unberechenbarkeit seelischer Veränderungen schützen. Zur Abwehr sie bedrohender Gefühle und Affekte mußten die aufkeimenden Impulse des Kindes solange chronisch unterdrückt werden, bis sie auf das für die Eltern erträgliche Vitalitätsmaß reduziert waren. Die mißbilligenden Behinderungen lustvoller und interessanter Erlebniseinheiten können bei der Patientin auch zu tiefen Schamgefühlen geführt haben (Lichtenberg et al. 1996). In der unausdrücklichen Teilhabe an der Einschränkung des frühen Handlungsdialogs entwickelte die Patientin prozedural bzw. operativ ein gehemmtes Bewegungsmuster, das als basale Matrix ihre künftige Wirklichkeit strukturierte.

Durch die chronische Behinderung ihrer vitalen Handlungs- und Erlebenseinheiten (Freud, Spitz, Winnicott) geriet Balints Patientin bereits in der präverbalen Phase ihrer Entwicklung in den existentiellen Konflikt von Sein oder Nichtsein (Kutter 1981), d.h. in ein existenzbedrohendes Dilemma: Wenn sie ihre vitalen Tendenzen aus Angst vor deren Annullierung unterdrückte, würgte sie sich selber ab. Wenn sie sie zu leben versuchte, wurde sie durch die ihr unverzichtbaren primären Objekte bzw. Objektrepräsentanzen abgewürgt. Das wirkte als implizites Wissen oder als implizite Phantasie bis in die aktuelle Wirklichkeitsgestaltung der Patientin nach. In der Regression setzte sich diese Grundstörung, nämlich die notgeborene Selbstabtötung im Dienste des Überlebens, wieder in Szene.

Nachdem sich nun dieses frühe Bewegungsmuster immer deutlicher herausformte, bot sie Balint ein schönes Bild für ihre Ängste vor der Realität seelischer Wandlungen, wie es prototypisch für sie und ihre Eltern ist, an. Mit dem seit frühester Kindheit vergeblich gehegten Wunsch, einmal einen Purzelbaum schlagen zu können, vermittelt sie Balint in anschaulicher Weise: Ich würde mich so gerne auf die Verwandlungswirklichkeit des Seelischen und das damit geahnte Lebensglück einlassen, wenn ich nicht so katastrophale Folgen befürchten würde. Das Grandiose von Balint ist nun: Er vermeidet eine adultomorphe Bearbeitung des Problems im repräsentierenden sprachlichen Verstehen, das in der guten alten Tradition der Übertragungsanalyse gestanden hätte. Er versteht das von der Patientin vorgebrachte Problem auf ihrem entsprechenden Entwicklungs- und Regressionsniveau. Seine grundlegende Intervention besteht darin, sie zu ermutigen, dieses frühe Individuationsproblem entwicklungsanalog zu begreifen und – was er ohne Piaget, Lichtenberg und Stern noch nicht sehen kann – selbst zu behandeln. Durch die Aufforderung: "Na, und jetzt?" bietet er ihr eine basale und präsentische Form des Verstehens an, welche die sprachliche erst begründet und ein "Erinnern" im Sinne Freuds erst möglich macht. Gleichzeitig ist dieser frische Einwurf Balints die basale therapeutische Hilfestellung, daß sich ihre traumatischen Erfahrungen in der Übertragung nicht wiederholen, sondern daß sie eine exemplarische neue Erfahrung macht, indem eine elterliche Figur ihr die nötige Sicherheit in der "Verwandlungswirklichkeit" (Salber 1993) des Seelischen bietet und sich an ihrer Existenz (ex-ire) erfreut.

Wenn man von der Notwendigkeit entwicklungsanaloger Sinnerfassungs- und Behandlungsmodi ausgeht, wird deutlich, daß eine Bearbeitung des Einfalls im Sinne der Übertragungsanalyse (z. B. daß sie vielleicht dem Vater/Therapeuten gefallen oder ihn gar verführen wolle) auf diesem Regressionsniveau einer Retraumatisierung gleichgekommen wäre. Wieder wäre sie durch die Reaktion eines gehemmten Gegenübers selber in ihrer Lebendigkeit gedämpft und latent beschämt worden. Balints Behandlungsbeispiel ist für mich eine beeindruckende historische Stelle in der Entwicklung der Psychoanalyse, und meine Wertschätzung für Balint wächst mit der Dauer der Schwierigkeiten der psychoanalytischen Forschung, seinen Beitrag an dieser Stelle voll zu würdigen und zu integrieren. Der Neubeginn der Patientin und die Wende in Balints Therapieverständnis haben innerhalb der Psychoanalyse noch keine Schule gemacht. Seine revolutionären bewegungs- und körpertherapeutischen Gedanken und Erfahrungen tradieren sich nur in der nachsichtig belächelten Akzeptanz des Händchenhaltens bei Patienten in gewissen Phasen der Regression.

Oben wurde die aktuelle Kritik an der analytischen Bewegungs- und Körperpsychotherapie retrospektiv auf das mittlerweile klassisch zu nennende Purzelbaumbeispiel angewendet und durch die Theorie von Balint selber, die mittlerweile eine breite Anerkennung gefunden hat, widerlegt. Dieses Vorgehen ist angeregt worden durch die Annahme von Jörg Scharff (1995) und ist vielleicht auch ein zusätzlicher Beleg dafür, daß die oft sehr heftige und nicht selten entwertende Kritik an Analytikern, die psychodynamische Verfahren in ihre Arbeit einbeziehen, eine Verschiebung des Methodenstreits *zwischen* den Vertretern der klassischen und den Vertretern neuerer Positionen *innerhalb* der psychoanalytic community auf die Körper- und Bewegungspsychotherapie generell bzw. auf die Minderheit der Psychoanalytiker, die Bewegungs- und Körperpsychotherapie in die Behandlung ihrer Patienten einbeziehen, darstellt. Wir kennen ja bereits seit Adler (1909; 1911; 1912) und spätestens seit Mentzos (1984; 1988) interpersonale Formen der Abwehr und wissen, wie sehr diese psychosozialen Arrangements der Sicherung des individuellen Selbst und/oder der korporativen Identität dienen.

Literatur

Adler, A. (1909): Über neurotische Disposition. In Adler, A., Furtmüller, C. (Hrsg.): Heilen und Bilden. S. 67–84. Fischer, Frankfurt/M. 1973
Adler, A. (1911): Zur Kritik der Freudschen Sexualtheorie des Seelenlebens. In Adler, A., Furtmüller, C. (Hrsg.): Heilen und Bilden. S. 94–113. Fischer, Frankfurt/M. 1973
Adler, A. (1912): Über den nervösen Charakter. Fischer, Frankfurt/M. 1972
Adler, A. (1929): Lebenskenntnis. Fischer, Frankfurt/M. 1978
Balint, M. (1970): Therapeutische Aspekte der Regression. Klett, Stuttgart
Danckwardt, J. F., Gattig, E. (1996): Die Indikation zur hochfrequenten analytischen Psychotherapie in der vertragsärztlichen Versorung. Frommann-Holzboog, Stuttgart
Dornes, M. (1998): Plädoyer für eine Neubetrachtung des Unbewußten. In Trautmann-Voigt, S., Voigt, B. (Hrsg.): Bewegung ins Unbewußte. Brandes u. Apsel, Frankfurt/M.
Freud, S. (1912): Zur Dynamik der Übertragung. GW VIII, 363–374 Fischer, Frankfurt/M. 1943
Freud, S. (1923): Das Ich und das Es. GW XIII, 235–289. Fischer, Frankfurt/M. 1940
Freud, S. (1926): Die Frage der Laienanalyse. GW XIV, 209–286. Fischer, Frankfurt/M. 1948
Frings, W. (1996): Humor in der Psychoanalyse. Kohlhammer, Stuttgart
Fromm-Reichmann, F. (1959): Intensive Psychotherapie. Hippokrates, Stuttgart
Heisterkamp, G. (1990): Konturen einer tiefenpsychologischen Analyse originärer Lebensbewegungen. Teil I und II. Zeitschrift für Individualpsychologie 15, 83–85 und 163–176
Heisterkamp, G. (1991): Freude und Leid frühkindlicher Lebensbewegungen. Empirische Säuglingsforschung und tiefenpsychologische Entwicklungstheorien. In Ahrens, T., Lehmkuhl, U. (Hrsg.): Beiträge zur Individualpsychologie, 14, 24–41. Reinhardt, München/Basel
Heisterkamp, G. (1997a): Die leibliche Dimension im psychotherapeutischen Dialog. In Heigl-Evers, A., Heigl, F., Ott, J., Rüger, U. (Hrsg.): Lehrbuch der Psychotherapie, 410–426. Fischer, Stuttgart/Jena
Heisterkamp, G. (1997b): Zur Führung des nonverbalen Dialogs in der Psychotherapie. In Kurse, G., Gunkel, S. (Hrsg.): Diagnostik und Psychotherapie depressiver Erkrankungen, 107–130. Hannoversche Ärzte-Verlags Union
Heisterkamp, G. (1998a): Freude und Leid in Kurzbiographien von Psychoanalytikern. In Wegner, R. (Hrsg.): Beiträge zur Gewinnung und Anwendung psychologischer Erkenntnis, 43–64. Akademie Verlags- u. Druck-Gesellschaft, Essen
Heisterkamp, G. (1998b): Der Umgang des Analytikers mit passageren Überschreitungen des Settings durch den Patienten. In Geißler, P. (Hrsg.): Analytische Körperpsychotherapie in der Praxis. Pfeiffer, München
Heisterkamp, G. (1998c): Körpersprachlicher Dialog und basales Verstehen im psychotherapeutischen Prozeß. In Trautmann-Voigt, S., Voigt, B. (Hrsg): Bewegung ins Unbewußte. Brandes u. Apsel, Frankfurt/M.
Heisterkamp, G. (1999): Körperpsychotherapie. In Reimer, C., Rüger, U. (Hrsg.): Psychodynamische Psychotherapien. Springer, Berlin
Hirsch, M. (1994): Der Körper des Patienten in der psychoanalytischen Psychotherapie. Psychotherapeut 39, 153–157
Kohut, H. (1981): Die Heilung des Selbst. Suhrkamp, Frankfurt/M.
Kohut, H. (1987): Wie heilt die Psychoanalyse? Suhrkamp, Frankfurt/M.
Kutter, P. (1981): Sein oder Nichtsein, die Basisstörung der Psychosomatose. Prax. Psychother. Psychosom. 26, 47–60
Lehmkuhl, G. (1997): Buchbesprechung zu Danckwardt, J. F., Gattig, E. (1996): Die Indikation zur hochfrequenten analytischen Psychotherapie in der vertragsärztlichen Versorgung. Frommann-Holzboog, Stuttgart. In: Zeitschrift für Individualpsychologie 22, 245–246
Lichtenberg, J. D. (1987): Die Bedeutung der Säuglingsbeobachtung für die klinische Arbeit mit Erwachsenen. Zeitschrift für psychoanalytische Theorie und Praxis 2, 123–147
Lichtenberg, J. D., Lachmann, F., Fosshage, J. (1996): Werte und moralische Haltungen. Psyche 5, 407–443

Mentzos, S. (1976): Interpersonale und institutionalisierte Abwehr. Suhrkamp, Frankfurt/M.
Mentzos, S. (1982): Neurotische Konfliktverarbeitung. Fischer, Frankfurt/M.
Piaget, J. (1948): Psychologie der Intelligenz. Rascher, Zürich
Salber, W. (1993): Seelenrevolution. Bouvier, Bonn
Salber, W. (1965): Morphologie des seelischen Geschehens. Henn, Ratingen
Scharff, J. M. (1995): Zwischen Freud und Ferenczi: Die inszenierende Interaktion (Teil I und II). Zeitschrift für psychoanalytische Theorie und Praxis, Jahrgang X, 3 u. 4, 349–374 u. 442–461
Stern, D. (1989): Die Repräsentation von Beziehungsmustern. Entwicklungspsychologische Betrachtungen. In Petzold, H. (Hrsg.): Die Kraft liebevoller Blicke. Psychotherapie und Babyforschung, Bd. 2, 193–218. Junfermann, Paderborn
Stern, D. (1996): Selbstempfindung und Rekonstruktion. In Trautmann-Voigt, S., Voigt, B. (Hrsg.): Bewegte Augenblicke im Leben des Säuglings – und welche therapeutischen Konsequenzen? S. 17–30. Richter, Köln
Stern, D. (1998): Now-moments und Vitalitätskonturen als neue Basis für psychotherapeutische Modellbildungen. In Trautmann-Voigt, S., Voigt, B., (Hrsg.): Bewegung ins Unbewußte. S. 82–96. Brandes u. Apsel, Frankfurt/M.
Titze, M. (1995): Die heilende Kraft des Lachens. Kösel, München

KURT HEMMER

"Alles kann auch anders sein" – ganz anders
Ein Analytiker, wie er leibt und lebt, seine Grenzen, seine Tabus und seine Wirklichkeiten: "Einmal Lincoln Street und zurück"

"Everything Can be Different" – Completely Different

An Analyst All Over, His Limitations, His Taboos, and His Realities: "Once Lincoln Street and Back"

By his own life and his experiences the author is developing two often irreconcilable realities. Along the metaphor Lincoln Street as a border between civil and occupational normality on the one hand and an abnormal world, put under a taboo, and beyond the border on the other hand, these realities gain sound and colour. By overcoming personal feelings of shame and embarassment, so the intention of the statements, worlds and realities open up in which often enough everything can be different. Untruthfulness, dishonesty, and splits are abandoned in favour of a more open, truthful, existential encounter of one self and others. The consequences, if this mostly painful integration process remains undone, are discussed and described for the training as psychoanalyst, the own therapeutic acting, and the private life.

Der Autor entwickelt anhand seines gelebten Lebens und Erlebens zwei sich oft unversöhnlich gegenüberstehende Wirklichkeiten. Entlang der Metapher Lincoln Street, als Grenze zwischen bürgerlicher und beruflicher Normalität und Idylle einerseits und ausgegrenzter, tabuierter anormaler Welt andererseits, gewinnen diese Wirklichkeiten allmählich Ton und Farbe. Indem persönliche Scham- und Peinlichkeitsgefühle überwunden werden, so die Intention der Ausführungen, eröffnen sich Welten und Wirklichkeiten, in denen oft genug alles auch anders sein kann. Verlogenheit, Unehrlichkeit und Spaltungen werden zugunsten einer offeneren, wahrhaftigeren, existenzielleren Selbst- und Fremdbegegnung aufgehoben. Welche Folgen es hat oder haben kann, wenn diese meist schmerzliche Integrationsarbeit unterbleibt, wird über die Bereiche Ausbildung zum Psychoanalytiker, eigenes therapeutisches Handeln, sowie des Privatlebens dargelegt und diskutiert.

Jenseits der Lincoln Street kann nicht nur alles anders sein, sondern dort ist auch alles ganz anders. Die Lincoln Street ist in David Lynchs Film "Blue Velvet" die Grenze zwischen bürgerlicher Normalität und Idylle einerseits und ausgegrenzter, tabuierter, anormaler Welt andererseits. Es ist eine Welt, in der sich die menschlichen Leidenschaften voller Gewalt, aber auch mit einer faszinierenden Ursprünglichkeit entfalten. Ein junger Mann diesseits der Lincoln Street wird in die tabuierte, anormale Welt hineingezogen, durchlebt und durchleidet sie, bevor er wieder in seine bürgerliche Idylle zurückkehrt.

Der junge Mann in dem Film kann ebensowenig wie die Heldinnen und Helden in den Märchen mit den verbotenen Zimmern seine Neugier bezähmen und öffnet trotz Warnung und Verbot die Tür des Hauses jenseits der Lincoln Street. Um zur Autonomie zu gelangen und um ihrer Identitätsentwicklung willen, müssen die Märchenfiguren die ausgeschlossenen bösen, perversen und tabuierten Seiten ihrer eigenen menschlichen Existenz öffnen und sich damit vertraut machen.

Ob nun in den Märchen die verbotenen Türen geöffnet werden, oder Dante in der Göttlichen Komödie mit seinem Führer Vergil den Weg des Höllenabstiegs und des Höllenaufstiegs geht, immer müssen Grenzen berührt, Grenzen überschritten werden, um das zu erreichen, was jede Psychotherapie und jede Selbsterfahrung und Selbstentwicklung zum Ziele hat, nämlich die verdrängten und verleugneten Wahrheiten und Wirklichkeiten menschlichen Existierens unserem kritischen Bewußtsein zuzuführen. Wie wir wissen, kann dies nie vollständig gelingen und ist auch nicht hinreichend durch den einmaligen Akt einer Analyse, auch nicht der Lehranalyse, möglich und abschließbar. Deshalb sollte es eine unser gesamtes Leben begleitende Aktivität bleiben.

In den letzten Jahren sind mir meine Gegenübertragungsgefühle und Gegenübertragungsbeziehungen als das vielleicht wichtigste und einzige Maß für den augenblicklichen Zustand des analytischen Prozesses in der Einzel- wie in der Gruppentherapie zunehmend bewußter geworden. Mit diesem zunehmenden Bewußtsein und der unbedingten Notwendigkeit, diese Gegenübertragungsbeziehungen und die Übertragungsbeziehungen einer selbstanalytischen Betrachtung zuzuführen, rückten meine Grenzen, meine Tabus und meine verleugneten, peinlichen und schambesetzten Wahrheiten und Wirklichkeiten immer wieder in mein Bewußtsein. Wenn ich den Leser nun bitte, mich zu meiner Lincoln Street zu begleiten und durch üblicherweise verschlossene Türen und Fenster zu schauen, so trägt dieses Handeln seinen Zweck nicht in sich selbst, sondern dient der Wahrheits- und Wirklichkeitsbeschreibung und wirkt somit, wie Mario Erdheim (1985) und Robert Langs (1994) meinen, dem Lügen, der Unaufrichtigkeit und dem gekonnten Selbstbetrug des Analytikers entgegen.

In Polynesien, woher auch das Fremdwort TABU stammt, und das soviel wie geheiligt und unberührbar bedeutet, kommt es noch immer vor, daß ein durch den Tabubruch ausgelöstes inneres Entsetzen, gefolgt von panischen Ängsten zum psychogenen Tod führt (Riedel 1985). Der Tabubruch erlangt, obwohl deutlich von rein subjektiven und kulturellen Normen und Phantasien getragen, einen objektiven Wirkungs- und Wirklichkeitscharakter. Was hier wirkt, sind nicht die Dinge an sich, sondern die Vorstellungen, die über die Dinge existieren. Die Phantasien erhalten auf eine eigentümliche Art und Weise einen faktenschaffenden Charakter. Tabuiert wurde aber nicht nur das Geheiligte, Numinose, sondern auch das, was der geheiligten Ordnung einer bestimmten Religion, eines bestimmten Stammes, oder auf uns hier bezogen, der geheiligten Ordnung und Begrifflichkeit einer bestimmten Theorie widerspricht. Das, was dem anderen Stamm, der anderen Therapierichtung heilig ist, wird tabuiert. Man durfte und darf, wollte man nicht das Schlimmste herausfordern, das TABU nicht berühren und nicht darüber sprechen. So tabuierte die Individualpsychologie die Triebe und die Psychoanalyse die soziale Bezogenheit, beide wiederum die körperlichen Berührungen usw. Es wäre endlos fortzusetzen. Diese Tabuierungen dienen der Abgrenzung von anderen Kulturen, Religionen und Gruppierungen und stärken so deren Zusammenhalt und den Zusammenschluß der eigenen Gruppe.

Als ich im Kollegenkreis nur kurz mein Thema umriß und mein Vorhaben zu skizzieren begann, wurde ich recht bald mit einem scherzhaft gemeinten Hinweis unterbrochen. Ich solle doch sehr aufpassen und vorsichtig formulieren, wenn ich meinen Lehranalytiker DGIP nicht gefährden wolle. Wie in David Lynchs Film die Großmutter den Jungen warnt, ja nicht die Lincoln Street zu überschreiten oder die Mutter das Rotkäppchen, ja nicht vom rechten Weg abzukommen, so warnten mich die Kollegen.

Als ich diese Warnung hörte, fiel mir eine Nebenbeibemerkung eines Analysanden ein. Es war eine dieser berühmt-berüchtigten, mehr genuschelten als offen ausgesprochenen Bemerkungen, die, gerade weil sie verbergen wollen, Wesentliches und Ängstigendes offenbaren. Es herrsche, so der Analysand, eine gewisse Angst unter den Ausbildungskandidaten, die Zulassungsarbeit in den Sand zu setzen, falls sie nicht nach einer bestimmten theoretischen Richtung abgefaßt sei. Sicher ist, daß niemand an den Instituten, im Gegensatz zu Polynesien, dies klar und offen ausgesprochen und gefordert hätte, ganz im Gegenteil. Trotzdem bestehen Tabus und entfalten ihre Wirkung. Polynesien liegt also gleich um die Ecke und – noch näher – nämlich in uns selbst. Es scheint uns also noch nicht zu gelingen, in uns und an den Instituten den Geist der Toleranz und des Pluralismus zu fördern und zu verwirklichen. Die postmoderne Philosophie hingegen und die daraus entwickelte Ästhetik versuchen, im Gegensatz zum ab- und ausgrenzenden dogmatischen und tabukonstituierenden Denken, die "Fähigkeit zum Dissens" (Welsch 1993, 166f) zu fördern und propagieren deshalb eine Denk- und Stilvielfalt.

Mertens (1997,61) greift dieses Denken auf und fordert die Fähigkeit, "Jenseits neurotischer Determinierungen und festgefügter Glaubensgewißheiten, aber voller Lust auf das immer wieder Ungewisse und Unwägbare, Verantwortung zu übernehmen". Heisterkamp nimmt auf individualpsychologischer Seite eine ähnliche Position ein. Indem er die explizite Morphologie Salbers mit der impliziten Alfred Adlers verbindet, entwirft er in seinen theoretischen und praktischen Beiträgen, ähnlich wie Mertens, immer wieder das Gesamtseelische als einen ständigen Strukturierungs- und Umstrukturierungsprozeß, in dem scheinbar diffuse Züge, Gefühle, Wünsche und Handlungen oder scheinbar unvereinbare Tendenzen als psychologische Momente einem umfassenden Sinnganzen eingegliedert und im dialektischen Sinne aufgehoben werden.

Es bestehen auf der kognitiven Ebene durchaus Ansätze, den Dogmen und den TABUS zu entkommen. Es scheint aber, daß unsere Einsicht in die Vernünftigkeit solcher Haltungen nicht ausreicht, um sie dann auch konsequent verwirklichen zu können. Wahrscheinlich ist es doch nicht so einfach, das Reich des Unbewußten so zu kolonisieren, daß es sich der Vernunft im gewünschten Maße unterwirft. Nicht das Unbewußte, Irrationale und Unvernünftige, das nur sehr schwer bis überhaupt nicht trockengelegt werden kann, stellt das eigentliche Problem dar, sondern dessen Leugnung.

Wirklich gefährlich wird es erst dann, wenn das Bewußtsein glaubt und davon überzeugt ist, rational und vernünftig zu handeln, dabei aber von ganz anderen Motiven dominiert wird. Die deprimierende, krank- und angstmachende Wirklichkeit der Inquisition, der Verfolgungen, Spaltungen und der Ausschlüsse dürften hierin ihre Wurzeln haben. Die Geschichte und die Gegenwart der Psychotherapiebewegung ist voll davon. Lutz Rosenkötter, langjähriger Leiter des zentralen Ausbildungsausschusses der DPV, schreibt hierzu in seinem Aufsatz "Schattenseiten der psychoanalytischen Ausbildung":

"Womöglich gelingt es, über das obligat unglückliche Verhältnis der Psychoanalytiker zur Macht nachzudenken. Gemeint ist einmal die brutale, unreflektierte Machtausübung der Psychoanalytiker untereinander und gegenüber den Kandidaten in ihren Instituten. Zum anderen aber ist die zwiespältige Beziehung der Psychoanalytiker zur herrschenden Moral und zur Staatsmacht gemeint" (1984,231).

Weil gerade die Schattenseiten der Macht, der Rivalität und des Neides wegen Unverträglichkeit mit dem Bild des guten Analytikers ausgeschlossen werden, gelingt es oft nicht, das zu leisten, was Wittgenstein als Ziel seines Philosophierens angibt, nämlich der "Fliege den Weg aus dem Fliegenglas zu zeigen" und dem Analysanden zu helfen, Wege zu einer freieren Selbstentfaltung zu finden. Es drohen, was man der Psychoanalytischen Ausbildung vorwirft, nämlich Unterwerfung und Machtmißbrauch. Statt mutiger, emanzipierter Individuen stehen am Ende, so die Gefahr, überangepaßte Normopathen da. In diesem Zusammenhang möchte ich auf das sehr lesenswerte Buch von Helmut Kaiser (1996) hinweisen: "Grenzverletzung – Macht und Machtmißbrauch in meiner psychoanalytischen Ausbildung". Statt Dissenstraining, statt Pluralität und statt einer kritischen Auseinandersetzung im Sinne Karl Poppers (1996, 16off) sind Konsens, Gehorsam und Unterordnung gefragt. Joyce McDougall geht noch einen Schritt weiter, wenn sie schreibt "Es scheint nämlich, daß die 'allzusehr angepaßten' Bürger nicht besonders begabte Analytiker abgeben (1989,452).

Ich selbst wurde vor Jahren vor ein Institutsgremium zitiert, um intensiv nach meiner Institutsloyalität befragt zu werden. Anlaß war, daß ich bei meiner Vorstellung als Semesterbegleiter den Ausbildungskandidaten gegenüber alle meine diversen Aus- und Weiterbildungen aufgezählt hatte. So z. B. NLP, Hypnose und Hypnotherapie, Psychodrama, Bioenergetik, Encounter- und Sensitivitygruppen. Eben alles, was man so im Laufe seines Psychologendaseins an Weiterbildungen zu durchlaufen versucht. Mein bewußtes Ziel war es nicht, mich gegen das Institut oder sogar gegen die dort vertretene Tiefenpsychologie zu stellen, sondern den Kandidaten zu vermitteln, daß sie es, wenn sie zu mir in meine Gruppe kommen wollten, mit einem zu tun bekommen, der nicht nur dogmatisch auf Alfred Adler fixiert ist und nicht nur dessen Theorie und Praxeologie blind exekutiert.

Die sarkastischen bis zynischen Ausführungen Otto Kernbergs zum heutigen psychoanalytischen Ausbildungssystem zeigen, daß sich die Zeiten noch nicht geändert haben. In seinem Aufsatz "Zerstörung der Psychoanalyse im Ausbildungssystem" in der Zeitschrift für Psychoanalyse, März 1998, entwickelt er dreißig Ratschläge, die die Institute unbedingt befolgen sollten, um das kreative Schaffen der Ausbildungskandidaten aber auch der Mitarbeiter gänzlich zu verhindern, mindestens aber erfolgreich zu hemmen. Hier einige Kostproben:

"Achten Sie besonders auf Kandidaten, die dazu neigen, die Auffassungen der von Ihrem psychoanalytischen Institut bevorzugten, wichtigen Autoren in Frage zu stellen. Machen Sie klar, daß kritisches Denken begrüßt wird, solange es die maßgeblichen Ansichten Ihres jeweiligen Vordenkers bestätigt. Achten Sie darauf, die Kandidaten zu belohnen, die von den vorgegebenen Texten begeistert sind und voll dahinterstehen. Ausgenommen sind natürlich Texte abweichender Schulen, bei denen man angemessene Ungläubigkeit und Indignation erwarten sollte." ... "Im Idealfall sollte der Kontakt der Kandidaten zu alternativen psychoanalytischen Schulen so lange wie möglich unterbleiben." ... Vertreter anderer Schulen oder Texte anderer Richtungen sollten eingeladen oder vorgestellt werden, um sie gerade vor den Kandidaten "erbarmunglos zu demontieren."

Eine wahrhaft bedrückende Wirklichkeit, die die Krankheiten, die sie vorgibt zu heilen, nämlich Macht, Machtmißbrauch, Neid und Rivalität selbst wieder erzeugt.

Dies alles erinnert an den pointiert formulierten Einwand von Karl Kraus gegen die Psychoanalyse. Sie, die Psychoanalyse, so Karl Kraus, sei der Ausdruck derselben Neurose, für deren Therapie sie sich hält. Eine wahrhaft bedrückende Wirklichkeit.

Die Lincoln Street zieht sich quer durch die psychoanalytische Landschaft. Auf der einen, der bewußtseinsnahen Seite, hat sich eine offizielle Emanzipationsidylle festgesetzt, die aber durch das Ausgeschlossene, nicht Bewußte, nicht Diskutierbare konterkariert wird. Das Ausgegrenzte und Tabuierte, das als das Verdrängte nun aus dem gemeinsamen Unbewußten weiterhin seine Wirkung an den Instituten entfaltete, wird so zum Seelen- und zum Körperfresser. Es verwundert nicht, daß gerade an den analytischen Instituten von Zeit zu Zeit Mitglieder wie in einem Bermudadreieck auf Nimmerwiedersehen verschwinden, aktiv hinausgedrückt werden oder wegen Krankheit ausscheiden. Wenn wir wissen und akzeptieren, daß sich das Unbewußte nicht gänzlich kolonisieren und der Vernunft unterwerfen läßt, dann müßten wir alle den Mut aufbringen, in Konflikt- und Spannungssituationen dazu zu stehen. Wir müßten dann innehalten und gemeinsam nach den primitiven, destruktiven Motiven suchen. Es geschähe dann an den Instituten das, was wir von unseren Patienten und besonders auch von unseren Analysanden erwarten. Falls, trotz ernsthafter Anstrengung, es nicht gelingen sollte, die Konflikte zu lösen, dann müßten wir, wie der Analytiker in seiner Alltagspraxis oder ein durch Konflikte gestörtes Team, uns einen Supervisor ins Haus holen. Dazu gehören aber Erkenntnis und Akzeptanz der eigenen Grenzen, Tabus und Wirklichkeiten.

Wenn die Institute und deren Wirklichkeiten, Tabus und Grenzen von mir als das Allgemeine entworfen und kritisiert worden sind, ich aber zugleich Mitglied eines Institutes bin, so entsteht die Frage, wie ich selbst als Einzelner an diesen Wirklichkeiten Anteil habe. Am Institut stehen mehrere Zulassungsarbeiten zur Beurteilung an. Schon beim Lesen der Arbeiten, das anfänglich von einer interessierten, wohlwollend kritischen Haltung getragen wird, schleichen sich mir gut bekannte Gefühle der Rivalität, des Neides, des Rechthabens in den Verarbeitungs- und Urteilsprozeß ein. Gemein und hinterhältig wie diese Gefühle nun mal sind, versuchen sie sich an Punkte zu hängen, die durchaus zu recht zu kritisieren sind. Deutlich merke ich aber, daß es nicht die Haltung ist, die Popper oder Habermas meinen, die meine Kritik trägt, sondern ganz andere Motive, die sich mit Popper oder Habermas maskieren. Vernunft, Wohlwollen und kritische Distanz geraten unter Druck und es kostet nicht wenige Mühe, die in den kritischen Diskurs eingedrungenen Elemente der Leidenschafts- und Triebsphäre zu kontrollieren und zu neutralisieren. Trotz Lehr- und späterer Zusatzanalyse bleiben doch beunruhigende und mich beschämende Wirklichkeiten bestehen, die Cremerius (1986, 37f) und Kutter (1994) den menschlichen Leidenschaften schlechthin zuordnen. Zu diesen menschlichen Leidenschaften zählen die beiden Autoren Herrschsucht, Neid, Rivalität in Form von Wünschen und Strebungen, der Erste sein zu wollen, sich deshalb nicht unterordnen zu können, andere unbedingt übertreffen und entthronen zu müssen, die dann in Form privater, sehr intimer Aversionen und Idiosynkrasien zu unterschwelligen, gegenseitigen Verletzungen und Kränkungen führen. Am Ende, so Cremerius, machen diese Leidenschaften "der Vernunft den Garaus".

In der Besprechungssituation am Institut spüre ich dann die heimliche Freude, wenn zwei Kontrahenten aneinandergeraten, an die ich still und heimlich meine Rivalitätsgefühle delegieren kann. Ich merke die Versuchung, man kennt sich ja inzwischen ganz gut, bestimmte Themen unter sachlichem Vorwand einzuführen, um dieses Feuer anzufachen oder, wenn schon in Gang gesetzt, aufrechtzuerhalten. Ich fühle den Spaß und die Freude, wenn es einen trifft und er Wirkung zeigt. Die Triebtheoretiker sprechen hier von der Befriedigung primitivster Triebe.

Scheinheilig wäre es nun, Besserung zu geloben, zumal ich zu meiner Schande gestehen muß, auf dies alles nicht verzichten zu wollen. Nach meiner Erfahrung muß das nicht sein, und ich behaupte, es geht auch nicht, weil wir den menschlichen Leidenschaften und Trieben so einfach nicht entkommen können. Siehe Kutter und Cremerius. Es sei denn wir verdrängen sie mit den schon skizzierten Folgen. Der einzig gangbare Weg ist das Eingeständnis solcher Gefühle, Wünsche und Handlungstendenzen und deren Integration in den kritischen Diskurs. Werden diese Wirklichkeiten hingegen eingegrenzt, ausgegrenzt und tabuisiert, dann bahnen sie sich andere Wege, wie es sich an Beispielen nicht nur aus dem Leben der Institute, sondern auch aus der alltäglichen therapeutischen Praxis nachweisen läßt.

So, wie der Patient den Analytiker dazu bringen kann, mittels projektiver Identifikation bestimmte, für den Patienten unerträgliche Dinge, die Dinge also jenseits der Lincoln Street, zu fühlen und auszuagieren, so kann der Analytiker mit dem gleichen Abwehrmuster der projektiven Identifikation den Patienten zu Handlungen, Gefühlen usw. verführen, die der Analytiker in sich trägt, aber nicht bewußt akzeptieren kann. Was nach meiner Beobachtung aber noch häufiger vorkommt ist, daß der Analytiker mit dem Patienten zusammen, wie von Langs (1994) beschrieben, eine "psycho-therapeutische Verschwörung" eingeht, um gewisse, für beide unangenehme und unerträgliche Gefühle abzuwehren.

Nach meiner Überzeugung hat einer meiner Patienten – natürlich mit entsprechender Disposition – meine auf ihn gerichteten sadistischen, destruktiven Gefühle und Handlungswünsche in der Form ausagiert, daß er einen sehr blutigen Selbstmordversuch unternahm, der aber gottlob durch reines Glück nicht erfolgreich gewesen ist. Es war für mich und für den Patienten sehr bewegend und erschütternd, diese selbstmörderische Handlung als Ausagieren beidseitiger, unausgesprochener sadistischer Handlungsimpulse zu akzeptieren und durchzuarbeiten.

Ich habe es mir inzwischen zur Gewohnheit gemacht, wann immer Patienten in Träumen oder außerhalb der Therapie sich wiederholt sexuell oder finanziell verstricken, in Neid-, Wut-, Rachegefühle geraten, oder wenn sie immer wieder gegen Autoritäten anrennen und sich ohnmächtig, ausgebeutet, unverstanden und dominiert fühlen, mich ernsthaft zu fragen, ob die Patienten nicht auch meine Schattenseiten, mit denen sie sich unbewußt identifiziert haben, zur Darstellung bringen, die ich dann auf Grund meiner Deutungsmacht als nur die ihren ansehe. Auf diese Art gelingt es, das für den Analytiker gefährliche Geschehen auf Distanz zu halten, und er kann es zudem auf dem Rücken des Patienten mitbehandeln.

Thea Bauriedl gibt ernsthaft zu bedenken, ob wir nicht damit beginnen sollten, vor uns selbst und vor unseren Analysanden und Lehranalysanden zuzugeben, "daß wir gar nicht anders können, als unsere eigene psychische Struktur zu vermitteln, die dadurch auch zum Objekt der Nachahmung wird" (1998,112). Wenn dann auch noch hervorgehoben wird, daß regredierte Patienten und solche mit Frühstörungen in besonderem Maße dazu neigen, sich mit ihren unbewußten Strukturen den tabuierten Dunkelkammern des Analytikers zu identifizieren, und zugleich immer wieder die mangelhafte Reichweite der üblichen Lehr- und Kontrollanalysen herausgestellt wird, dann müßten wir wirklich, um der wahren Selbstentfaltung der Analysanden willen, was ja unser erklärtes Ziel ist, Bauriedls Anregung noch durch eine Aussage von Nietzsche ergänzen und verschärfen "Zur Humanität des Meisters gehört, seine Schüler vor sich zu warnen" (Wehr 1976,135).

Mit einem Patienten, einem linken, sehr humanen und sehr friedfertigen Politiker, geriet ich, was ich erst später erkannte, in eine Art therapeutische Verschwörung. Dieser Politiker setzte ein Großteil seiner Aktivitäten zur Aufarbeitung des Holocaust ein und warnte unermüdlich und engagiert vor dem aufkeimenden Nationalsozialismus und Antisemitismus. Die gemeinsame Verschwörung kam aufgrund einer gemeinsamen Werthaltung zustande, die aber nicht nur eine humanitäre Grundhaltung zum Ausdruck brachte, sondern, wie sich später zeigte, bei dem Patienten und bei mir zugleich der Abwehr rassistischer Tendenzen und narzißtischer Omnipotenz- und Machtphantasien diente. Es war sowohl für den Politiker als auch für mich keine einfache Sache, uns den eigenen rassistischen und elitären Tendenzen zu stellen und diese nicht zu projizieren und zu externalisieren. Nach meiner Überzeugung sind diese projektiven Vorgänge der betont Friedfertigen und der Antifaschisten mit ein Grund für die Existenz gerade der Gruppierungen, die sie so heftig bekämpfen. Die beste Faschismus- und Kriegsprophylaxe wäre dann, den versteckten, verleugneten Faschismus, die verborgene Lust an der Macht, in uns selbst zu erkennen und durchzuarbeiten.

Während meiner Weiterbildung zum Gruppenanalytiker in Altaussee habe ich in der dortigen Großgruppe am eigenen Leibe erfahren, was es heißt, eine Verschwörung ungewollt aufzubrechen. Ohne zu wissen und zu ahnen, was ich da lostrete, habe ich in einer Situation, in der es unter den etwa 1oo Teilnehmern der Gruppe recht heftig um Macht, Machtgefühle und Machtrausch ging, meine Gefühle geschildert, die sich zu meiner eigenen Überraschung beim Betrachten eines Filmdokumentes aufgebaut hatten.

In diesem Film wurden Juden in eine Kirche getrieben, die die Nazis danach anzündeten. Wie auch immer dies geschehen war, ich hatte mich diesmal nicht mit den Opfern, sondern mit den Tätern identifiziert, und kam zu meiner eigenen Überraschung in ein Gefühl der grandiosen Überlegenheit, wie man es wohl nur fühlen kann, wenn man Herr über Leben und Tod ist. Kaum hatte ich das ausgesprochen, so bekam ich von der Fraktion der Guten verbale Prügel und teils wüste Beschimpfungen zu hören. Allmählich kamen auch andere Teilnehmer mit ähnlichen Gefühlen, und es baute sich in der Gruppe die Dynamik zwischen den Moralischen, den Guten und den Amoralischen, den Bösen auf. Zu meiner Überraschung löste sich recht bald die intensive Spannung, als der Gruppenleiter mit einer Deutung in das Geschehen eingriff. Diese Deutung, die nur den immerwährenden Kampf zwischen dem Guten und dem Bösen aufgriff und darauf hinwies, daß wir alle uns immer wieder mit diesen Tendenzen auseinanderzusetzen hätten, führte zu einer gewissen Integration und hob mindestens in der Situation die Abwehrmechanismen der projektiven Identifikation auf. Es war, was mich noch mehr von der analytischen Methode überzeugte, nun möglich, viel ruhiger die sadistischen, aggressiven und destruktiven Verhaltensweisen sowie die sie begleitenden Ängste aber auch Lust- und Machtgefühle gemeinsam zu untersuchen.

Habe ich bisher mehr von den beruflichen Bereichen gesprochen, so möchte ich mich nun dem intimeren, privaten "Leiben" und "Leben" des Analytikers zuwenden, wohl wissend, daß das eine, das Berufliche, vom anderen, dem Privaten, nur durch einen Kunstgriff zu trennen ist. Eigentlich wollte ich Pilot bei der Bundeswehr werden. Aufgrund körperlicher Mängel wurde ich jedoch leider abgelehnt. Statt dessen sitze ich nun schon seit über 2o Jahren 4o Stunden wöchentlich in einem Sessel, höre mir die Sorgen anderer Menschen an, versuche mich einzufühlen, aufzunehmen und zu verstehen.

Die inneren Mitbewegungen führen zu psychophysischen Bereitstellungsreaktionen, die bei intensiven sexuellen Themen meinen Penis und bei entsprechender aggressiver Atmosphäre meine Fäuste aktivieren. Statt zu agieren, werden natürlich solche Gefühle und körperliche Reaktionen "containt", einer selbstanalytischen Betrachtung unterzogen, auf Übertragungs- und Gegenübertragungsmomente hin untersucht und natürlich zu einem für den Patienten günstigen und verträglichen Zeitpunkt ihm als Deutung zurückgegeben. Statt dessen würde ich, gäbe ich den Spontanimpulsen nach, viel lieber wie ein Offizier auf dem Kasernenhof herumbrüllen, oder wie eine wilde Dschingis-Khan- oder Rockerbande über alles herfallen, was einen Rock trägt und jeden Frust herausschreien und mit den Fäusten abreagieren. Ich bin dankbar, wenn Patienten mich hin und wieder bedauern und von Herzen die Überzeugung äußern, einen solchen Beruf hoffentlich nie ausüben zu müssen.

Wie anders ist die Welt von einem kleinen Sportflugzeug aus gesehen, in dem ich mit einem befreundeten Starfighter- und Tornadopiloten im Sturzflug Jagd auf friedliche Surfer auf einem Baggersee mache. Es ist mehr als eine nur kindliche Freude, wenn wir kurz über dem Wasser die Maschine hochnehmen und mit Vergnügen unseren Erfolg an den nun im Wasser schwimmenden Surfern messen.

Mein Großvater hatte nach zwanzigjähriger Arbeit unter Tage eine Staublunge. Der ganze Kohlenstaub, den er aufgenommen hatte und nicht mehr ausscheiden konnte, hatte sich endgültig festgesetzt und seine Atmungs- und Bewegungsfreiheit enorm eingeschränkt. Welcher Art berufsbedingter Deformation bin ich eigentlich ausgesetzt, und wagen wir es überhaupt, uns mit dieser Frage zu beschäftigen?

Greenson meint, daß der Analytiker einen Platz braucht," wo er gelegentlich unrecht haben und sich irrational verhalten kann". Und er braucht eine Frau mit folgenden Eigenschaften: "Es ist leicht, einen klugen Mann zu lieben und zu bewundern, aber eine wirklich liebende Frau kann auch jemanden lieben, der zeitweise ein Narr ist" (1982,239). Vielleicht finden wir männliche Analytiker noch einen solchen Partner, viel schwerer dürften es hier unsere Kolleginnen haben, falls sie auf einen solchen Partner hoffen. Leider läßt Greenson offen, was er im Einzelnen unter irrationalem Verhalten versteht und auch was ein Narr in seinem Sinne ist.

Anais Nin (1966,7) schreibt in einem Vorwort zu Henry Millers Buch "Wendekreis des Krebses" folgendes: "Hier haben wir ein Buch, das, wenn es dergleichen gäbe, unser Verlangen nach ursprünglichen Wirklichkeiten wieder wecken kann." ... "In eine Welt, die durch Selbstbespiegelung gelähmt ist und sich an erlesenen geistigen Speisen übernommen hat, dringt diese brutale Bloßstellung des wirklichen Körpers wie ein lebensspendender Blutstrom."

Komme ich mir in den Therapien oft vor wie Odysseus, der gebunden an den Mast der Abstinenz dem Gesang der Sirenen lauschen kann, dann lösen sich diese Fesseln für mich auf dem Motorrad, sobald die "good vibrations", nicht die der Bee Gees, sondern die der voluminösen Zweizylinder, Gefährt und Körper erfassen und in lustvolle Schwingungen versetzen. Sobald sich die Gashand dreht, bewegt sich wirklich etwas und das nicht ungefährliche Hochgefühl endlich und eindeutig ein Beweger und nicht nur ein Mit-Bewegter zu sein, breitet sich wohlig von den Zehen- bis zu den Haarspitzen aus. Vorbei an den Staus auf der Autobahn, vorbei an den langsam dahinzuckelnden Sonntagsfahrern, mit Kraft und Schwung durch Kurven erzeugt das Gefühl der Freiheit und der Ungebundenheit in einer Gesellschaft und in einem Beruf, die beide gleichermaßen reglementieren, einschränken und ständig zur Vorsicht und zur Zurückhaltung mahnen. Wie beim Bergsteigen, beim Tauchen, beim Kampfsport lösen sich die Alltags- und kulturellen Fesseln und geben Raum für zahlreiche elementare Erlebnismöglichkeiten. Wenn ich dem Gefühl und dem Zustand des nur auf Helfen und Psychotherapie programmierten Sozialzombis entgehen möchte, der in gewisser Hinsicht leidenschaftslos, halbtot oder halblebendig, wie man es lieber sehen mag, herumläuft, dann muß frei nach Wolf Biermann "noch etwas Leben ins Leben". Nie fühlte ich mich lebendiger und ganz und gar als Körperwesen, als beim anstrengenden Bergsteigen, beim Judo oder beim Kontaktkarate und besonders nach überstandenen Gefahren. Kein Dreisternekoch, kein noch so auserlesener Wein, kein noch so gutes Buch, Theater- oder Musikstück können den "lebensspendenden Blutstrom" von dem Anais Nin spricht, derart steigern und befriedigen, wie der durch eigene Kraft bestandene Kampf und die durch eigene Kraft und eigenes Können überwundene Gefahr. Der erste Bissen Brot, das erste Bier oder der erste Schluck Landrotwein, den die Berg-, Tauch-, Kampf- und Motorradhelden an einem rustikalen, schweren Hüttentisch, auf einem einfachen Tauchkutter oder auf einer frischgemähten, sonnenüberfluteten Bergwiese genießen und nicht zuletzt, die Liebe danach, erzeugen ein einmaliges Wohlbehagen. Wo ist es in unserer Kultur und besonders in unserem Beruf so hemmungslos erlaubt, sein eigenes Können zu erproben, Grenzsituationen einzugehen, zu kämpfen und den heldenhaften Sieg zu feiern, aber auch unmittelbar die Niederlage zu erleben und zu betrauern. Es gilt der Totaldomestikation des Natural-Triebhaften, das häufig und zu unrecht als das Primitive diskreditiert wird, entgegenzuwirken (Aufmuth 1988, 30ff).

Bei all der unschuldigen Freude und Spontaneität, die diese Tätigkeiten begleiten, läuft aber immer die im beruflichen Alltag hochgeschulte selbstanalytische Betrachtung des eigenen Tuns mit. Ungefragt mischt sich diese Haltung mit analytischen Überlegungen und Begriffen ein und wirkt dann so lästig und spaßverderbend wie die unerbetenen psychologisierenden Kollegenkommentare. Statt zum Beispiel die Angst-Lust-Spannung, die ein Bungeesprung erzeugt, einfach auszukosten, geht die innere Fragerei los "Hast du das nötig und wenn ja, warum, was kompensierst du usw.?" Inzwischen, so glaube ich wenigstens, kann ich das eine zulassen und handeln, ohne auf eine wohlverstandene, die Selbsterfahrung erweiternde Analyse zu verzichten. Betrachte ich das Tauchen und das Bergsteigen und da wiederum besonders die panikartigen Ängste, mit denen ich hin und wieder zu kämpfen hatte, unter psychoanalytischen Gesichtspunkten, dann ergeben sich hieraus ganz interessante Informationen.

Als ich in einer für mich ungewohnten Tiefe von etwa 60 m, aus der es nur ein sehr langsames Entkommen gibt, will man größere gesundheitliche Schäden vermeiden, allmählich in eine immer stärker werdende Angst geriet, und ich in mir verzweifelt nach mich beruhigenden Vorstellungen suchte, tauchte vor meinem inneren Auge mein verstorbener Vater auf.

Zu ihm, zum Vater im Himmel, versuchte ich mich mit meiner Angst vor der Tiefe und vor der Angst, hier nie mehr heil herauszukommen, zu retten. Bevor die beginnende Angst meine Knie erreichte und zur Panik sich steigern konnte, gelang es mir mit dem inneren, mich schützenden Vaterbild, eine relative Beruhigung herbeizuführen und den Aufstieg regelgerecht, unter Einhaltung der Dekompressionszeiten zu managen. Seit diesen Erfahrungen weiß ich zum einen, was es wirklich heißt, "kalte Füße" zu bekommen, und ich kann besser als je zuvor klaustrophobische Symptome verstehen.

Warum bin ich nicht zur Mutter geflüchtet? Es scheint, daß das Tauchen, die Tiefe und besonders das Höhlen- und Wracktauchen, dort wo man für längere Zeit festgelegt ist und nicht einfach flüchten kann, archaische Ängste aktiviert, von der großen, allmächtigen Mutter verschlungen und nie wieder losgelassen zu werden. Deshalb der Griff nach dem rettenden Vater, der gerade dem Jungen helfen soll und muß, sich aus dem Mütterlichen heraus und hin zum Männlichen zu entwickeln (Stork 1974, 273).

Ganz anders meine Angstbewältigung in einer sehr steilen Eiswand im Monte Rosa Massiv in etwa 4000 m Höhe. Ich wollte und konnte vor Angst einfach nicht mehr weitergehen. Selbst die beruhigenden Worte des Bergführers verfehlten ihre Wirkung. Während er mit mir sprach, tastete ich in meinem Gehirn hektisch nach Stabilisierungsmöglichkeiten. Und ich blieb bei folgender hängen. Analog zum beruhigenden Sprechen mit kleinen Kindern, die gerade von der Flasche entwöhnt mit dem Löffel gefüttert werden "ein Löffelchen für Mami, ein Löffelchen für Papi", dachte ich, ein Schrittchen für Arne, ein Schrittchen für Cordia. Arne und Cordia sind meine Kinder, die damals 7 und 10 Jahre alt waren. Und es funktionierte. Indem ich analog zu Fütterungsszenen meine Beruhigungsvorstellung aufbaute, identifizierte ich mich mit einer sorgenden, schützenden Muttervorstellung und kam so in den Bergen der Götter, die sich für das anmaßende Besteigen rächen könnten, zur Ruhe.

Schwerer zur Ruhe kam ich in zwei weiteren Situationen, auf die ich nun eingehen möchte, und die mehr als alle anderen jenseits meiner Lincoln Street anzusiedeln sind.

Seit einigen Tagen sind meine Tochter und ich mit dem Motorrad im Südschwarzwald und dann im Elsaß unterwegs. Wir schauen uns Straßburg und Colmar an und all die verwinkelten, romantischen Weindörfer an der elsässischen Weinstraße. Wir essen gut, reden miteinander und ich merke, wie ich die Nähe einer jungen und attraktiven Frau genieße. Es ist in der letzten Nacht, die wir, wie bisher auch, in einem Doppelzimmer verbringen, als das Unbewußte mich in eine sehr mißliche Lage manövriert. In einem sehr realitätsnahen Traum kuschele ich mich ganz eng und liebevoll an meine Freundin. Als meine Hand ihren Busen berührt, zucke ich wie von einem elektrischen Schlag getroffen zurück und bin hellwach. Statt meiner Freundin liegt natürlich meine Tochter, an die ich mich angeschmiegt hatte, neben mir. Leise, in der Hoffnung, daß sie es nicht gemerkt hat, bringe ich wieder Distanz zwischen uns. Bei aller Scham und Peinlichkeit: der Eindruck, den der jugendliche Busen in meiner Handfläche hinterlassen hatte, ließ sich nicht so rasch abschütteln, zumal es die gefühlte Diskrepanz zu dem mir wohlbekannten älteren Busen war, die zum Schockerlebnis geführt hatte. Beim weiteren Nachdenken über das Ereignis fiel mir ein, daß ich im Alter zwischen 3 und 5 Jahren sehr oft und mit viel Freude mit Vater, Mutter und Bruder Motorrad gefahren bin, daß meine Tochter den Vornamen meiner Mutter trägt und wir gemeinsam auf dem Wege in die Pfalz zu meiner Mutter waren. (Natürlich habe ich mit meiner Tochter den nächtlichen Vorfall, den sie auch bemerkt hatte, besprochen.)

"Alle Mädchen sind Dein." Dieses Angebot findet sich auf einer der Türen des Magischen Theaters in Hermann Hesses Roman "Der Steppenwolf". Wollte ich, wie Harry Haller in dem Roman, ein Mann von annähernd fünfzig Jahren, mir die Jugend zurückholen? Bei Hesse heißt es: "Noch vor einer Stunde, noch vor Augenblicken hatte ich recht wohl zu wissen geglaubt, was Liebe, was Begehren, was Sehnsucht sei, aber das war die Liebe und Sehnsucht eines alten Mannes gewesen" (S. 215). Im Verbot und in der Erkenntnis, daß nicht alle Mädchen und Frauen mein sind, daß nun wieder und diesmal endgültig zu verzichten ist, kreuzten sich das Begehren des kleinen Jungen mit dem des nun alten Mannes und hinterließen ein Gefühl der Trauer und des Abschiedes.

Nun zur letzten Tür in der Lincoln Street

War schon mein erster Prostituiertenbesuch für mein dörflich, katholisch geprägtes Überich eine recht problematische Dehnübung, so geriet es bei meinem Ausflug in einen Darkroom in wirkliche Bedrängnis. Dunkelräume sind, dies für Nichteingeweihte, Räume in Schwulen- und Swingerclubs und auch in Schwulenkinos, in denen in völliger Dunkelheit oder bei nur sehr schwachem Licht alles und mit jedem erlaubt ist. Ich war in einem solchen Raum, aber auch wieder nicht. Wie der junge Mann in dem Film Blue Velvet, der durch die Ritzen des Schrankes dem schrecklich faszinierenden Treiben im Raum zuschaut, so verharrte ich ängstlich in der Zuschauerrolle. Meine Zurückhaltung hatte keine anderen Gründe, als die Angst vor einer sexuellen Handlung mit einem Mann. Hätte man es mir vorher gesagt, daß ich so reagiere, wahrscheinlich hätte ich es bestritten. Es ist schon interessant, daß es viel leichter ist, sich in eine körperliche Gefahr zu begeben, als einen Mann zu lieben. Ich glaube, daß ich hieran noch arbeiten sollte.

Sie können sicher nachvollziehen, daß mich dieses Thema recht oft und gnadenlos an meine Scham- und Peinlichkeitsgrenzen geführt hat. Aber nicht nur das. Zugleich drängte sich der phallisch narzißtische Exhibitionismus vor und forderte sein Recht. Beides fruchtbar zu mischen und zu integrieren, bleibt wohl unser aller Aufgabe. Lassen Sie mich nochmals zusammenfassen, worum es mir eigentlich bei diesem Ausflug zur eigenen Lincoln Street ging:

1. Mir über mich selbst klarer zu werden im Sinne Thea Bauriedls, die mahnt, uns zu unserer psychischen Struktur zu bekennen.

2. Gerade unsere jüngeren Kolleginnen und Kollegen zu mehr Individualität, abweichender Kreativität sowie Anormalität zu ermutigen und

3. zu mehr Offenheit an den Instituten beizutragen, damit Dozenten, Lehr- und Kontrollanalytiker und Kandidaten toleranter, und auch lust- und freudvoller miteinander umgehen.

Literatur

Aufmuth, U. (1988): Zur Psychologie des Bergsteigens. Fischer, Frankfurt/M.
Bauriedl, Th. (1998): Von der Relativität der eigenen Überzeugung. In Kutter, P. u. a.: Weltanschauung und Menschenbild. Vandenhoeck & Ruprecht, Göttingen
Cremerius, J. (1986): Psychoanalyse – jenseits der Orthodoxie. In Lohmann, H. M. (Hrsg.): Die Psychoanalyse auf der Couch. Fischer, Frankfurt/M.
Erdheim, M. (1985): Über das Lügen und die Unaufrichtigkeit des Psychoanalytikers. In Lohmann, H. M. (Hrsg.): Das Unbehagen in der Psychoanalyse. Fischer, Frankfurt/M.
Greenson, R. R. (1982): Psychoanalytische Erkundungen. Klett-Cotta, Stuttgart
Hesse, H. (1977): Der Steppenwolf. Suhrkamp, Frankfurt/M.
Kaiser, H. (1996): Grenzverletzung. Macht und Machtmißbrauch in meiner psychoanalytischen Ausbildung. Walter, Düsseldorf
Kernberg, O. (1998): Zerstörung der Psychoanalyse im Ausbildungssystem. Psyche, 52, 200–213
Kutter, P. (1994): Liebe, Haß, Neid, Eifersucht. Eine Psychoanalyse der Leidenschaften. Vandenhoeck & Ruprecht, Göttingen
Langs, R. (1994): Die psychotherapeutische Verschwörung. Fischer, Frankfurt/M.

McDougall, J. (1989): Plädoyer für eine gewisse Anomalität. Fischer, Frankfurt/M.
Mertens, W. (1997): Psychoanalyse. Geschichte und Methode. Beck, München
Miller, H. (1966): Wendekreis des Krebses. Rowohlt, Reinbek
Nietzsche, F. (1976): Du sollst werden der du bist. Psychologische Schriften. Wehr, G. (Hrsg.). Kindler, München
Popper, K. P. (1997): Alles Leben ist Problemlösen. Piper, München
Riedel, J. (1985): Tabu im Märchen. Walter, Freiburg
Rosenkötter, L. (1986): Schattenseiten der psychoanalytischen Ausbildung. In Lohmann, H. M. (Hrsg.): Die Psychoanalyse auf der Couch. Fischer, Frankfurt/M., 221–232
Stork, J. (1974): Die Bedeutung des Vaterbildes in der frühkindlichen Entwicklung. In Stork, J. (Hrsg.): Fragen nach dem Vater. Karl Albert, Freiburg/München
Welsch, W. (1993): Ästhetisches Denken. Reclam, Stuttgart

HEIDE BADE

Grenzen setzen, Grenzen überschreiten

Erfahrungen aus der Psychotherapie mit Kindern, Jugendlichen und Eltern

Setting Limits, Exceeding Limits

Experiences From Psychotherapy with Children, Adolescents, and Parents

The present paper defines the therapeutic space with fluid bounderies. The therapeutic space is boundless in regard to what can happen in the intersection of two play areas. It is limited however by the given frame and by the abstinence of the therapist. The manifold exchange processes between patient and therapist are performed with the help of "border crossers" of different origin – like metaphors, transferences, projective identifications.

Die vorliegende Arbeit definiert den therapeutischen Raum als potentiellen Raum mit fließenden Grenzen. Grenzenlos ist der therapeutische Raum in Bezug auf das, was sich im Überschneidungsgebiet zweier Spielbereiche ereignen kann. Begrenzt ist er dagegen sowohl durch den vorgegebenen Rahmen als auch durch die Abstinenz der Therapeutin. Die vielfältigen Austauschprozesse zwischen Patient und Therapeutin werden mit Hilfe von Grenzgängern unterschiedlicher Provenienz – wie Metaphern, Übertragungen, projektive Identifikationen – vollzogen.

Um die Dynamik von Grenzsetzung und Grenzüberschreitung zu beschreiben, hat Nietzsche auf zwei Gestalten aus der griechischen Mythologie, auf Apollo und Dionysos, zurückgegriffen. Apollo ist für Nietzsche der "Gott der Individuation und der Gerechtigkeitsgrenzen: Apollo will die Einzelwesen gerade dadurch zur Ruhe bringen, daß er Grenzlinien zwischen ihnen zieht, und daß er immer wieder an diese als die heiligsten Weltgesetze mit seinen Forderungen der Selbsterkenntnis und des Maßes erinnert" (Nietzsche 1885/1994, 71). Das Dionysische dagegen sei der Drang zur Grenzüberschreitung, "ein Hinausgreifen über Person, Alltag, Gesellschaft, Realität über den Abgrund des Vergehens: Das leidenschaftlich-schmerzliche Überschwellen in dunklere, vollere, schwebendere Zustände; ein verzücktes Jasagen zum Gesamtcharakter des Lebens ... der ewige Wille zur Zeugung, zur Fruchtbarkeit, zur Wiederkehr; das Einheitsgefühl der Notwendigkeit des Schaffens und Vernichtens" (S. 176). Von hierher gesehen ist die Einzelwerdung der Grund allen Leidens. Vom apollinischen Standpunkt aus ist die Grenzziehung Voraussetzung zur Individuation, während von Dionysos aus gesehen die schmerzlich verlorene Einheit nur noch in der Grenzüberschreitung erahnt werden kann.

Erst Teilung, Trennung läßt Grenzen entstehen. Individuum ist schon vom Wort her die Einheit, in der die Verneinung ("in" = "un") des Geteilten (dividere) steckt, also beides: wir sind Geteilt-Ungeteilte, ganz und getrennt. Indem wir unteilbar sind, tragen wir Trennung, Vereinzelung in uns.

Während die älteren Entwicklungstheoretiker, beispielsweise Margaret Mahler, die psychische Geburt des Menschen (damit bezeichnete Mahler die ersten drei Lebensjahre) als Trennung aus der Ureinheit oder Symbiose in einer Folge von Separationsvorgängen beschrieb, wird in der neueren Forschung – stellvertretend seien Daniel Stern und die intersubjektive Theorie genannt – die Individuation nicht mehr als eine lineare Bewegung vom Einssein zur Ablösung gesehen, sondern Einssein und Ablösung werden in ein "paradoxes Gleichgewicht" (Benjamin 1990,51) zueinander gestellt. Verschmelzung und Separation sind basale Grundbedürfnisse, die zeitlebens weiterentwickelt und gepflegt werden müssen.

Am Rande sei daran erinnert, daß jede Individuation auf Auflösung hinausläuft, auf "Eingehen" in das Nichts oder den Grund – wie immer man das nennen will – jedenfalls dorthin, wo man war / nicht war vor der Zeugung.

Gestörte Grenzen

Zwischen Eltern und Kindern finden nicht nur empfindliche Grenzverletzungen an unklaren und sich stets verändernden Grenzen statt, es gibt auch unabgrenzbare Bereiche, die uns manchmal irritieren. Genetisch bekommen unsere Kinder sowieso schon viel von uns ab – Aussehen, Begabungen, Muttermale, Ungeschicklichkeiten, "es steckt in ihm", sagen wir. Der Spielraum zur Individuation ist begrenzt. Wie kommt es, frage ich, daß beispielsweise mein Sohn meinem Vater, den er nie kannte, jeden Tag ähnlicher wird, insbesondere in seiner Art, auf Menschen zuzugehen, in Ausdrucksgebärden und Vorlieben? Von mir hat er das nicht, das kann ich beschwören.

Grenzverletzungen in Eltern-Kind-Beziehungen sind ein umfassendes Thema. Ich möchte hier nicht das Spektrum der Substitutionen, Delegationen und Missionen, das schon bei H. E. Richter (1963) vorbildlich ausgebreitet wurde, aufgreifen, sondern mich auf ein Beispiel aus dem Alltag der kindertherapeutischen Praxis beziehen.

Frau A. meldet ihre 5jährige Tochter Alice zur Psychotherapie an. Alice klebt an ihrer Mutter. Sie kann ohne die Mutter nichts essen, nicht sprechen, nicht schlafen, nicht aufs Klo gehen. Wenn sie überhaupt im Kindergarten bleibt, spricht sie mit niemanden, steht wie angewurzelt und wartet, daß ihre Mutter sie abholt. Frau A. erzählt mir, daß sie sich nicht mehr zu helfen wisse, weil sie von ihrer kleinen Tochter so tyrannisiert und schikaniert werde.

Im Kontakt mit Frau A. ist deutlich spürbar, daß sie fürchtet und erwartet, von mir das Gleiche zu hören, was von ihren Eltern ihr eingeprägt wurde und was ihr immer noch wie damals von allen Seiten zugerufen zu werden scheint: "Du machst alles falsch, du bist eine Versagerin, nicht mal ein Kind kannst du erziehen."

Und dabei hat sie sich doch so bemüht, ihrer einzigen Tochter, ihrem Augenstern, jeden Wunsch von den Augen abzulesen. Sie hat ihr ganzes Bemühen, ihre ganze Liebe darauf verwendet, daß Alice die emotionale Wärme und Spiegelung erfährt, die ihr selbst in ihrem kalten, nur aufs Geschäftemachen ausgerichteten Elternhaus versagt geblieben ist. An dieses Elternhaus blieb sie über die angemessene Zeit hinaus gebunden, trotz oder wegen der Belastungen, die sie als Trägerin von familiärem Schattenmaterial dort erlebte. Erst ihr Partner schien die "Erlösung", nach der sie sich so sehnte, zu bringen, Erlösung von ihren Gefühlen, "falsch" und wertlos zu sein, er gab ihr die Anerkennung, die sie so vermißte. Ihre Ängste schwanden, sie konnte das Elternhaus jetzt erst verlassen. Ihr Mann konnte sich eine Zeitlang durch ihre Abhängigkeit stark und als ihr Beschützer fühlen, ein Muster, das ihm, als einzigem Sohn und Ersatzpartner seiner Mutter, geläufig war. Sie fühlten sich gut zu zweit, überraschend wurde Frau A. mit Alice schwanger, sie hörte auf mit ihrer Arbeit als Sonderschullehrerin, um ganz für ihr Kind dazusein.

In der ersten Therapiestunde steht Alice vor mir mitten im Zimmer, klein, sehr zart, irgendwie verzaubert wirkt sie auf mich, lebhafter, pfiffiger Blick. Sie schaut mich neugierig an. Ich sage ihr, daß sie hier bestimmen dürfe, was sie machen wolle. Es ist still, wir hören durch die angelehnte Tür, wie die Mutter im Wartezimmer die Zeitung umblättert, dann hören wir auch, wie sie atmet. Alice lächelt verschmitzt, flüstert: "die Mama". Langsam geht sie an den Tisch, auf dem Mal- und Bastelmaterial liegen, nimmt Zeichenblock und Farbstift. Sorgfältig und ganz vertieft in ihre Arbeit zieht sie gerade Linien schräg über das Blatt, bildet daraus Karos und malt sie bunt aus. Ich sitze bei ihr und habe das Gefühl, daß es uns beiden gut geht. Mit starkem kräftigen Strich grenzt sie jedes der unterschiedlich bunten Karos nochmal eigens ab, markiert ihre bunten Felder durch "Zäune", wie sie es nennt. Um Abgrenzungsarbeit wird es in der Therapie gehen, denke ich. Alice beginnt, leise über die Farben zu sprechen, ihre Lieblingsfarbe sei Rot, sie habe auch rote Socken und eine rote Jacke an. Sie wirkt so angstfrei und vital dabei, daß ich denke: eigentlich braucht nicht dieses Kind Therapie, sondern seine Eltern.

Alices Bild ist von Komposition und Farbe her gut gelungen. Sie schreibt mit großen roten Buchstaben ihren Namen darauf und möchte, daß wir das Bild gleich im Therapiezimmer aufhängen. Dann läuft sie ins Wartezimmer, holt ihre Mutter und zeigt ihr stolz das Bild. Im Gesicht von Frau A. geht eine auffallende Änderung vor sich, als sie das Bild sieht. Während sie tonlos sagt, "es ist schön", drücken ihr Gesicht und ihre Haltung totale Enttäuschung, ja Verzweiflung aus, sie hat Mühe, die Tränen zurückzuhalten. Für mich ist ihre Reaktion nicht verständlich: Sollte sie den symbolischen Sinn dieses Bildes – die Abgrenzung – spontan erfaßt haben? Im Elterngespräch erfahre ich den ihr bewußten Grund der heftigen Reaktion: "Alle anderen Kinder malen Häuser, Bäume, Tiere, Menschen und die Sonne. Nur Alice malt immerzu Muster. Das ist doch nicht normal." Sie habe gehofft, in der Therapie lerne sie was anderes und jetzt ... Frau A. weint. Auch habe Alice sich auf dem Heimweg nach der ersten Therapiestunde so entsetzlich aufgeführt, und sie, die Mutter "fertiggemacht", weil sie in der Therapie "nur" gemalt habe, und eigentlich habe sie doch spielen wollen, habe sich aber nicht getraut.

Deutlich wird an Alices nachträglicher Beurteilung der Therapiestunde, wie sehr das grenzenzerstörende Interaktionsmuster der Mutter auf sie übergegriffen hat: Mutter und Tochter behandeln sich so, als wären sie Teile voneinander. Nicht mehr Alices eigene Gefühle sind die Grundlage der nachträglichen Beurteilung dessen, was sie erlebt hat, sondern die Gefühle der Mutter. Alice hat sich in der Therapiestunde wohlgefühlt, es ging ihr gut, sie konnte sich angemessen ausdrücken. Diese eigenen Gefühle konnte sie gegenüber den gegenläufigen – enttäuschten – Gefühlen der Mutter nicht aufrechterhalten, wütete gegen sich selbst und die Mutter: alles ist falsch gewesen, wieder hat sie das Falsche gemacht.

Frau A. sagt, sie leide am meisten daran, daß ihre kleine Tochter fast immer unzufrieden sei, daß sie sich nicht wohlfühle. Sie ist pausenlos mit den vermeintlichen Wünschen und Ängsten der Tochter befaßt, will alles zum Besten für sie richten, ihr Frustrationen ersparen, greift dabei total ein in Alices Belange: Wenn die Mutter eine Spielkameradin für Alice einlädt, kann sie Alice und das andere Kind nicht allein lassen, weil Alice angeblich nicht spielen kann.

Frau A. hält aber ebenso wie Alice das dauernde Gebrauchtwerden gar nicht aus. Für ihre eigenen Interessen hat sie keine Sekunde Zeit mehr. Manchmal schießen ganz plötzlich unheimliche Aggressionen, ja Haßgefühle gegen die kleine Tochter in ihr hoch: "Ich muß mir dann mit aller Kraft die eigenen Hände festhalten, damit ich sie nicht schlage", sagt Frau A. Ihre eigenen Wünsche und Bedürfnisse hat Frau A. für ihr Kind geopfert. Warum? Frau A. kann sich nicht an ihren eigenen Gefühlen und Wünschen orientieren; einst sind diese Gefühle von ihren Eltern nicht ernstgenommen, sind für falsch und wertlos erklärt worden. Diese Verurteilung hat sie selbst übernommen, suchte aber zeitlebens nach dem "Gegengift", das die Wertlosigkeitsgefühle beseitigt. Zunächst schien sie diese Erlösung bei ihrem Partner zu finden, nach der Geburt der Tochter wurde diese zur Ersatzpartnerin.

Bei Alices Vater handelt es sich um einen zurückhaltenden sensiblen Computerspezialisten, dem seine erfolgreiche und interessante Arbeit jederzeit Rückzugs- und Fluchtmöglichkeiten aus den belastenden familiären Beziehungsclinchen anbot. Er fühlte sich als der ausgeschlossenen Dritte gegenüber der Mutter-Tocher-Verklammerung, was ihn lebensstiltypisch zum Rückzug animierte. So kannte er es von Zuhause: bei Dreien halten immer zwei zusammen, einer wird ausgeschlossen.

Für Frau A. war es ein notwendiger Kunstgriff, ihr Kind dyadisch an sich zu binden. Eine enge Vater-Tochter-Beziehung wäre für sie nicht so sehr vom ödipalen Blickwinkel aus bedrohlich, sondern eher vom präödipalen: sie hätte ihren Partner, der sie aus ihrer Verlassenheit erlöst zu haben schien, an die Tochter verloren und wäre wieder allein.

Die Auflösung der dyadischen Mutter-Kind-Verklammerung zugunsten einer lebendigen Dreierbeziehung wird versucht in der Arbeit der Therapeutin mit den Eltern. Dabei gerät die Therapeutin in die Szene – Thea Bauriedl (1985, 91) spricht vom "erpresserischen Karussell". Um den Prozeß der Suche nach begrenzten Beziehungen für alle Familienmitglieder in Gang zu bringen, muß die Therapeutin in die ambivalenten Bündnissysteme der Familie geraten und um ihre eigenen Grenzsetzungen ringen.

Frau A. will mich beispielsweise durch einen doppelten Therapieauftrag binden: einerseits soll Alice mit Hilfe der Therapie angstfreier und selbständiger werden, andererseits soll sie gleichzeitig Partnerin der Mutter bei den neurotischen Kollusionen bleiben. Unerfüllbare Ansprüche führen zu Enttäuschung, Entwertung, Therapieabbruch droht. Naheliegend wäre es an dieser Stelle für mich, den Vater als scheinbar "natürlichen" Bündnispartner zu gewinnen, mit ihm zusammen an der Triangulierung zu arbeiten. Aber Frau A. kann das Bündnis Ehemann/Therapeutin nur als gegen sie gerichtete Dyade erleben. Das kennt sie: die ausgeschlossene Dritte, die wieder mal alles falsch gemacht hat. Der therapeutische Lösungsversuch ist, daß die wechselnden Konstellationen, die im Dreieck Eltern/Therapeutin entstehen, reflektiert werden. Den Gefahren der wechselnden Ersatzpartnerschaften kann man nicht ausweichen, man muß sich ihnen stellen. Erst wenn Rivalität zugelassen wird, kann sie erlebbar werden. Die vielschichtigen Übertragungs-/Gegenübertragungskonstellationen, die im Dreieck entstehen, werden analysiert, d.h. aufgedeckt und durchgearbeitet.

Fließende Grenzen – der potentielle Raum

Den Begriff "potentieller Raum" verwendete Winnicott, um den Übergangsbereich der Erfahrung zu bezeichnen, der sich zwischen der inneren psychischen Realität und der äußeren Welt befindet, zwischen Ich und Nicht-Ich. Ursprünglich meinte Winnicott damit den physischen und psychischen Raum, der Mutter und Kind verbindet und zugleich trennt. Dieses Paradox erläuterte Winnicott (1989, 125) folgendermaßen: "Das Kleinkind kann die Trennung von Objektwelt und Selbst nur vollziehen, weil es zwischen beiden keinen leeren Raum gibt, da der potentielle Raum ausgefüllt ist", nämlich mit Spielen und mit Symbolen.

Dieser potentielle Raum als Überschneidungsbereich zweier Spielbereiche kann auch in der Therapie entstehen. Grenzenlos nenne ich den therapeutischen Raum in Bezug auf das, was im Überschneidungsgebiet stattfinden kann – intensive Austauschprozesse zwischen Phantasie und Realität, zwischen innen und außen, unbewußt und bewußt. Begrenzt ist er andererseits durch den Rahmen – Ort, Zeit, Regeln – der den Innenraum schützt und die Ausdehnung bzw. Schrumpfung in endlose Räume, Zeiten, mythische Dimensionen möglich macht. Weiter wird er begrenzt durch die Abstinenz der Analytikerin, ein Verantwortungsbereich, für den sie allein zuständig ist. Pfannschmidt hat in seinem Vortrag "Der Gebrauch der Lüste" am 18. 9. 1998 bei der MAP in München dargestellt, wie sehr der therapeutische Raum einem Kult- oder Initiationsraum gleicht, der gesellschaftlich legitimiert ist, aber nur so lange, wie er nicht mit einem partnerschaftlichen Intimraum verwechselt wird.

Der 8jährige Florian ist auf den ersten Blick ein sogenannter Hyperaktiver. Hinter seiner Unruhe liegt eine uferlose Depression, die verdeckt werden soll. Anlaß zu Depression bietet seine Lebensgeschichte im Übermaß: Zunächst traumatisch erlebte Verletzungen durch eine lebensbedrohliche Stoffwechselerkrankung, dann wurde er im Alter von fünf Jahren unter Einsatz von Polizeigewalt getrennt von seiner alkoholkranken Mutter, die ihn hatte verwahrlosen lassen. Er lebt seither beim Vater, hat seine Mutter nie wieder gesehen, weiß nicht einmal, ob sie noch lebt.

Zur grenzsetzenden Arbeit mit Florian gehört mein Kampf mit ihm um die Einhaltung des Rahmens. Er kommt zu früh und erfährt schon vor Beginn der Stunde die Zumutung, warten zu müssen. Das Ende der Stunde erlebt er als Ausgestoßen- und Verlassenwerden, gegen das er sich wehrt. Ständig will er etwas, das er nicht bekommen kann, z.B. möchte er Milch trinken, was wegen seiner Stoffwechselstörung verboten ist. Wie ein Verdurstender giert er nach Milch und bringt mich in die Position eines Ungeheuers, das Lebensnotwendiges verweigert. Es ist, als ob er mit seinen unverschämt wirkenden Forderungen etwas agiert, was nicht erinnert werden darf: die Zeit mit der Mutter, von der keine Ablösung stattfinden konnte, erscheint dann unter dem Aspekt des grenzenlosen Paradieses, wo er aus dem Kühlschrank Milch und Käse holen durfte, soviel er wollte. Florian will Matsch an die Wand schmeißen, Steine an die Fenster, er will auf mich einschlagen. Mein "Nein" bringt ihn wechselseitig in jämmerliche Verzweiflung oder in wilde Wut, die er voll gegen mich richtet. Wir haben inzwischen die uns beide entlastende Erfahrung gemacht, daß ich ihn "halten" kann. Konkret heißt "halten" bei Florian, ihn fest an den Handgelenken zu umfassen. Wir sind dabei in intensivem Blickkontakt. Zuerst hat er sich heftig gewehrt: "Laß mich sofort los, sonst komme ich nie wieder". Inzwischen akzeptiert er, daß ich ihn festhalte, wenn er "ausflippt", wie er es nennt.

Ihn halten können, heißt auch, ihn aushalten können. Seinen Verdacht, ein böses Monster zu sein, mit dem niemand fertig wird, hat er in seinem sozialen Umfeld genügend oft inszeniert und bestätigt bekommen. Dahinter liegt seine geheime Befürchtung, die Mutter vernichtet zu haben und abgründig verworfen zu sein. Um diese schlimmen Vermutungen im therapeutischen Spiel darstellen zu können, bedarf es der anderen Seite des "Haltens", nämlich des Loslassens, des Sich-Einlassens, des gegenseitigen Vertrauens, um der Destruktion den Raum freizugeben.

Zu den Übergangsphänomenen zählt Winnicott das Spiel, das sich weder im Innen noch im Außen ereignet, sondern im Dazwischen. "Inneres" heißt aus unserer Sicht die Art und Weise, in der der Mensch das, was ihm begenet, gemäß seiner fiktiven Zielsetzung, psychodynamisch verarbeitet bzw. nicht verarbeitet: Verleugnetes, Nicht-Wahrgenommenes, Ängste, Wünsche, kompensatorische Bewegungen, Ideale. Sowohl die intrapsychischen Bewegungen als auch die Lebenswirklichkeit von damals und heute, die das Kind im Spiel externalisiert, gerinnen dabei zu einer Darstellung, die Träumen gleicht und ebenso wie Träume verstanden und gedeutet werden kann. Das Kind erschafft damit ein "plastisches Medium mit kommunizierbarer Bedeutung" (Ogden 1997,4), an dem Realität und Phantasie gleichermaßen beteiligt sind.

Florian spielte lange Zeit in ziemlich konfuser Weise Siegen-Müssen, Obensein, Überlegensein. Ausgestattet mit allerlei phallischen Instrumenten, kämpft er als Räuber oder Power-Ranger gegen unterlegene Gegner, Rollen, die ich im schnellen Wechsel ausfüllen soll und in denen ich keinerlei Chancen habe. Ich werde dabei zur Trägerin der Gefühle, die Florian zwar hat, die er aber nicht aushalten zu können glaubt, und die er deshalb zudeckt, unbewußt macht, mit dem ganzen illusionären Getue, hinter dem man sein fiktives Persönlichkeitsideal vermuten kann: ich muß unverletzbar sein, daß ich nie mehr in die Lage komme von damals.

Sein Machtstreben macht ihn aber nicht mächtig und unverletzbar, sondern er nervt alle, mit denen er zu tun hat, niemand mag ihn, die anderen Kinder lassen ihn nicht mitspielen. Und das ist es, woran er heute leidet, nicht an den Mangelerfahrungen von damals

Im Verlauf der Therapie bleibt Florian nicht bei der Rolle des Siegers. Er entwirft neue Spiele: Der gerade noch siegende Held ist getroffen, er fällt einfach um, liegt wie tot und muß von der Therapeutin als Notärztin behandelt werden. Die Berührungen, mit denen der gefallene Held behandelt wird, gibt Florian genau an, sie scheinen rituellen Charakter zu haben, verletzen in der Regel weder seine noch meine Intimitätsgrenze, obwohl eine gewisse Art des Herzklopfens anzeigt, daß wir uns in nicht ganz geklärten Grenzzonen bewegen. Später wagt er sich an die Darstellung einsamer Helden, die untergehen. Er kehrt aus der siegreichen Schlacht zurück, legt alle Waffen ab, verabschiedet sich von seinem Waffenträger und Begleiter und geht allein in die Wüste. In der Wüste findet er ein Grab, es ist das Grab der Mutter, in das er sich selber legt. Ich bekomme die Regieanweisung: Du solltest am Grab sitzen und ganz arg weinen. So lange wir es aushalten, sind Florian und ich traurig miteinander.

Dabei will Florian nicht wissen, daß ich sein Spiel mit seiner Lebenswirklichkeit, mit den nicht stattgefundenen Trauerprozessen bei der Trennung von seiner Mutter verbinde. Er spürt aber, wie wichtig ich als Mitspielerin und Beobachterin sein Spiel nehme, daß ich sinnvoll finde, was er spielt und wie stark ich mit meinen Gefühlen daran beteiligt bin.

Können wir Fremdseelisches überhaupt wahrnehmen, oder sind es immer nur die eigenen Produkte und Projekte, denen wir begegnen, wenn wir glauben, wir verstünden den anderen? Diese Frage erörterten Freud und Fliess im Jahr 1900 während ihrer gemeinsamen Ferien am Achensee. Die ungelöste Achensee-Frage beunruhigte nicht nur Freud damals, sowohl die Philosophie als auch die Psychoanalyse sind weiter mit den Erkenntnismöglichkeiten von Fremdseelischem befaßt (Tress 1995, 99ff). Die Frage betrifft den Überschneidungsbereich zweier oder mehrerer Menschen. Aus der Perspektive der Intersubjektivität sind Empathie und Introspektion die beiden wichtigsten Instrumentarien, mit denen die Therapeutin sich dem Verständnis und der Bedeutung dessen nähert, was der Patient ausdrückt innerhalb seines subjektiven Bezugsrahmens (Stolerow et al. 1996). Während die Introspektion ihren Beobachterschwerpunkt innerhalb der eigenen Grenzen hat – was löst diese oder jene Bewegung des anderen in mir aus? – bezieht sich die Empathie auf den Prozeß, der innerhalb der Dialektik, der andere zu sein und gleichzeitig nicht zu sein (Ogden 1997,15). Empathie heißt nicht nur Sich-Einfühlen und Verstehen, sondern impliziert den anderen Pol des Sich-Abgrenzens und des Sich-Verweigerns. Als authentisches lebendiges Gegenüber, zu dem Kontakt aufgenommen werden kann, bin ich für den anderen nur spürbar, wenn die eigenen Grenzen des Sich-in-den-anderen-Einfühlens deutlich wahrgenommen und markiert werden. In der Gegenübertragung werden neben freundlichen, liebevollen Gefühlen, auch heftige negative Gefühle wie Haß und Neid, die sich gegen den Patienten richten, ausgelöst. Wenn der therapeutische Raum durch das Wechselspiel von Übertragung und Gegenübertragung entsteht, heißt das, daß die subjektive Wirklichkeit des Patienten durch den Prozeß der empathischen Resonanz "formulierbar" wird (Stolerow et al. 1996,20), wobei formulierbar nicht eingeschränkt ist auf "verbalisierbar", sondern auch andere Arten der Formgebung möglich sind, z.B. Gestalten oder Spielen. Richtlinie für die Interventionen der Therapeutin ist die empathische Einschätzung dessen, was die gehemmten Entwicklungsstrebungen wieder in Bewegung setzen kann (Stolerow et al. 1996,23). Dazu eine Episode aus der Therapie mit Florian:

Nach einer intensiven Therapiestunde, in der ich als Gefangene eines omnipotenten Herrschers in einem Verlies Hunger, Durst und Kälte erleide, danach befreit und genährt wurde, muß ich die mir zugeteilten Rollen ablegen und als Hüterin des therapeutischen Raumes die Stunde beenden. Florian weigert sich, den Schritt aus dem symbolischen Raum zur empirischen Realität zu gehen, er versucht Übergänge, will blindlings Spielsachen mitnehmen, was ich verweigere. Er wird sauer, geht schließlich ärgerlich, klingelt nach ungefähr zehn Minuten, als die nächste Therapiestunde schon begonnen hat: er habe seine Fahrkarte verloren, habe auch kein Geld dabei und wisse nicht, wie er heimfahren solle. Ich gebe ihm eine Streifenkarte mit der nachdrücklichen Aufforderung, sie mir nächstesmal wieder mitzubringen. In der nächsten Stunde hat er die Streifenkarte nicht dabei, sagt schließlich, er habe letztesmal seine Fahrkarte doch noch gefunden, er habe mir meine Fahrkarte gleich zurückgeben wollen, habe mich aber nicht nochmal mit Klingeln stören wollen. Er habe sie deshalb draußen vor meine Haustür gelegt (meine Praxis ist mitten in der Stadt, eine unbenutzte Streifenkarte vor die Tür legen, ist gerade so gut, wie Bargeld auf der Straße auszustreuen). Ganz spontan halte ich die Geschichte für eine Ausrede und für eine ziemlich dumme dazu, sage ihm auch, daß mir das ziemlich unglaubwürdig vorkäme, verschlucke gerade noch "so blöd bist du doch nicht", was mir auf der Zunge liegt, und erlebe mich ganz und gar in der Situation seines Vaters und seiner Stiefmutter, die andauernd solche Episoden mit ihm durchspielen: "du lügst" – "du bist sowas von blöd" – "sag jetzt endlich die Wahrheit". Florian will ablenken, will spielen. Nein, erst müssen wir noch darüber sprechen. Er bekommt seinen jammernden Heulton: "Es ist aber wahr, ich hab sie wirklich dort hingelegt, ich hab nicht gewußt, daß sie geklaut wird ..." Die dringliche Not, in die Florian gerät, und das Bewußtsein der Szene – jetzt spielt sich hier genau das gleiche ab wie Zuhause, und meine Reaktion ist so wie die der Eltern – wecken mich auf: und was, wenn es stimmt, was Florian sagt? Die ganze Geschichte kippt, bekommt plötzlich eine andere Farbe, wird therapeutisch produktiv und progressiv einsetzbar. Trotz seiner schwer angeschlagenen sozialen Kompetenz, könnte Florian eine kleine Meisterleistung in seiner Einfühlung für mich zustande gebracht haben. Er hätte bemerkt, daß es mich stören würde, wenn er nochmal klingelt und hätte darauf verzichtet. Erst jetzt kann ich den Hintergrund von Szenen dieser Art, die täglich mehrmals in Florians sozialer Umgebung ablaufen, neu verstehen. Florian versucht, seine Einschränkungen im kognitiven und im sozialen Bereich zu kaschieren. Um nicht als "blöd" zu gelten, läßt er sich lieber zum Lügner stempeln – lieber böse und schlecht als blöd. Eine Einstellung, die übrigens die Eltern teilten, ohne sich dessen bewußt zu sein. Es war ein langer Weg, bis die wahrscheinlich durch die Stoffwechselerkrankung bedingte leichte Lernbehinderung Florians von seinen Eltern wahrgenommen werden konnte.

Austauschprozesse im therapeutischen Raum

Abstinenz

Abstinenz ist konnotiert mit Alkoholabhängigen, Süchtigen, die unter erheblichen Anstrengungen versuchen, sich des schädigenden Suchtmittels zu enthalten. Auch die Beziehung zwischen Patient und Therapeut kann in den Sog der Sucht geraten. Wir bieten dem Patienten in der Therapie an, seine ihn schädigenden Beziehungsstrukturen, an die er gefesselt ist wie an eine Droge, szenisch zu wiederholen mit dem Ziel, daß sie im Lauf der Wiederaufführungen im therapeutischen Raum erhellt und verändert werden können. Dennoch enthält jede Wiederaufführung für den Patienten und für seinen Beziehungspartner das Risiko, in den Maschen des alten Suchtmusters hängenzubleiben. Thea Bauriedl (1996, 104) nennt das "Risiken und Nebenwirkungen" der analytischen Therapie. Die Gründerväter der Psychoanalyse erfuhren den gefährlichen Sog vor allem als libidinös. Freud war bekanntlich von Breuers Verstrickung in die Beziehung zu Berta Pappenheim hochgradig beunruhigt und wollte den "Risiken und Nebenwirkungen" wenigstens in der Theorie durch strikte Abstinenzregeln beikommen. Inzwischen gelten die alten Regeln längst nicht mehr, die Risiken dagegen sind weiter voll wirksam. Die Notwendigkeit, Ethikkommissionen einzurichten, zeigt, wie schwer das richtige Maß von Nähe und Distanz gegenüber einem liebeskranken und liebebedürftigen, regredierten und abhängigen Patienten zu finden ist. Wobei Ethikkommissionen einseitig das mißbrauchende Zuviel an Nähe verfolgen, ein Zuviel an Distanz versandet ungehört im Elend einer gescheiterten Therapie.

Die grundsätzliche Anfälligkeit für Grenzverletzungen in der Therapie hat eine Ursache in der seelischen Bedürftigkeit der Patienten. Seelische Bedürftigkeit ist in der Regel entstanden aus einem Mangel an Liebe – wobei ich Verzärtelung, Vereinnahmung, Überversorgung zu den Formen der unzureichend guten Liebe rechne. Fast immer hatten die wirklichen Gefühle unserer Patienten zu wenig Möglichkeiten, sich entfalten zu können.

Wenn wir durch unsere Empathie in den unvermeidlichen Sog geraten, den Patienten vom Gift seiner emotionalen Verlassenheit befreien zu wollen, wird die Empathie zum Gegengift. Bauriedl sieht genau an dieser Stelle die Abstinenz des Therapeuten gefährdet. Das Gegengift auf der Beziehungsebene gehöre ebenso wie das Gift der Szene an, in der die Schädigung geschehen ist. Zwar besteht in jeder Psychotherapie die Tendenz zur Wiederholung grenzüberschreitender Beziehungsszenen, die aber psychodynamisch prinzipiell in den Kreis der sich zwischen Therapeut und Patient wiederholenden pathologischen und pathogenen Szenen eingeordnet werden müßten; in diesem Fall stagniere der therapeutische Prozeß und schreite erst wieder voran, wenn die Wiederholung der traumatisierenden Szene erkannt und durchgearbeitet werden könne. Erst dann sei die therapeutische Beziehung wiederhergestellt und damit die Grenze für Kontakt und Geborgenheit (Bauriedl 1996, 118).

"Mütterliche Liebestherapeuten" versus "Paternalistische Verstandestherapeuten"

Die Sogkraft, die von der Bedürftigkeit ausgeht, ruft dynamisch nach dem, was fehlt. Die unterschiedlichen Behandlungstheorien scheiden sich daran, wie die analytische Antwort auf die Bedürftigkeit aussehen soll. Die extremen Positionen lassen sich verkürzt mit den beiden Schlagwörtern umreißen: mütterliche Liebestherapeuten versus paternalistische Verstandestherapeuten.

"Mütterliche Liebestherapeuten" nennt Andrea Gysling in ihrer Studie über die Geschichte der Gegenübertragung die Analytiker, die mit Hilfe der Empathie dem Patienten vieles von dem bieten, was ihm in der frühen Kindheit versagt geblieben ist und wodurch seine Entwicklung gehemmt wurde, nämlich "echte" Gefühle, Zuwendung, Anerkennung (1995, 359). Repräsentanten sind Ferenczi, Winnicott, Balint und die Selbstpsychologen. Reparation, nachträgliches Strukturwachstum durch neue emotionale Erfahrungen sind wesentliche Wirkfaktoren. Dagegen rücken die "paternalistischen Verstandestherapeuten" – repräsentiert durch die Ich-Psychologie besonders durch die Objektbeziehungstheorie Otto Kernbergs – weniger das ins Zentrum, was dem früh gestörten Patienten in seiner Kindheit angetan und vorenthalten wurde – also den Opfer-Aspekt –, sondern fokussieren stärker auf den Täter-Aspekt. Der

Patient ist teilweise auch von Natur aus beeinträchtigt und wird als verantwortlich angesehen für das, was er aus seinen Mangelerfahrungen gemacht hat oder was er konstitutionell in sich trägt, seinen Neid und seinen Haß. Beachtung findet, was der Patient sich und anderen antut, Deutung und Einsicht sind hier wesentliche Elemente.

Die beiden Richtungen sollen nicht polarisiert werden, bekanntlich brauchen wir Mütter und Väter, und zum Glück geraten die starren Zuordnungen, was mütterlich und was väterlich sei, zur Zeit sowieso ins Verschwimmen. Die jeweiligen analytischen Subsysteme könnten ihren Platz innerhalb dieses Spannungsfeldes beschreiben. Freuds Wende von der Traumatheorie zur Triebtheorie 1897 bezeichnet eine frühe Wegscheide. Als Individualpsychologen beachten wir durchaus, was dem Patienten von seinem frühen sozialen Umfeld angetan wurde, aber darüber hinaus ist der Patient als Konstrukteur seines Lebensstils nicht nur in seinem Opferaspekt, sondern gleichermaßen im Täter- und Verantwortungsaspekt im therapeutischen Raum präsent. Die Finalanalyse zeigt, daß das gegenwärtige Leiden unserer Patienten nicht primär das Leiden an den Verletzungen damals ist, sondern sie leiden an den innerseelischen Verarbeitungsprozessen, insbesondere an den fiktiven Zielen, die zwar notgeboren, aber dennoch grenzenlos lebensfeindlich und machtförmig sind, rücksichtslos egozentrisch und grauenvoll destruktiv.

Transzendierung

Der Begriff Grenzüberschreitung ist ambivalent. Bauriedl hat ihn eindeutig und damit einseitig im Sinne der Grenzverletzung und als Grundlage jeder Gewaltbeziehung verwendet. Der Begriff kann aber auch auf seine positive Seite gewendet werden. Der Bedeutungsgehalt kippt dann, aus Schwarz wird Weiß. Überschreiten ist eine andere Bewegung als Übertreten oder Übergreifen. Schreiten ist ein aus der Mode gekommenes königliches Gehen, Ruhe ist darin und Würde, Transzendieren ist der lateinische Begriff dafür. Die Grundlage jeder Form der Liebe liegt in der Möglichkeit, unsere Grenzen zu überschreiten. Auch in der therapeutischen Beziehung öffnen wir einander die Grenzen ein Stück weit.

Die physische Grenze zwischen mir und dem, was mich umgibt, ist vergleichsweise leicht bestimmbar: die Haut ist eine sichtbare, faßbare Grenzzone, in der die Austauschprozesse – Assimilation und Ausstoßung – zwischen Organismus und Umwelt stattfinden. Oft tun wir so, als sei die Seele etwas, was in unserem Körper wohnt. Wenn man sich stattdessen vorstellt, daß die Seele den Leib umfaßt, daß sie über unseren Körper hinausreicht, ahnt man das grundsätzlich Grenzenlose der Seele, die ja niemals Substanz, sondern Prozeß, Bewegung ist. Pneuma heißt Luft, Wind, Hauch, Atem, Duft, Klang, auch: Seele und Geist. Seele und Geist sind nicht in uns eingeschlossen, sondern in den Räumen zwischen uns, Schwingungen in der Luft, Wellenbewegungen.

Die Metapher als Grenzgänger

Betrachten wir einen weiteren Begriff, der Austauschprozesse an den Grenzen beschreibt: die Übertragung. Hier sind weniger unsere Beine (wie bei der Überschreitung) im Bild, sondern unsere Arme. Was wird da nicht alles hin- und hergetragen zwischen zwei Menschen. Doch bevor wir uns dem Übertragungs-/Gegenübertragungsgeschehen im therapeutischen Raum widmen, eine Digression zur Metapher: Metapher ist das griechische Wort für Übertragung und meint eine sprachliche Ausdrucksform, die statt der eigentlichen Bezeichnung eine uneigentliche – bildliche – Redewendung verwendet. Sie ist ein Produkt von Verschiebung und Verdichtung. Das Bild, das sie benutzt, ist von woanders hergeholt, ist von einem Ort an einen anderen geschoben. Sie überwindet Trennungen, stellt Verbindungen her zwischen weit auseinanderliegenden Bereichen, ist wie ein Witz zündend.

Die Metapher ist ein Grenzgänger, sie überschreitet die Grenzen zwischen Physischem und Psychischem – wir könnten sonst vom Seelischen nicht reden, sondern nur schweigen – zwischen der Realität und dem Phantasmatischen, zwischen Außen und Innen; sie benutzt das zerlegende, unterscheidende Denken als Brücke, um etwas Abstraktes durch etwas Konkretes anschaulich zu machen. Wenn wir beispielsweise in Bezug auf Grenzüberschreitung in therapeutischen Beziehungen sagen: der sexuelle Mißbrauch ist nur die Spitze des Eisbergs, so ist "Spitze des Eisbergs" ein Bild, das ganze Kaskaden von Bedeutungszusammenhängen, Bildern und Einfällen in uns wachruft: wir spüren die Kälte, die Gefährlichkeit, die Titanic geht schnell nochmal unter, mit all ihren Liebespaaren, Orchestern usw. Da wir uns im Übergangsraum zwischen solchen Unterscheidungen, wie es die von "wirklich" und "nicht-wirklich" sind, bewegen, könnten wir uns endlos unseren Assoziationen überlassen. Buchholz (1998, 545ff) weist in seinem Aufsatz "Die Metapher im psychoanalytischen Dialog" darauf hin, daß wir immer Metaphern verwenden, sobald wir darüber sprechen, was in einer Behandlung geschieht. Man könnte diese Metaphern wiederum selbst analysieren und herausarbeiten, was dabei erhellt und was verdunkelt wird hinsichtlich der in ihnen steckenden Denk- und Fühlverbote. Wir könnten dabei den unbewußten Konzepten, die in unseren Theorien stecken, auf die Spur kommen. Eine exquisite Chance des therapeutischen Eingriffs sieht Buchholz darin, daß der Therapeut versuchen könnte, einen Metaphernwechsel zu installieren, denn die Fixierung auf ein und nur ein Bild zeichnet die neurotische Störung aus (1998, 560). Adler hat das eindringlich metaphorisch ausgedrückt: der Neurotiker sei ans Kreuz seiner Fiktionen geschlagen.

Natalia

Natalia kam im Alter von 16 Jahren zu mir zur Therapie. Sie lebt seit kurzem in einer betreuten Wohngruppe, womit der sexuelle Mißbrauch, dem sie in ihrer Familie seit ihrer Kindheit ausgesetzt war, endete. Natalia sagt zu mir, ihre Gefühle seien tot, sie spüre keine Kälte; das demonstriert sie auch, indem sie im Winter nur mit einem weiten grauen Hemd, das sie wie ein Sack schützt und verhüllt, herumläuft. Sie könne andere Menschen weder lieben noch hassen; außer sich selbst hasse sie niemanden. Sie verletzt sich mit Rasierklingen, Scheren und Messern an Armen und Beinen.
Im ersten Jahr nutzt sie den therapeutischen Raum, kann zeigen, wie sehr Schuldgefühle und Selbstverachtung in ihr wüten. Sie versucht, sich mir gegenüber zu äußern, so gut sie kann. Sie spricht wenig, gestaltet stattdessen mit Ton oder malt, schreibt mir auf kleinen Zetteln, wie schlecht sie sich fühlt. Noch verbindet sie mit der Therapie Hoffnung, "daß alles besser wird"; ich habe den Eindruck, daß wir einander erreichen.
Nach gut einem Jahr Therapie schaut sie mich mit einem winzig kleinen, windschiefen Lächeln zum erstenmal an, als sie mir erzählt, daß sie jetzt eine Freundin habe. Was sie niemals

für möglich gehalten habe, sei jetzt geschehen. Die Beziehung zur Freundin ist in der Folge alles andere als einfach, ist aber offenbar Belastungen gewachsen. Dagegen ändert sich der Kontakt zu mir in beunruhigender Weise. Jetzt, wo es ihr "draußen" besser geht, wo sie sich erstmalig in eine liebende Beziehung zu einer Gleichaltrigen einlassen kann, bringt sie erst das ganze Ausmaß ihrer Störung in die Therapie. Sie schließt sich mehr und mehr ab, kauert sich in einer Ecke des Zimmers zusammen, kein Blickkontakt, lastendes Schweigen zwischen uns, manchmal knallt sie laute, mir brutal scheinende Rock-Musik dazwischen, meine Bitte, leiser zu stellen, scheint sie zu verletzen. Meine Bersorgnis um sie wächst, ich bekomme Zweifel an meinen therapeutischen Fähigkeiten. Ihre bohrenden Kopfschmerzen machen mir Angst, ein Tumor könnte in ihrem Kopf wachsen. "Es ist alles nur seelisch", entgegnet sie mir.

Ich fühle mich völlig verunsichert. Sie scheint nichts brauchen zu können, was ich anzubieten habe, weist mich zurück: ich bin abgelehnt, werde nicht gesehen, nicht gehört. Ich erlebe ihre "Rücksichtslosigkeit". Anderseits spüre ich ihre irre Sehnsucht nach Kontakt, der aber nicht sein darf. Böse Bilder quälen mich in den Stunden mit Natalia. Sie kommt mir so unmenschlich vor wie "der Zeck" aus Patrik Süskinds Roman "Das Parfum".

Die Hölle, die in Natalia wütet, erlebe ich nicht mit, indem ich sie empathisch begleite; ich bin keine, die neben ihr hergeht, sich zusammen mit ihr das Horrorszenarium ansieht und die dissoziierten Gefühle für sie trägt. Das biete ich zwar an, aber Natalia kann meine empathische Begleitung in dieser Phase der Therapie nicht aushalten. Empathie bedeutet Annäherung und Wärme, und beides ist für Natalia lebensgefährlich und muß vermieden werden. Es kann kein potentieller Überschneidungsbereich zwischen uns entstehen (wie vorher und hinterher).

Trotzdem teilt sich mir ihr Szenario mit und zwar nicht so, daß ich von ihrer Not berührt bin und über das, was sie in mir auslöst, nachdenke und nachfühle, oszillierend zwischen ihr und mir hin- und herpendle, Fremdseelisches vom Eigenen unterscheide, sondern die Horrorszene ist gleichzeitig meine: ich selbst fühle mich tief verunsichert, mißbraucht, abgründig alleingelassen, ohnmächtig, ausgeleert wie Kehricht, leer und nochmal leer. Nach der Stunde mit Natalia muß ich Schokolade essen, brauche Gespräche mit Kollegen und Freunden, kann nichts aufschreiben über die Stunde, während mir sonst die Protokolle gut von der Hand gehen und erleichternd sind, weil damit problematische Beziehungskonstellationen oft abgelegt werden können ins Archiv. Bei Natalia kann ich nichts ablegen.

Wenn ich mir das Containing-Konzept bildlich vorstelle, sehe ich die bösen, angstauslösenden Affekte, die Natalia in mich introjiziert hat, in einen Behälter, der irgendwo in meinem Bauchraum plaziert ist; dort sollen die zerstörerischen Gefühle entgiftet und dann wieder an Natalia zurückgegeben werden. Die Metapher Container klingt so abgeschlossen und sauber, als gelange das Gift nicht in meinen Blutkreislauf.

Die Vorstellungen von den Entgiftungsprozessen lehnen sich an Beobachtungen aus der frühen Mutter-Kind-Beziehung an. Natalias Mutter dürfte damals nicht in der Lage gewesen sein, diese Umwandlungsprozesse zu vollziehen, sie dürfte stattdessen die von ihrem Kind projizierten negativen Affekte noch mit ihrem eigenen Gift angereichert zurückgegeben haben.

Ganz anders als bei den tröstenden, liebevollen Mutter-Kind-Austauschvorgängen trage ich jetzt das angehäufte alte und neue Gift einer jungen Erwachsenen in mir. Es wird, glaube ich, zu meinem eigenen. Es scheint zeitweise keine andere Verständigungsmöglichkeit zwischen mir und Natalia zu geben. Und zwar erlebe ich mich einerseits als geschundenes Opfer, anderseits als sadistische Täterin.

Nach vielen Monaten des Verschlossenseins beginnt Natalia, vorsichtig aus ihrem Schneckenhaus herauszuspitzen. Wir kommen allmählich wieder auf eine andere Kommunikationsebene, auf der wir auch das, was zwischen uns in der Zeit ohne symbolische Brücken geschehen ist, ansprechen können mit Hilfe von symbolischen Ausdrucksformen.

Ich träume, daß Natalia in meine Wohnung kommt. Es ist eine altmodische Wohnung mit einem langen Gang und vielen hohen Türen, die in düstere Zimmer führen. Das Wohnzimmer, in dem ich Natalia empfange, ist mit allerlei Winkeln und Erkern ausgestattet, alte, schwere Samtvorhänge, braunrot gemustert, eine Couch, auf die wir uns beide setzen. Natalia schaut mich an, sagt, sie habe jetzt einen Freund. Da tritt der Freund auch schon auf: ein ländlich wirkender freundlicher junger Mann, der sich zwischen Natalia und mich aufs Sofa setzt. Ich stehe auf und mache für uns Tee.

Beim Aufwachen wundere ich mich über diesen Traum, dessen freundliche Alltäglichkeit im Gegensatz steht zu dem Horrorszenarium, das sich in den Therapiestunden mit Natalia entfaltet. Auch bin ich besorgt, daß ich unbewußt die Beziehung Natalias zu ihrer Freundin, zu der ich im Wachbewußtsein meinen ersatzmütterlichen Segen gegeben habe, mißbillige, wenn ich ihr einen Mann zur Seite gebe. Andererseits enthält der Traum auch Vertrauen in unsere therapeutische Beziehung. Wir sind in einer Wohnung, die die Traumregie ausschließlich für mich und Natalia bereitgestellt hat. Dieses altmodische Wohnzimmer wird nie wieder von irgendjemanden betreten werden: es ist unser phantasmatischer Raum, ein bißchen angestaubt freudianisch, sehr flüchtig, trotz des handfesten plüschigen dunkelroten Mobiliars.

Auch Natalia baut im Traum Räume, in denen wir uns begegnen, oder "vergegnen", wie Martin Buber es nennt. Sie kommt zusammen mit ihrer Mutter in meine Praxis im 12. Stock eines Hochhauses. Wir sitzen zu dritt am Tisch, dabei stellt sich aber heraus, daß Natalias Mutter und ich angeregt miteinander sprechen. Natalia sitzt schweigend dabei, steht dann auf und geht. Sie läuft allein die Straße weiter, ihre Mutter hat sie bei mir gelassen.

Einen ihrer Träume zeichnet Natalia. Sie teilt das Bild in zwei Szenen. Rechts liegt eine weibliche Gestalt im Büßerhemd angekettet auf einer Folterbank. Auf der linken Seite des Blattes sind ebenfalls zwei Personen: eine – größere – sitzend, die andere stehend von hinten, offenbar in gutem Kontakt zueinander, ihre Hände berühren sich. Natalia erläutert das Bild: sie habe geträumt, daß sie ihrer Freundin (links sitzend) von der Folterszene, die sie gleichzeitig als Folteropfer erlebte, erzählt.

Wenn ich das Doppelbild auf die Therapie beziehe, erkenne ich mich in beiden Partnerinnen Natalias wieder. Ich gerate in die Täter-Rolle, werde quälend und sadistisch, sobald ich etwas von ihr will, z.B. Kontakt zu ihr. Da muß sie sich noch mehr verschließen aus Angst vor jeder Nähe – oder andersherum – aus zuviel Sehnsucht nach Nähe.

Die linke Seite des Bildes zeigt die Entwicklung aus der Täter-Opfer-Spaltung: die andere als tröstende Person, mit der freundliche Berührung möglich ist, der man seine Qualen anvertrauen und sich trösten lassen kann. Die vier Personen auf dem Bild sind in allen vier Aspekten – die Gefolterte, die Täterin, diejenige, die sagt, wie sie leidet, und die, die es hört und ihr Trost ist – nicht nur die vierfache Gestalt Natalias, sondern auch meine.

Weiter ausgelegt verweist Natalias Bild auch auf die Dissoziation zwischen ihrem Körperselbst, auf das alle negativen Emotionen projiziert werden und anderen handelnden, fühlenden, reflektierenden Selbstanteilen. Es ist bekannt, daß Kindern häufig nichts anderes übrigbleibt, als dem Mißbrauch die Dissoziation als Überlebensmöglichkeit entgegenzusetzen. Die Mißbrauchte verläßt mit ihren Empfindungen den Körper, der sich fühllos, versteinert den Mißhandlungen überläßt. Das Selbst spaltet sich auf in eine wahrnehmende Beobachterin und in diejenige, die mißhandelt wird. Genau das stellt Natalia in ihrem vertikal geteilten Bild dar. Sie verdoppelt dabei die Akteurinnen: Opfer und Täter in der Mißbrauchsszene, Betrachterin mit teilnehmender Begleiterin daneben. Das "Quaternio" transzendiert die Szene, öffnet sich auch auf die Therapeutin hin und ist auch in der Beziehung zwischen Natalia und mir ansprechbar.

In der weiteren therapeutischen Arbeit mit dem Bild kann ein vorsichtiger Metaphernwechsel angebahnt werden. Natalia ist darauf fixiert, Opfer zu sein. Ihre Täter-Aspekte, die sich z.B. in einem ihrer Symptome, der Selbstverletzung, destruktiv gegen ihr dissoziiertes und gehaßtes Körperselbst richteten, erlebte sie als ich-fremd: "es kommt über mich; ich muß es einfach tun." Natalia nähert sich inzwischen auch ihren Täteraspekten an: "die mit den Folterwerkzeugen das bin ich doch auch." Es mag paradox erscheinen, daß ihr erst die Übernahme von Verantwortung ermöglicht, allmählich das, was ihr als Kind tatsächlich angetan worden ist, als etwas zu empfinden, an dem sie nicht schuld ist.

Von den vielfältigen Austauschprozessen an den Grenzen zwischen Patient und Therapeutin konnte hier nur unvollständig berichtet werden. Das Thema birgt noch allerlei wunderbare Schätze, z.B. den – wenig beschriebenen – therapeutischen Eros, dem wir sicherheitshalber die Abstinenz zur Seite stellen oder die Intuition: durch körperlich-sinnliche Resonanzfähigkeit wird bildhaft erfaßt, was im Inneren des anderen umgeht oder blockiert ist (Drees 1995).

Literatur

Bauriedl, T. (1998): Die Wiederholung der Traumatisierung in der Psychotherapie. Analytische Kinder- und Jugendlichenpsychotherapie 1, 25–42
Bauriedl, T. (1996): Leben in Beziehungen. Herder, Freiburg/Br.
Benjamin, J. (1990): Die Fesseln der Liebe. Stroemfeld / Roter Stern, Frankfurt/M.
Buchholz, M. B. (1998): Die Metapher im psychoanalytischen Dialog. Psyche 6, 545ff
Drees, A. (1995): Freie Phantasien. Vandenhoeck & Ruprecht, Göttingen
Gysling, A. (1995): Die analytische Antwort. edition diskord, Tübingen
Mahler, M. S., et al. (1978): Die psychische Geburt des Menschen. Fischer, Frankfurt/M.
Nietzsche, F. (1994): Die Geburt der Tragödie aus dem Geriste der Musik. Goldmann, Augsburg
Ogden, T. H. (1997): Über den potentiellen Raum. Forum der Psychoanalyse 13, 1–18
Stolerow, R. D., Brandschaft, B., Atwood, G. E. (1996): Psychoanalytische Behandlung. Ein intersubjektiver Ansatz. Fischer, Frankfurt/M.
Tress, W. (1995): Intentionalität und psychoanalytische Arbeit. In Tress, W., Sies, C. (Hrsg.): Subjektivität in der Psychoanalyse. S. 98-119. Vandenhoeck & Ruprecht, Göttingen
Winnicott, D. W. (1989): Vom Spiel zur Kreativität. Klett-Cotta, Stuttgart

JÖRG FENGLER

Helfen macht müde

Zur Analyse und Bewältigung von Burnout und beruflicher Deformation

Helping is Exhausting

Analysis and Mastering of Burnout and Professional Stress

Burnout is conceptualised as an experience of chronic intensive exhaustion in feeling, cognition, interpersonal relation, and behaviour. Regarding the stress adaptation model it is expected to emerge at the end of long lasting stress without recreation. Burnout will probably begin if there is much stress in one part of everyday life or if several parts of life are stressful. Burnout can be differentiated from exhaustion after a stressful day or job as well as from the diagnosis of depression. It can be overcome by action in everyday job regulation and by changed attitudes toward partnership and family, selection of patients, and regarding counter-transference processes. Supervision is helpful. Superiors can take care of burnout prophylactic action for their subordinates.

Burnout wird als Erleben chronischer intensiver Erschöpfung in Gefühlen, Kognitionen, Beziehungen und Verhalten verstanden, die – in Anlehnung an das Streß-Adaptations-Modell – am Ende einer langanhaltenden Belastung ohne Möglichkeiten der Erholung steht. Zu einer Burnout-Gefährdung kann es kommen, wenn in einem Lebensbereich eine dauerhafte Belastung besteht oder mehrere Lebensbereiche gleichzeitig besonderen Belastungen ausgesetzt sind. Burnout ist differentialdiagnostisch sowohl von alltäglicher Erschöpfung nach schweren Arbeitstagen als auch von Depressionsdiagnosen zu unterscheiden. Der Burnout-Prophylaxe dienen Maßnahmen der Arbeitsgestaltung in der täglichen Praxis und auch Neuorientierungen in Partnerschaft und Familie, gezielte Patientenauswahl und die Beobachtung der Gegenübertragung. Supervision ist eine Hilfe. Vorgesetzten fällt eine besondere Verantwortung zu, der Burnout-Gefährdung von Mitarbeiterinnen und Mitarbeitern entgegenzuwirken.

Worin bestehen die Belastungen von Psychotherapeutinnen und Psychotherapeuten, daß diesem Thema heute so viel Aufmerksamkeit gewidmet und daß sogar von "Burnout" gesprochen wird, also von Ausbrennen und Erschöpfung? Ich will das Thema in elf Schritten behandeln und mit einigen Belastungskontexten beginnen, denen Therapeuten ausgesetzt sein können.

1. Belastungskontexte

Therapeutinnen, Therapeuten und andere Helfer leiden an erster Stelle unter ihrer Selbstbelastung. Sie orientieren sich in ihrem Handeln an einem hohen Ideal, gemessen an dem die eigene Praxis unzulänglich und dürftig erscheint. Sie erfahren bei jeder Fortbildung und jedem Kongreß, daß wieder neue und für ihre Patienten und Klienten besonders aussichtsreiche Behandlungskonzepte entwickelt worden sind. Sie selbst beherrschen diese – natürlich – noch nicht, wohl aber einige Kollegen, die sie nun zum Grundstock des unentbehrlichen Wissens erklären. Reimer hat in einer Untersuchung festgestellt, daß Psychotherapeuten ein strenges bis starres Über-Ich aufweisen (Reimer u. Freisfeld 1984).

Therapeutinnen und Therapeuten werden manchmal gerade wegen ihrer *Helferqualitäten* – Einfühlung, Geduld, Hilfsbereitschaft, Umsicht – als besonders attraktiv erlebt und als geeignete Partner für potentielle Freundschaft, Partnerschaft und Lebensgemeinschaft in Betracht gezogen. Aber was da zu Beginn einer Beziehung subkutan in Aussicht gestellt oder erhofft wird, kann keiner von ihnen ein Leben lang durchhalten. Die Folgen sind Selbstüberforderung und beim Partner dennoch Enttäuschung, wenn die Bereitschaft zur Aufopferung einmal nachläßt.

Die *Partnerschaft* eines Therapeuten sollte – so lautet der öffentliche Erwartungsdruck – vorbildlich sein; oft ist er selbst ebenfalls dieser Meinung. Aber natürlich ist seine Partnerschaft so normal und durchschnittlich, wie andere Partnerschaften es auch sind. Auch von den *Patienten* gehen viele Belastungen aus. Schwierige, symbiotische, passiv-aggressive und demonstrativ-leidende, übermäßig bescheidene, durch die Art ihrer Erkrankung besonders beeindruckende, unattraktive, uneinsichtige und unerreichbare Patienten machen Therapeutinnen und Therapeuten das Leben schwer. Oft gibt es dafür weder Regulativ noch Ausgleich. *Team, Station und Kollegenkreis* können zu klein oder zu groß sein. Manche sind einseitig zusammengesetzt oder zwingen Menschen zur Zusammenarbeit, die nicht zusammenpassen. Manchmal fehlt es an gegenseitigem Respekt; Klienten oder Patienten spielen einzelne Kollegen gegeneinander aus. Man verweigert sich die Rückmeldung; Leistungen werden nicht gewürdigt, bestimmte Therapie- und Behandlungsformen nicht gebilligt oder lächerlich gemacht. Ein Team leidet unter inkompetentem und autoritärem Gehabe von Vorgesetzten. Von seiten der *Institution* fehlen bisweilen Unterstützung, Anerkennung und Freiräume zur selbstbestimmten Gestaltung der Arbeit.

2. Seelische Manifestationen der Belastung

An vielen Anzeichen läßt sich erkennen, wie belastet die Helferinnen und Helfer sind. Ich will exemplarisch nur einen Blick auf das Phänomen "Berufswitze" werfen. Die eigene Arbeit wird hier oft mit ausgeprägt sexueller, aggressiver, resignativer oder zynischer Färbung charakterisiert. Wir wissen: Der Witz rührt an das Tabu; man kann sich dem Tabu vielleicht sogar nur über das Medium Witz nähern. In der Alltagssprache heißt es: "Aus dem Witz pfeift die Wahrheit".

Therapeutinnen und Therapeuten sind in erhöhtem Maß verschiedenen Formen der Suchtgefährdung ausgesetzt (Reimer u. Freisfeld 1984). Andere Untersuchungen bestätigen diese Gefährdung. Enzmann und Kleiber (1989) zitieren eine Reihe angelsächsischer Untersuchungen über Belastungsfolgen bei Ärzten. Darin wird sichtbar, daß die Alkoholprävalenz bei Ärzten etwa 2,7 mal so hoch liegt wie bei Männern mit vergleichbarem sozialen Status. Die Wahrscheinlichkeit für Drogenabhängigkeit ist ca. 30 bis 100 mal höher als in der Gesamtbevölkerung der USA. Dies scheint nicht auf den leichteren Zugang zu Drogen zurückzuführen zu sein, denn Zahnärzte und Pharmazeuten weisen keine vergleichbare Prävalenz für erhöhten Drogenkonsum auf. Immerhin: Green et al. (1976) sowie Harris (1986) konnten bei abhängigen Ärzten, die eine Entziehung durchmachten, eine überdurchschnittliche Heilungsrate nachweisen.

Ärzte und Therapeuten haben statistisch gehäuft Partnerschaftsprobleme. Psychotherapeutinnen übernehmen beruflich eine Vorreiterinnenfunktion, haben aber auch die Belastungen zu tragen, die damit einhergehen. Die Wahrscheinlichkeit einer Psychiatrieeinweisung oder einer Selbsttötung (einschließlich entsprechender Versuche) ist bei Ärzten in Relation zu vergleichbaren Gruppen aus dem Rest der Bevölkerung signifikant erhöht (Roy 1985).

3. Burnout und Streß

Alle diese Belastungen führen in einigen Fällen zu seelischen Prozessen, die heute unter dem Begriff Burnout zusammengefaßt werden. Unter Burnout versteht man einen Prozeß oder Zustand seelischer Erschöpfung, der oft am Ende einer langanhaltenden Überforderung durch vielfältige Belastungen ohne angemessenes Korrektiv eintritt (Fengler 1996a). Das Burnout, Ausbrennen, manchmal auch Erschöpfungssyndrom genannt, ist in den letzten Jahren unter Helferinnen und Helfern ein geläufiger Terminus geworden. Es wird als schleichend beginnende oder abrupt einsetzende Erschöpfungserfahrung körperlicher, geistiger oder gefühlsmäßiger Art in Beruf, Freizeit, Freundeskreis, Partnerschaft und Familie beschrieben, oft verbunden mit Aversion, Ekel und Fluchtgedanken.

In Medizin und Therapie korreliert das Burnout unter anderem mit Überziehung der Arbeitspausen (Jones 1991), Überdruß und Arbeitsunzufriedenheit (Stout u. Williams 1983), Konsum von Beruhigungsmitteln sowie ungünstiger Gestaltung des Arbeitsplatzes (Cronin-Stubbs et al. 1985), geringer beruflicher Eigenständigkeit, Arbeitsdruck und Fehlen von Unterstützung durch die Vorgesetzten (Constable u. Russell 1986) sowie Zweifel an der Wirksamkeit der eigenen beruflichen Tätigkeit und mangelnder Unterstützung von seiten des Partners (Izraeli 1988).

Im physiologischen Streßkonzept des Kanadiers Hans Selye werden drei Phasen unterschieden: Alarmphase, Aktivierungsphase und Erschöpfungsphase. Was hier beschrieben wird, ist mit dem Burnout-Konzept recht gut kompatibel. Wie erwähnt, tritt Burnout unter anderem ein, wenn für eine langanhaltende Belastung weder Korrektur in der Außenwelt noch Ausgleich in der Innenwelt vorgenommen werden können. Das entspricht Selyes Beschreibung der Erschöpfungsphase recht gut. Das Streßkonzept eignet sich also dazu, für das Phänomen Burnout den physiologischen Rahmen zu bilden; das Konzept Burnout dagegen geht in der Differenzierung der seelischen Vorgänge und in der Planung von Maßnahmen über das Streßkonzept hinaus.

4. Etappen der Burnout-Entwicklung

Es ist immer wieder versucht worden, Etappen der Entwicklung hin zum Burnout zu beschreiben. Für mich selbst haben sich zehn Stufen als aussagekräftig erwiesen:

1) Die Helferin und der Helfer beginnen mit besonderem Idealismus, Enthusiasmus und Engagement ihre Arbeit.
2) Sie spüren nach einiger Zeit aber, daß sie überfordert sind und den Klienten nicht so zugewandt entgegenkommen, wie sie es selbst sich wünschen.
3) Darüber wird die Freundlichkeit den Klienten und Patienten gegenüber geringer und die Anstrengung größer.
4) Aufgrund des strengen Über-Ich empfindet der Helfer nun Schuldgefühle.

5) Er oder sie unternimmt vermehrte Anstrengungen, seine Arbeit rasch und effizient zu erledigen und zugleich besonders freundlich zu sein.
6) Dieses Unterfangen führt natürlich nicht zum Erfolg. Denn wir alle wissen: Wenn wir angestrengt arbeiten und angestrengt freundlich sein wollen, so wird daraus eben eine angestrengte, und keine fließende Arbeit und eine angestrengte Freundlichkeit, aber keine natürliche.
7) Der Helfer oder die Helferin bemerkt nun die eigene Hilflosigkeit, d. h., er oder sie macht die Erfahrung, nicht mehr Herr der Situation zu sein.
8) Er oder sie erlebt zum ersten Mal Hoffnungslosigkeit.
9) Er oder sie nimmt sich als erschöpft wahr, spürt Abneigung den Patienten gegenüber oder verfällt in Apathie. Die Arbeit erscheint ihm plötzlich wie ein Faß ohne Boden.
10) Schließlich kommt es zum Burnout mit den bekannten Symptomen: Selbstbeschuldigung, Flucht, Zynismus, Sarkasmus, psychosomatische Reaktionen, Fehlzeiten, unsinnige, große, spontane Geldausgaben, Unfälle, Dienst nach Vorschrift, Selbstmordversuche, hastige Liebschaften ohne Liebe, Scheidung, plötzliche, raptusartige Kündigungen, chronische Müdigkeit, Fluchtgedanken etwa der Art, nur noch Schafe auf dem spanischen Hochland zu züchten oder von Töpferkursen in der Toskana zu leben, eine schicke kleine Boutique in der Innenstadt eröffnen, Segeltörns um Jamaika zu machen oder in ein Tibetisches Kloster einzutreten.

Die Phasen folgen, wie dies in Prozeßmodellen üblich ist, nicht mit unausweichlicher Zwangsläufigkeit aufeinander. Mag sein, daß die Leserin und der Leser keine einzige davon oder mehrere gleichzeitig an sich erkennen. Vorstellbar ist auch eine Rückkehr zu einer früheren Stufe von jedem späteren Punkt aus. Jedoch fallen Umkehr und Neuorientierung nach meiner Erfahrung umso schwerer, je weiter fortgeschritten die Entwicklung ist, die zum Burnout hinzielt. Man kann regelrecht von einem Rutschbahneffekt sprechen. Das beginnende Burnout bleibt im übrigen den Kolleginnen und Kollegen in der Regel nicht verborgen, so daß eine entsprechende Ansprache oder Anfrage von diesen meist als sicheres Indiz dafür angesehen werden kann, daß ein Burnout droht.

5. Schlüsselerlebnisse zum Burnout

Viele Menschen haben irgendwann ein Schlüsselerlebnis, an dem sie erkennen, daß sie nun am Ende mit ihrer Kraft sind.

Eine Krankenschwester berichtete mir folgendes: Sie kam abends nach Hause und hörte, als sie die Tür öffnete, daß ihr Telefon klingelte. Sie hob dann ab und sagte: "Bonifatius-Krankenhaus, Gynäkologie und Geburtshilfe, Schwester Susanne, Station 4!" – in ihrer eigenen Wohnung. Da merkte sie, daß ihre berufliche Erschöpfung einen Endpunkt erreicht hatte.

Eine Psychotherapeutin hatte im Zuge eines 36-Stunden-Dienstes in der Klinik unter anderem aus Gutmütigkeit einen alkoholkranken Patienten aufgenommen. Dies hatte später zu einem langen Disput mit dem Oberarzt geführt. Als sie schließlich Anstalten machte, nach Hause aufzubrechen, total erschöpft, stand der Patient auf dem Gang und sagte vorwurfsvoll: "Ja, Sie haben es gut, Frau Doktor, Sie können nach Hause gehen, wann Sie wollen!" Da brach sie in Tränen aus und lief rasch zum Fahrstuhl.

Ein Psychotherapeut wollte am Freitagabend um 20.00 Uhr gerade seine Praxis verlassen, da rief ein Mann an und sagte: "Herr Doktor, ich brauche dringend eine Hypnose. Ich richte mich ganz nach Ihnen, also auch wenn es zehn oder elf Uhr wird. Sagen Sie mir einfach, wann Sie Zeit haben!" Da ließ der Arzt zwischen Lachen und Weinen den Telefonhörer sinken.

Ein Psychiater kam nach einer Woche mit ständig wechselnden Schichtdiensten nach Hause und merkte, als er seine Frau begrüßen wollte, daß er ihren Namen vergessen hatte;

ein anderer gab an, er habe am Telefon seinen eigenen Namen nicht mehr richtig buchstabieren können.

Ein Kollege fand am Morgen, als er in die Klinik fahren wollte, sein Auto nicht vor der Tür, entdeckte es aber etwas später vor einem Blumenladen, der einen Kilometer von seiner Wohnung entfernt lag. Er war dort offensichtlich am Abend ausgestiegen, hatte Blumen gekauft und den Rest des Weges zu Fuß in völliger Amnesie absolviert.

Ein anderer Kollege bemerkte den Grad seiner Erschöpfung, als er an einen Kollegen schrieb und den Brief mit dem Namen des Kollegen unterzeichnete.

Eine weitere Kollegin bemerkte ihre Erschöpfung daran, daß sie eine Patientin fragte: "Wie alt waren Ihre Kinder bei der Geburt?"

Das alles sind nur einerseits erheiternde Episoden aus dem Alltag. Sie weisen andererseits immer darauf hin, daß die Präsenz für das gegenwärtige Handeln gefährdet ist und verlorenzugehen droht.

6. Verleugnung und Abwehr

Alle diese Dinge sind also bekannt. Wenn ich in Seminaren zum Thema Burnout-Prophylaxe die Teilnehmerinnen und Teilnehmer bitte, eine eigene Burnout-Erfahrung niederzuschreiben, so tun sie dies ohne Zögern, und jedem fällt ein Augenblick ein, in dem er oder sie schon einmal gedacht hat: "Jetzt bin ich am Ende!" Gleichzeitig freilich gibt es eine auffällige Abwehr dem Thema gegenüber, über die es sich lohnt, nachzudenken. Auch hierzu einige Beispiele:

Am Ende eines Vortrags zum Thema Burnout vor einem großen Kreis von Ärzten und Pflegekräften sagte der einladende Klinikleiter: "Herzlichen Dank, Herr Fengler, daß Sie das alles einmal so schön übersichtlich dargestellt haben – für unsere Krankenschwestern!" Er selbst und seine ärztlichen Kollegen fühlten sich offenbar nicht angesprochen. Ganz dem entsprechend kamen zu einer Tagung, bei der das Thema Burnout eine wichtige Rolle spielte und das sich an Ärzte und Pflegepersonal wandte, 100 Krankenschwestern und fünf Ärzte. Die beiden veranstaltenden Klinikleiter waren dabei schon mitgezählt.

Ein Arzt sagte in einer Diskussion: "Schon der Begriff ist ja Quatsch: 'Ausgebrannt, ausgebrannt!' Da brennt ja gar nichts!" Aber an dem Begriff "Einschießen der Muttermilch in die Brust" nimmt er gewiß *nicht* Anstoß und denkt nicht an Schußverletzungen.

Ein anderer Arzt gibt sich als sehr interessiert zu erkennen und fragt: "Nach welcher Ziffer der GOÄ ist das denn als Heilbehandlung abzurechnen?" Er hat das Burnout als zusätzliche Diagnose für seine Patienten geortet.

Hier spielen gewiß Unverletzlichkeits- und Grandiositätsphantasien eine Rolle. Daß das Helfen auch eine solche Komponente hat, ist ja hinreichend bekannt. Ich will jetzt den Versuch unternehmen, das Burnout, soweit dies möglich ist, von anderen Phänomenen abzugrenzen.

7. Burnout und verwandte Phänomene des Alltags

Zunächst muß man feststellen: Das Burnout ist kein Syndrom, obwohl es in der Fachliteratur manchmal so bezeichnet wird, so wenig, wie das problematische Helfer-Verhalten ein "Helfer-Syndrom" ist. Es ist also keine Krankheits-Einheit, die mit einigermaßen einheitlichen Symptomen belegt werden kann, schon gar nicht im Sinne der ICD- und DSM-Klassifikation. Vielmehr sind sehr unterschiedliche und auch entgegengesetzte Anzeichen signifikant:

Täglicher Widerwille, zur Arbeit zu gehen; Gefühle des Versagens, des Ärgers und Widerwillens; Schuldgefühle und Gleichgültigkeit; Mutlosigkeit dem eigenen Erfolg gegenüber; Rückzug; tägliche Gefühle von Müdigkeit und Erschöpfung; häufiges Nach-der-Uhr-Sehen während der Therapiesitzungen und Konferenzen; große Müdigkeit vor und nach der Arbeit; Verlust von positiven Gefühlen den Patienten gegenüber; Verschieben von Therapiekontakten; Abneigung gegen Anrufe und Besuche von Patienten und Angehörigen; Unfähigkeit, sich auf Patienten zu konzentrieren und ihnen zuzuhören; Zunahme zynischer Kommentare den Krankheitsverläufen gegenüber; vermehrte Bereitschaft, Patienten für ihr Verhalten zu tadeln; Dienst nach Vorschrift; Schlafstörungen; Vermeiden von Arbeitsdiskussionen mit Kollegen; vermehrte Billigung von medikamentösen Behandlungen bei psychischen Störungen; häufige Erkältungen und Grippe; häufige Kopfschmerzen und Magen-Darm-Beschwerden; Rückzug auf starre Denk-, Erklärungs- und Verhaltensmuster; Mißtrauen; paranoide Vorstellungen; eigener Drogengebrauch; Ehe- und Familienprobleme; Fehlzeiten am Arbeitsplatz; unkontrollierte Gegenübertragungen; Freude über ausgefallene Sitzungen.

Es sind also sehr individuelle und auch höchst subjektive Erlebnisse, die beim Burnout im Vordergrund stehen. Der Begriff Burnout ist für mich da am leistungsfähigsten, wo er für diese Vielfalt als deskriptive Klammer steht.

Das Burnout kann von einer Reihe anderer Phänomene abgegrenzt werden:

– Es ist etwas anderes als das Erschöpftsein am Abend nach einem langen Arbeitstag.
– Es unterscheidet sich von einer passageren Mattigkeit bei Wetterumschwung.
– Es soll nicht verwechselt werden mit dem schweren Kopf und der Mißstimmung am Tag nach einer (etwa noch mit Alkohol) durchfeierten Nacht oder dem Tag nach einer Nacht, in der man schlafen wollte, aber seelisch zu unruhig dazu war oder wegen starker Schmerzen nicht schlafen konnte.

Burnout ist nicht das gleiche wie stimmungsmäßige Begleiterscheinungen des prämenstruellen Syndroms (PMS), die übrigens auch Männer erleben, und nicht das gleiche wie klimakterische Beschwerden, die übrigens ebenfalls auch Männer haben.

Vielmehr ist das Burnout etwas ganz Normales, Alltägliches, das dennoch Anlaß zu Sorge und Initiative ist. Die Alltäglichkeit des Burnout macht es vielleicht Helferinnen und Helfern leichter, auch im Alltag Maßnahmen zu ergreifen, die ihm entgegenwirken. Wer sich selbst nicht als betroffen und nicht als gefährdet betrachtet, ist in den nächsten Abschnitten dennoch eingeladen, sich diese Gedanken im Sinne einer Burnout-Prophylaxe für seine Mitarbeiter und Kollegen zu machen.

8. Burnout und Klinische Diagnosen

Es ist dienlich, das Burnout auch nach der anderen Seite hin abzugrenzen. Wir werfen einen Blick auf die DSM-Signierungen, die dem Burnout verwandt sind. Hier kommen folgende Klassifikationen in Betracht

290.21: Senile und präsenile Demenz mit Depression,
296.5x: Bipolare affektive Störung, depressiv,
296.2x: Major Depression, einzelne Episoden,
296.3x: Major Depression, rezidivierend,
301.13: Zyklothyme Störung,
300.40: Dysthymische Störung (oder depressive Neurose),
296.82: Atypische Depression.

Ferner sind einige Signierungen in Betracht zu ziehen, die nicht als Krankheiten betrachtet werden, sondern als V-Signierungen durch die Formulierung charakterisiert werden: "Verwandte Phänomene, die nicht behandelt werden müssen aber der weiteren Beobachtung bedürfen".

V68.20: Probleme im Beruf,
V62.82: Einfache Trauer,
V62.89: Probleme bestimmter Lebensphasen oder andere Lebensprobleme.

Von allen diesen Markierungen ist das Burnout abzugrenzen, wiewohl es natürlich Übergänge gibt. Ich möchte zwei Gründe für diese Abgrenzung geltend machen:

- Das Burnout ist seiner Qualität nach anders als diese Diagnosen. Oft ist nur ein Teilbereich betroffen; eine Urlaubszeit oder eine Umstellung in Lebensgewohnheiten wirkt manchmal Wunder.
- Ich lege Wert darauf, daß diejenigen, die vom Burnout betroffen sind, nicht psychiatrisiert werden. Wir wissen ja: Unsere Diagnosen entscheiden mit über unsere Beratungsstrategien und über die Fähigkeit der Patienten zur Mitarbeit. Daher halte ich es für förderlich, den Krankheitswert des Burnout niedrig anzusetzen. So zu verfahren, wie ich es tue, gibt auch den Betroffenen die Möglichkeit, sich ohne zu hohe Schamschwelle zu seiner Gefährdung zu bekennen und an der Behandlung aktiv mitzuwirken.

Ein Kollege hat mir allerdings freundlicherweise eine Reihe von Fällen mit Mehrfachdiagnostik mitgeteilt, unter anderem Burnout plus Depression, Burnout plus Eßstörung und Persönlichkeitsstörung, Burnout plus Partnerschaftskonflikt. Es ist gut, wenn in solchen Fällen das Burnout als eigenständige Kategorie neben den anderen Diagnosen bestehen bleiben kann und sichtbar wird.

9. Berufliche Deformation

Berufliche Deformation ist oft das Ergebnis einer langjährigen Burnout-Belastung. Die Person zieht sich gleichsam vom frischen Arbeitsleben zurück und verfällt in starre routinierte Muster von Verhalten, das sie ohne große Mühe aktivieren und abspulen kann. Wir alle kennen die stereotype Frömmigkeit von Pfarrern, die routinierte Vertrauensausstrahlung von Psychotherapeuten, die Pietät von Bestattungsunternehmern, das Kindeln und die Betulichkeit mancher Erzieherinnen, die schneidende Logik von Juristen usw.

Die berufliche Deformation umfaßt alle Schädigungen, Verformungen, Fehlentwicklungen, Abnutzungen, Verschleißerscheinungen, Erstarrungen, Fehlorientierungen, Entfremdungen, Realitäts- und Wahrheitsverluste sowie Verkennungen im Erleben, Verhalten und Denken, die im Laufe der Berufstätigkeit und in der Berufstätigkeit auftreten. Erste Wahrnehmungen der beruflichen Deformation erfolgen oft zunächst durch Partner, Freunde, Kollegen und Klienten. Sie nehmen Helferinnen und Helfer als einseitig wahr, erkennen sie in bestimmten Auffassungen und Formulierungen erstarrt und sehen ihre zunehmende Unbeweglichkeit und Festgefahrenheit. Oder der Helfer selbst merkt, daß ihm irgend etwas abhanden gekommen ist, was früher schön, wichtig, selbstverständlich oder aufregend war, z.B. die Angst in einer neuen Gruppe, die später einer Erleichterung wich, oder die frühere Verlegenheit beim Aushandeln des Honorars, die später in Routine übergeht. Das Gegenteil von beruflicher Deformation können wir mit Frische, Lebendigkeit, Präsenz, lebendigem gegenwärtigen Bezug zu Menschen, Themen und Vorgängen umschreiben. Diese Lebendigkeit ist bei fortschreitendem Burnout gefährdet.

10. Mehrdimensionale Burnoutprophylaxe

Wie die Belastung multifaktoriell verstanden werden muß, können auch geeignete Maßnahmen auf unterschiedlichen Ebenen ansetzen. Die folgende Zusammenstellung enthält Hinweise in den Bereichen Person, Partnerschaft, Patienten und Klienten, Team und Institution. Sie ist im Laufe meiner langjährigen Beschäftigung mit Fragen der Helferbelastung entstanden, ist in Supervisionen und Beratungen immer wieder diskutiert worden und hat sich bewährt (Fengler 1994; 1996a; 1996b).

Alltägliche Lebensgestaltung: Es ist wichtig, daß Therapeuten und Therapeutinnen möglichst regelmäßig ihren beruflichen und privaten Alltag betrachten und sich fragen, wie die Belastung zu mildern ist.

Gedanken-Stop: Es ist sinnvoll, fruchtlos kreisende Gedanken abzuweisen und sich per Selbstinstruktion mit guten Bildern und Gedanken zu versorgen.

Tagesresümee: Am Ende des Tages soll die Selbstmitteilung stehen: "Damit soll es nun für heute genug sein!"

Selbstbelohnung: Helferinnen und Helfer sollten sich nicht scheuen, regelmäßig innezuhalten und sich selbst etwas Gutes zu tun.

Selbstverantwortete Sinnstiftung: Diese kann aus Familie, Religion oder einem Arbeitskonzept herrühren, von dessen Qualität der Therapeut überzeugt ist.

Flow-Erlebnisse: Erfahrungen vollständigen Hingegebenseins, in denen die Unterscheidung zwischen selbst und Umwelt und zwischen Vergangenheit, Gegenwart und Zukunft, ja sogar die zwischen verschiedenen Sinnesgebieten aufgehoben ist.

Lektüre: Es ist hier an Fachbücher zu denken, aber auch an Texte, die beim Lesen spontan Gefühle von Ruhe, Frieden, Heiterkeit, Gelassenheit oder Hoffnung wecken. Manche Menschen werden in der Lektüre ausgewählter Bibelstellen Trost und Kraft finden.

Einsamkeit und Natur: Einsamkeit und Natur sind zwei Chancen der Begegnung mit sich selbst und zugleich mit einem Raum, in dem wir manchmal eine Erfahrung von Geborgenheit machen.

Regulierung der Nähe: Dies betrifft Wohnort, offene oder geschlossene Tür des Arbeitszimmers, Abfolge und Länge der täglichen Gespräche, aber auch den Grad der Identifikation mit jedem Patientenschicksal.

Soziale Unterstützung: Zu einer Entlastung der Ärzte und des Pflegepersonals kann der Kontakt mit Kolleginnen und Kollegen sowie mit Personen aus dem privaten Lebenskreis beitragen, mit denen man ein Netzwerk wechselseitiger sozialer Unterstützung knüpft.

Feedback: Eine wichtige wechselseitige Unterstützung besteht in einem klaren Feedback aus Partnerschaft, Familie, Freundeskreis, von Patienten und unter Kollegen.

Entwicklung von Solidarität: Das Sprechen über Themen und Probleme, die rangunabhängig alle erleben, kann zur Erfahrung der Entlastung führen.

Bildung kleinerer Einheiten: Wenn es gelingt, personell Untergliederungen zu schaffen, erzielt man oft mit kleinen Maßnahmen große Wirkungen. So ist etwa bei der Etablierung der sogenannten "Bezugstherapeuten" verfahren worden.

Räumliches Zusammenrücken: Es bewahrheitet sich hier die These "small is beautiful" das heißt, es gibt eine optimale Größe von Funktionseinheiten, die nicht mit der vordergründig zweckmäßigsten identisch ist.

Pflege einer Gesprächskultur: Bei vielen kleinen, informellen Kontakten, die leicht der Rationalisierung bei der Gestaltung der Arbeitsplätze zum Opfer fallen, wird von betrieblichen Dingen gesprochen, die auf keine andere Weise geklärt und bereinigt werden können.

Wechselseitige Praktikumstage: Es ist nützlich, die Arbeit anderer Betriebseinheiten selbst einmal auszuführen und die eigene Arbeit aus der Perspektive der anderen zu betrachten.

Unterstützungssitzungen: Wiederkehrende Gespräche im Team, in denen es um die Frage geht: Wie kann ich dem Kollegen und der Kollegin das Leben leichter machen?

Verpflichtung in der Vorgesetztenfunktion: Vorgesetzte sind, was die Kommunikationskultur angeht, unweigerlich Vorbilder ihrer Mitarbeiter und finden im Guten wie im Schlechten Nachahmer.

Variabilität in Arbeitszeit und Gehalt: Teilzeitarbeitsplätze tragen dazu bei, daß eine Überlastung von Mitarbeiterinnen und Mitarbeitern seltener auftritt.

Supervision: Ich empfehle Kolleginnen und Kollegen, die eine Supervision etablieren wollen, sieben Kriterien zu beherzigen:
– Die Supervision soll von der Institution bezahlt werden.
– Sie findet während der Arbeitszeit statt.
– Sie umfaßt maximal 10 Personen.
– Sie findet räumlich außerhalb der Institution statt.
– Sie umfaßt einen halben Tag pro Monat.
– Der Supervisor oder die Supervisorin wird von den Supervisanden selbst gewählt.
– Jedes Thema, das einen Bezug zur Arbeit hat, ist willkommen.

Coaching: Manche Vorgesetzte bevorzugen für sich das Coaching, also das regelmäßige Gespräch mit einem Fachmann unter vier Augen.

Moderation: Das regelmäßige Teamgespräch über alle aktuellen, liegengebliebenen und entscheidungsbedürftigen Themen.

Intergruppen-Verhandlung: Wenn zwischen verschiedenen Abteilungen oder Stationen das Gespräch zum Erliegen gekommen ist, so empfiehlt sich oft eine sogenannte Intergruppen-Verhandlung zwischen den Abteilungen, Stationen oder Gruppen.

Systemberatung: Darunter verstehe ich Beratung, Prozeßbegleitung und Unterstützung von Einrichtungen sowie Abteilungen und Untergliederungen derselben bei allen Fragen ihres institutionellen Handelns.

Für alle diese Maßnahmen gibt es unterschiedliche Indikationen, Gelegenheiten und Anlässe, die wohlbedacht sein wollen. Es gibt aber in der Regel keinen Grund, *nichts* von alledem zu unternehmen. Daß von Seiten der Institution manches Wünschenswerte unterlassen wird, muß die unmittelbaren Vorgesetzten nicht zur Untätigkeit verurteilen. Selbst wenn er oder sie sich selbst als nicht burnout-gefährdet betrachtet, und das ist bei manchen besonders tatkräftigen und energiegeladenen Vorgesetzten der Fall, lohnt es sich doch, daß er oder sie für die Psychohygiene der Mitarbeiter für seinen Bereich einmal folgende Empfehlungen prüft und beherzigt:

- Werben Sie Ehrenamtliche an, wenn Ihre Institution dies zuläßt.
- Studieren Sie die Belastbarkeit neuer Mitarbeiter während der Probezeit.
- Geben Sie Mitarbeitern Gelegenheit, mehrere Arbeitsschwerpunkte zu bilden.
- Reduzieren Sie die Arbeitszeit der Mitarbeiter, beispielsweise durch Pflichtpausen zwischen Gesprächen, durch gemeinsamen Arbeitsbeginn im Teamgespräch und einen gemeinsamen Ausklang.
- Geben Sie Gelegenheit zu häufigen kürzeren Ferienzeiten. Regen Sie selbst dazu an, beispielsweise durch Ihr eigenes Arbeits- und Ferienverhalten.
- Sprechen Sie im Team über Erschöpfungsvorgänge.
- Geben Sie Raum für die Teilnahme an Fortbildungsmaßnahmen.
- Fördern Sie die Einstellung von Teilzeitkräften. Unterstützen Sie Mitarbeiter, wenn diese Teilzeittätigkeiten anstreben.
- Regen Sie körperliche Betätigung der Mitarbeiter an (Sport, Joggen u. a.) und machen Sie selbst dabei mit (aus Fengler 1996a).

11. Seminare und Programme zur Prävention des Burnout

Es gibt mittlerweile eine ganze Reihe von Seminaren und Trainingsmaßnahmen, die dem Burnout entgegenwirken, meist von einer Dauer von ein bis drei Tagen. Als Element kommen in solchen Seminaren regelmäßig vor:

- Identifikation und Beeinflussung von Streßquellen in der Person und in ihrem Arbeitskontext,
- Frühzeitige Wahrnehmung der eigenen Belastungsreaktionen,
- Entwicklung geeigneter Bewältigungsstrategien,
- Präventive Beseitigung kumulativer Belastungsbedingungen,
- Soziale Unterstützung (Fengler 1996a).

Aufgrund unserer psychotherapeutischen Ausbildung wissen wir über alle Belastungen und über alle Möglichkeiten der Burnout-Prophylaxe eigentlich gut Bescheid. Es scheint, daß wir von diesem Wissen oft nicht konsequent genug Gebrauch machen oder daß wir das Thema, was die eigene Person angeht, nicht wichtig genug nehmen. Wenn jede Leserin und jeder Leser heute damit beginnt, eine einzige der hier genannten Initiativen zu ergreifen, bezüglich der eigenen Person, im Team, als Vorgesetzte oder Vorgesetzter, den Patienten gegenüber oder in der Klinik, wird es ihm und ihr vermutlich bald ein wenig besser gehen, und Angehörige, Patienten und Mitarbeiter werden es ihm oder ihr danken.

Literatur

Constable, J. F., Russell, D. W. (1986): The effect of social support and the work environment upon burn-out among nurses. Journal of Human Stress 12, (1), 20–26

Cronin-Stubbs, D., Brophy, E. B. (1985): Burn-out: Can social support save the psychiatric nurse? Journal of Psychosocial Nursing & Mental Health Services 23, (7), 8–13

Enzmann, D., Kleiber, D. (1989): Helfer-Leiden. Asanger, Heidelberg

Fengler, J. (1986): Von der Einzelberatung zur Systemberatung – Etappen meines Lernprozesses in der Arbeit mit Institutionen der psychosozialen Versorgung. Zeitschrift der Gesellschaft für Organisations-Entwicklung e. V. 5 (4), 33–44

Fengler, J. (1994): Süchtige und Tüchtige. Begegnung und Arbeit mit Abhängigen. Pfeiffer, München

Fengler, J. (1996a): Helfen macht müde. Zur Analyse und Bewältigung von Burnout und beruflicher Deformation. 4. Aufl. Pfeiffer, München

Fengler, J. (1996b): Konkurrenz und Kooperation in Gruppe, Team und Partnerschaft. Pfeiffer, München
Green, R. C., Carroll, G. J., Buxton, W. D. (1976): Drug addiction among physicians: The Virginia experience. Journal of the American Medical Association 236, (12), 1372–1375
Harris, B. A. (1986): Not enough is enough: The physician who is dependent on alcohol and other drugs. New York Journal of Medicine 86, (1), 2–3
Izraeli, D. N. (1988): Burning out in medicine: A comparison of husbands and wives in dual-career couples. Journal of Social Behavior and Personality 3, (4), 329–346. Special issue: Work and family: Theory, research and applications
Jones, J. W. (1981): Dishonesty, burn-out and unauthorized work break extensions. Personality and Social Psychology 7, (3), 406–409
Reimer, Ch., Freisfeld, A. (1984): Einstellungen und emotionale Reaktionen von Ärzten gegenüber Alkoholikern. Therapiewoche 34, (22), 3514–3520
Roy, A. (1985): Suicide in doctors. Psychiatric Clinics of North America 8, (2), 377–387
Stout, J. K., Williams, J. M. (1983): Comparison of two measures of burn-out. Psychological Reports 53, (1), 283–289

SABINE HERPERTZ
Psychodynamik und Therapie selbstverletzenden Verhaltens

Psychodynamic and Therapy of Self-Injurious Behavior

From the view of anthropology and developmental psychology self-injuries can be looked upon as a phylogenetically-based behavior. The own body becomes a target to articulate traumatic interpersonal experiences, but it also helps to cope with painful tension and to reestablish an integrated feeling of the self. Beside its autodestructive nature self-injuries-behavior is always an inadequate attempt of self-help which tries to cope with overwhelming, unregulated affects. The typical biography of patients with self-injurious behavior reflects a deficit of validation by trustful parent persons, a permanent overstimulation by a chaotic, violent family atmosphere and a break-down of the understanding of the self and the surrounding world hindering the development of a stable identity. Consequences for psychotherapy are discussed.

Aus anthropologischer und entwicklungspsychologischer Sicht ist die Verletzung des eigenen Körpers eine phylogenetisch verwurzelte Verhaltensmöglichkeit des Menschen. Der eigene Leib als berührter und berührender Körper wird zum Artikulationsfeld von traumatisierenden Beziehungserfahrungen, ermöglicht aber auch die Bewältigung quälender Spannungszustände und dient der Vergewisserung der eigenen Identität. Neben dem autodestruktiven Charakter ist in selbstverletzendem Verhalten immer auch der Versuch der Selbsthilfe im Dienste der Bewältigung von unverstandenen, nicht steuerbaren Affekten erkennbar. Anhand der Beziehungsgeschichte betroffener Patienten und Patientinnen wird ein Mangel an Spiegelung und Validierung durch verläßliche Bezugspersonen, eine ständige Reizüberflutung durch eine chaotische, häufig gewalttätige Familienatmosphäre sowie nachhaltige Erschütterungen des Selbst- und Weltverständnisses offenkundig, die die Ausbildung einer stabilen Identität behindern. Schlußfolgerungen für die psychotherapeutische Behandlung werden vorgestellt.

Die Verletzung des eigenen Körpers ist dem Menschen nicht fremd. Sie findet sich mit Beginn der Menschheit in vielen Formen kulturell akzeptierter Riten, die z. T. heute noch praktiziert werden und gerade in neuerer Zeit in Jugendgruppen wieder aufblühen. Typische religiöse Mutilationspraktiken sind die der "heiligen Asketen", der Flagellanten und Fakire. Für die Flagellanten des Mittelalters bedeutete die Beschädigung des eigenen Körpers die Öffnung oder sogar die symbolträchtige Eröffnung des Körpers für die Seele. Die öffentliche Selbstgeißelung war ein Bußakt, mit dem für die ganze soziale Gemeinschaft Befreiung von Not und Pest erbeten wurde. Amerikanische Jugendliche, die sich selbst gerne als die "modern primitives" bezeichnen, versuchen, das ekstatische Erlebnis indianischer Selbstverstümmelungsriten nachzuempfinden, wenn sie den O-Kee-Pa-Ritus der Sioux-Indianer im Sonnentanz simulieren. Zum Höhepunkt einer solchen Zeremonie werden die tapfersten Tänzer mit Brusthaken aufgehängt, um der Sonne als dem Symbol des Göttlichen nahe zu sein. Zentrale Triebfeder ist hier das Erfülltsein von körperlichem Leiden, um zu vertiefter Selbstbewußtheit und Selbsterkenntnis und auf diesem Weg zur Befreiung von weltlichem Schmerz zu kommen.

Kulturell verwurzelte Selbstverletzungen übernehmen nicht nur intrapsychische Funktionen, sondern dienen der Identitätsbildung durch das Anzeigen von Gruppenzugehörigkeit. Solche Zeichen der Initiation und der Symbolisierung von Gruppenzugehörigkeit sind besonders Skarifizierungs- bzw. Narbentechniken, wie man sie bei verschiedenen afrikanischen Stämmen findet. Es fällt die Ähnlichkeit mit den Skarifizierungen heutiger Jugendlicher auf, die sich hiervon das Ablegen kindlicher Schwäche und erhöhte Selbstbewußtheit versprechen. Bei den Jugendlichen ist das Piercing, das Durchstechen und Beringen des Ohres und inzwischen fast aller Körperteile zunächst einmal Körperschmuck und Ausdruck eines kollektiven ästhetischen Empfindens der Heranwachsenden. Es verkörpert darüber hinaus in eindrücklicher Weise die adoleszente Thematik, indem es für Gruppenzugehörigkeit nach innen wie auch Protestpotential nach außen steht.

Gerade in unserer modernen Gesellschaft, die dem gesunden, schönen und makellosen Körper eine besondere Verehrung zukommen läßt, stellen Selbstverletzungen eine Tabuverletzung dar, die Signalcharakter trägt. Wenn jugendliche Piercer in einer Sendung des Westdeutschen Rundfunks 1992 zu diesem Thema äußern "Piercing öffnet dich total bis alles freiliegt. Dann kannst du genau sehen, was da ist und wer du bist", dann sind ihre Selbstbeschädigungen nicht mehr nur provokativer Abgrenzungswunsch. Hier sind vielmehr fließende Übergänge zu den hilfesuchenden jungen Menschen zu erkennen, die sich mit Gefühlen der Identitätsunsicherheit und des tiefen Verletztseins an den Psychotherapeuten wenden.

Zitate betroffener Patientinnen

Eine 21jährige Patientin: "Die Selbstverletzungen, das ist ein Ventil für mich, ich muß etwas rauslassen, ich bin völlig angespannt, weiß mit der Spannung nicht ein noch aus."

Eine 18jährige Patientin, die sich durch eine Beziehungsgestaltung mit Zügen hoher Abhängigkeit auszeichnete: "Ich will mit meinen Selbstverletzungen Kontrolle ausüben; es liegt alleine in meiner Hand, wieviel Schmerz ich mir zufüge. Dieser Schmerz ist nicht so grenzenlos wie der Schmerz und das Leid durch andere." Sie bezeichnete das Muster, das ihre Schnittverletzungen auf ihrem Arm bildeten, als Zaun. "Der Zaun setzt eine Grenze, da geht es nicht weiter, über den Zaun kann ich nicht rübersehen."

Eine 25jährige Patientin schilderte: "Ich verletze mich immer dann, wenn ich das Gefühl habe, etwas nicht aushalten zu können. Das ist insbesondere dann, wenn ich mich nicht wehren kann. Ich habe häufig in zwischenmenschlichen Situationen das Gefühl, mich nicht zur Wehr setzen zu können, ohnmächtig anderen ausgeliefert zu sein. Es passiert dann, daß ich mich weit weg von mir selber fühle, auch meine Haut nicht mehr spüre. Mein Körper ist dann so schwer wie Blei, kraftlos, ich spüre ein taubes Gefühl, als ob alles einschläft – ich bin dann so leer. Durch die Selbstverletzung fühle ich mich wieder ganz da."

Eine 30jährige Patientin mit schwersten Selbstverletzungen seit der Kindheit nach längerer Psychotherapie: "Die Selbstverletzungen, das bin ich, sie haben mir in den einsamsten Situationen geholfen, sie haben mich überleben lassen, sie habe ich mir von niemandem nehmen lassen. Meine Eltern haben sie ignoriert, heute zeige ich sie mit Stolz und prüfe, ob ein Mensch wirklich mich sehen will."

Phänomenologische Analyse von Selbstverletzungsverhalten

Den Berichten betroffener Patienten und Patientinnen*, die sich auf insgesamt 69 Frauen und 10 Männer beziehen, ist zu entnehmen, daß der Ablauf einer Selbstbeschädigung ein typisches Muster aufweist (Herpertz 1995b). Der Selbstverletzung gehen gewöhnlich belastende zwischenmenschliche Erlebnisse voraus, die vitale Bedürfnisse nach Bindung oder Autonomie bedrohen. Während die erste Selbstverletzungshandlung fast regelmäßig im Anschluß an eine subjektiv schwerwiegend erlebte zwischenmenschliche Konfliktsituation auftritt, wird sie schließlich zu einer sich generalisierenden Antwort auf intra- und interpersonelle Spannungen (Favazza u. Simeon 1995). Der der Selbstverletzung vorausgehende affektive Zustand kann am ehesten als dysphorische Verstimmung von überwältigendem Charakter bezeichnet werden. Das psychopathologische Merkmal "Dysphorie" (Berner et al. 1987) erscheint am ehesten passend, weil es eine morose, geladene und leicht eskalierende Befindlichkeit meint, die ein hohes Maß an Wut, Verzweiflung, Angst, Hilf- und Hoffnungslosigkeit enthält. Es finden sich Rache- und Bestrafungswünsche gegen andere sowie Furcht vor eigener Aggression, Schuld und Schamgefühle. Die Verstimmung wird als unerträglich geschildert und schließlich nur noch als ein diffuser Spannungszustand wahrgenommen. Jener mündet typischerweise in dissoziative Erlebnisweisen wie Leere- und Benommenheitsgefühle, Depersonalisations- und Derealisationsphänomene oder auch Trancezustände ein. Das Schmerzempfinden ist regelhaft herabgesetzt oder aufgehoben.

Die Selbstverletzungshandlung, insbesondere wenn es sich um Schnittverletzungen handelt, trägt häufig rituelle Züge. So schilderten viele Patientinnen, daß der Ablauf des Selbstverletzungsaktes in allen Einzelheiten immer identisch sei. Der selbstverletzende Akt ist ich-synton, führt zur raschen Entlastung, Spannungsminderung, einem Sich-geistig-wieder-klarer-Fühlen sowie zur Hebung der Stimmungslage und des Selbstwertgefühls. Die prompte spannungslösende Wirkung begünstigt die starke Chronifizierungstendenz, wohl auch im Sinne einer negativen Verstärkung. In eindrucksvoller Weise hat die auslösende Situation plötzlich keine Bedeutung mehr. Nach einigen Minuten stellt sich der Schmerz ein und im Schmerz wird die Erfahrung des eigenen Körpers wieder ganz präsent. Später treten dann z.T. auch Gefühle von Schuld, Scham und Trauer auf.

Ichfunktionsdefizite bei Patientinnen mit selbstverletzendem Verhalten

Selbstverletzungen haben also Selbsthilfefunktion (Ross u. McKay 1979; Walsh u. Rosen 1988; Herpertz 1995a), indem sie der Bewältigung quälender, nicht steuerbarer, qualitativ undifferenzierter Affekterlebnisse dienen, die als diffuse Spannungs- oder Erregungszustände geschildert werden. Sie treten bei Menschen auf, die nicht lernen konnten, ihre Gefühle zu regulieren, d.h. die Qualität und Intensität ihrer affektiven Antworten in Übereinstimmung mit inneren und äußeren Bedingungen wahrzunehmen und zu benennen. Bei Patientinnen mit Selbstverlet-

---

* Wegen des deutlichen Überwiegens des weiblichen Geschlechts in klinischen Populationen von sich selbstverletzenden Patienten wird im weiteren der Einfachheit halber von Patientinnen gesprochen.

zungsverhalten finden sich also Defizite der Affektregulation, des Aushaltens negativer Affekte im allgemeinen und des Angstaffektes im besonderen und damit typische Merkmale ich-struktureller Schwäche. Neben intensiven, meist unvermittelt andrängenden Affekterregungen, die schon im Zusammenhang mit niedrigschwelligen Reizen bzw. Stressoren auftreten, werden Zustände quälender innerer Leere berichtet, die sich abrupt mit den intensiven Affekterlebnissen abwechseln und oft Anlaß geben zur Reizsuche, zum rastlosen Jagen nach Spannung und Erregung und im Sinne eines Teufelskreises bald in zwischenmenschliche Konfliktsituationen hineinführen, die dann die Quelle neuer Affekterregungen darstellen. Wie lassen sich diese Besonderheiten der Affektivität, die eng mit der Verletzung des eigenen Körpers assoziiert sind, aus der Beziehungsgeschichte dieser Patientinnen erklären?

Entwicklung von Selbst und Körper-Selbst

Zunächst einige Ausführungen zur Entwicklung von Selbst und Körper-Selbst: Erste Körpererfahrungen, die der Säugling in Erkundungen über Nahrungsaufnahme, Ausscheidungsfunktionen, Spiel mit den eigenen Gliedmaßen macht, sind wechselnde Zustände von Spannung und Entspannung. Sie sind eng verbunden mit dem Angewiesen-Sein auf ein mütterliches Objekt, das diese Körperzustände versteht und entsprechend adäquat reagiert. Die Mutter beschert dem Säugling durch ihre Art der Berührung und Versorgung lustvolle Erfahrungen seines Körpers und Entlastung von Unlust. Erste Objekterfahrung und erste Körpererfahrung greifen somit in der Ausbildung des Körper-Selbst und des Selbstkonzeptes überhaupt wechselseitig ineinander.

Die Erlebniswelt des Säuglings ist nach modernen Erkenntnissen aus der Säuglingsbeobachtung nicht auf das Erleben von Lust und Unlust beschränkt, sondern schließt von Anfang an die Wahrnehmung distinkter Affekte mit ein (Köhler 1990). Deshalb tragen früheste Interaktionen zwischen Mutter und Kind, die die emotionalen Äußerungen des Kindes im Sinne Sterns (1985) "affect attunement" aufnehmen und wiedergeben bereits dazu bei, daß der junge Mensch lernt, seine Affekte in der Spiegelung durch seine frühen Objekte als Teil von ihm wahrzunehmen. Hier können schon erste Regulierungsprozesse gelernt werden, indem die Eltern durch ihre Antworten auf das kindliche Spiel die Intensität dessen Gefühlsausdrücke und Aktionen stimulieren oder abschwächen und auf diese Weise adaptive Regulationsprozesse bahnen (Resch 1996). Eine adäquate Affektbewältigung wird im weiteren auf dem Wege von Imitation, z.B. mimischer Ausdrucksbewegungen der Eltern, und Identifikation gelernt. Mit dem Spracherwerb weitet sich die kognitive Interpretation emotionaler Stimuli aus, motorische Reaktionen auf Reize werden durch eigenes Sprechen reguliert, schließlich erhalten Selbstinstruktionen eine wichtige gefühls- und handlungsregulierende Funktion. Die adäquate Validierung und Spiegelung der Gefühle durch die primären Bezugspersonen tragen somit in erheblichem Maße zur Ausbildung des Selbstkonzeptes des heranwachsenden Kindes bei, das immer mehr im Sinne der notwendigen Desomatisierung (Schur 1974) von differenzierten Affektzuständen und weniger von der Körpererfahrung bestimmt wird.

In Hinblick auf das Symptom Selbstverletzungen, das sich fast immer im Sinne des Schneidens, des Brennens oder tiefen Kratzens auf die Beschädigung der Haut bezieht, sei auf die spezifische Bedeutung des Körperorgans Haut hingewiesen, weil es sich quasi auf der Grenze zwischen Selbst und umgebender Welt befindet. Als Objekt unserer Tastempfindung wird die Haut als etwas Äußeres wahrgenommen und bestätigt gleichzeitig als fühlendes Subjekt, daß wir lebendig sind. Die Haut hat "Containing"-Funktion (Löwenberg 1996), sie dient der Begrenzung des eigenen Körpers, bietet Schutz vor Gefahren und hält schädliche Einflüsse ab. Gleichzeitig stellt sie aber auch über die Tastempfindung bzw. Berührung einerseits, des Berührt-Werdens andererseits den Kontakt zur umgebenden Objektwelt her. So bietet sich also die selbstbeschädigte Haut in besonderer Weise als Symbolträger für eine mißlungene Regulierung von Nähe und Distanz an.

Beziehungsgeschichte von Patientinnen mit selbstverletzendem Verhalten

Hält man sich nun typische Beziehungserfahrungen sich selbstverletzender Patientinnen vor Augen, so wird schnell deutlich, daß die für die adäquate Ausbildung von reifen Ichfunktionen und insbesondere eine gelungene Affektregulierung notwendigen Beziehungserfahrungen nicht zur Verfügung standen. Die Lebensgeschichte von Patientinnen mit selbstverletzendem Verhalten zeichnet sich fast immer durch schwerwiegende reale Traumata aus. Häufig finden sich psychische Erkrankungen bei den Eltern, besonders Alkohol- und Medikamentenabhängigkeit, aber auch organische, schizophrene und affektive Psychosen. Die frühen Bezugspersonen verfügen häufig selbst nicht über eine hinreichende Fähigkeit zur Affektbewältigung und Impulskontrolle. Die Familieninteraktionen sind unberechenbar, chaotisch, oft feindselig und gewalttätig. Oft mußten die Patientinnen Versorgungsaufgaben für die psychisch kranken Eltern erfüllen oder für alleinstehende Elternteile Partnerfunktionen übernehmen. Neben der Befriedigung narzißtischer Wünsche der Eltern wurden die Patienten als Kinder häufig auch für deren sexuelle Bedürfnisse mißbraucht. Nach Angaben aus der Literatur ist die Häufigkeit sexuellen Mißbrauchs bei 60 bis 75 % der Patientinnen anzunehmen (Ogata et al. 1990; van der Kolk et al. 1991).

Von Linehan (1993) wird das familiäre Umfeld dieser Patientinnen als invalidierend bezeichnet, d.h., es werden ständig heftige, das Kind überfordernde Emotionen erzeugt, die situationsadäquaten Wahrnehmungen und emotionalen Reaktionen des Kindes aber mißachtet, verzerrt und bestraft. Das Kind stößt immer wieder auf unberechenbare Reaktionen seiner Eltern, die entweder übermäßig stark auf seine Emotionen reagieren oder aber sie verleugnen. Die Emotionen auslösenden Ursachen werden ebenfalls ignoriert, so daß sich eine wachsende Diskrepanz zwischen Erfahrungen und Bestätigungen durch die Umwelt entwickelt. Folge sind neben einer mangelhaften Affektregulation die Ungewißheit, ob sie sich auf ihre Gefühle als Ausdruck gültiger Ereignisinterpretationen verlassen können (Linehan 1993), also eine Ungewißheit über das eigene Selbst, die eigene Selbstidentität und schließlich eine tiefgehende Beeinträchtigung der Kommunikations- und Beziehungsfähigkeit. Ein weiteres Dilemma dieser Patientinnen ist, daß sie unfähig zur Selbststeuerung sich als in hohem Maße von äußeren Objekten abhängig erleben.

Sie bilden Coping-Mechanismen aus, der ständigen Reizüberflutung selbstschützend zu begegnen: Typische Bewältigungsversuche sind eine Schwellenerhöhung für affektives Reagieren – wahrscheinlich auf dem Wege der Habituierung – die Reduktion der kognitiven Wahrnehmung des inneren affektiven Erlebens (beides führt zu einem Zustand innerer Leere), eine Aktivierung von neuen, nicht situationsadäquaten Affektqualitäten (Bohus u. Berger 1996) – die man auch als Deckaffekte bezeichnen könnte – Spannungsübersprünge im Agieren und dissoziative Reaktionen.

Selbstverletzungen als Selbstschutz

Die Dissoziation von Selbst und Körper-Selbst ist zunächst einmal regressive Abwehr im Dienste des Selbstschutzes. Sie führt aber schließlich zu einer Auflösung des gewohnten Gefühls der eigenen Integrität und wird damit bedrohlich. Selbstverletzungen haben hier die Funktion, solche Unwirklichkeits- und Entfremdungsgefühle zu beenden. Der an die Stelle des unerträglichen seelischen Schmerzes tretende abgespaltene Körperschmerz, der von den Patientinnen in seiner Schmerzintensität gar nicht wahrgenommen wird, führt also gleichzeitig zur Reintegration. Die Schilderungen vieler Patientinnen während selbstverletzender Handlungen haben große Ähnlichkeit mit denen Verunfallter, die im Schockzustand ihre körperlichen Schmerzen und ihr vitales Bedroht-Sein abwehren. So wird die häufig außerordentlich angstlösend und entspannend erlebte Wirkung von Selbstverletzungen verständlich. Ein in einem etwas anderen Zusammenhang gegebenes Zitat Blankenburgs (1982) erscheint mir hier sehr passend: "Das scheinbare genüßliche Behagen, das manche Patienten dabei ausstrahlen, darf nicht darüber hinwegtäuschen, daß diese intensive Zuwendung zum eigenen Ich und zum eigenen Leib einer elementaren Not entspringt und wohl überwiegend autoprotektiven Funktionen dienen soll: als ein letzter Versuch, den drohenden Zerfall des Ichs auf der Leib-Ebene aufzuhalten." Selbstverletzungshandlungen können in dieser Perspektive als Schutz vor Desintegration des Ichs verstanden werden (Walsh u. Rosen 1988; Hirsch 1989).

Wie auch aus einem der anfangs gegebenen Zitate zu ersehen ist, darf nicht die Funktion von Selbstverletzungsverhalten als narzißtisches Regulativ übersehen werden (Sachsse 1994). Dies ist sicherlich bei Patientinnen bedeutsam, die sich selbst immer wieder als zutiefst unwert erleben und bezeichnen. Ihre Schmerzunempfindlichkeit oder Schmerztoleranz ist oft das einzige, worauf sie wirklich stolz sind. Die Patientinnen, die sich sehr abhängig von ihren Bezugspersonen empfinden, die praktisch unfähig sind, auch nur wenige Stunden Allein-Sein zu ertragen, ziehen aus der Selbstverletzungshandlung ein Gefühl der Autarkie, des Unabhängig-Seins von bedrohlich erlebten realen versorgenden Objekten. So kann die eigene Haut immer mehr an die Stelle der Objektwelt treten, "der Leib wird zum Partner" (Blankenburg 1983). Kafka spricht in diesem Zusammenhang von dem Versuch, im eigenen Körper ein Übergangsobjekt zu erschaffen (Kafka 1969; Hirsch 1989). Die Haut als Übergangsobjekt wird wütend verunstaltet und bestraft und trägt gleichzeitig "Züge eines tröstenden, besänftigenden Mutterintrojektes" (Hirsch 1989), wenn das Blut "warm und wohltuend" – so in den Worten einer Patientin – den Arm herunterläuft.

Selbstverletzungsverhalten weist auch eine hohe interaktionelle Potenz auf, die in therapeutischen Settings besonders wirksam wird. Seine kommunikative Aussage ist häufig ein Abbild des innerpsychischen Ambivalenzkonfliktes zwischen Abgrenzung und Öffnung, zwischen Wünschen nach Nähe und Distanz. Scharfetter (1984) spricht in diesem Zusammenhang von dem "zwischen Hilflosigkeit und symbiotischer Abhängigkeit einerseits, Autonomie und Machtstreben andererseits widersprüchlichen Eigenen", das "agierend in den Anderen projiziert wird".

Bezüge zur Posttraumatischen Belastungsstörung

Die Symptomatik von Selbstverletzungspatientinnen erinnert in manchen Aspekten an die Posttraumatische Belastungsstörung, die bei Erwachsenen nach traumatischen Stressoren auftreten kann. Das psychische Trauma stellt in besonderer Weise eine Reizüberflutung dar, wird es doch nach einem Zitat von Fischer und Riedesser (1996) als ein "vitales Diskrepanzerlebnis zwischen bedrohlichen Situationsfaktoren und individuellen Bewältigungsmöglichkeiten definiert, das mit Gefühlen von Hilflosigkeit und schutzloser Preisgabe einhergeht und so eine dauerhafte Erschütterung von Selbst- und Weltverständnis bewirkt". Als ein besonders schweres Trauma ist das Erlebnis des sexuellen Mißbrauchs anzusehen, da die sexuelle Selbstbestimmung zum Kernbereich eines intakten Selbstgefühls mit seinen Möglichkeiten der Abgrenzung von und der Öffnung zum anderen gehört. Hier sind besonders Dissoziationstendenzen ein häufig zu beobachtender Versuch, schon in der Mißbrauchssituation imaginativ aus dem eigenen geschädigten Körper herauszutreten und dem Geschehen quasi von außen zuzuschauen. Zu dieser Art des Selbstschutzes wird dann auch in anderen bedrohlichen Situationen Zuflucht genommen, bis er schließlich zum Hindernis für adäquate Beziehungserfahrungen wird. Auch bei erwachsenen Traumaopfern findet sich eine Konfusion in elementaren Unterscheidungskriterien wie Selbst/Anderer, freundlich/feindlich, vertraut/fremd, gut/böse (Fischer u. Gurris 1996, 483), also Spaltungsvorgänge. Eine Steigerung der Konfusion ist zu erwarten, wenn der Täter zugleich Bindungsfigur für das Opfer ist. Die traumatische Bindung an den Täter bzw. die Identifizierung mit dem Angreifer folgt aus dem verzweifelten Bedürfnis, eine Art von Sinn und Ordnung im Selbst- bzw. Weltverständnis wiederherzustellen. Der Preis dieser "kognitiven Selbstmanipulation" (Fischer u. Gurris 1996, 484) ist die fortbestehende emotionale Bindung an den Täter und die Neigung zu Selbstentwertung und Selbstanklage, was immer wieder die Gefahr der Retraumatisierung birgt. Geschieht der sexuelle Mißbrauch in der eigenen Familie, so ist das ganze Familiensystem bedroht und dem Kind ist es meist nicht möglich, sich an vertraute Menschen zu wenden, einer der wichtigsten Bewältigungsmöglichkeiten von Traumata.

Traumatische Ereignisse haben die Tendenz, im Erleben immer wieder reaktualisiert zu werden, zum Teil anhand retraumatisierender Beziehungserfahrungen, nicht selten aber auch anhand recht unspezifischer Situationsfaktoren. Hier kommt dem beim Kind ganz vorherrschenden Arbeitsmodus des episodischen Gedächtnisses eine erklärende Bedeutung zu: Seine Organisation ist zeitlich, am Erleben orientiert und gibt Wahrnehmungen, Stimmungen und Affekte wieder, speziell in der Interaktion mit anderen. Im Laufe der frühkindlichen Entwicklung bilden sich aus einzelnen Episoden generalisierte Episoden heraus, die durch neue Ereignisse laufend verändert werden. Auf diese Weise bildet sich eine abstrakte Erinnerungsstruktur als Grundeinheit von Selbst- und Objekt-Repräsentanzen (Köhler 1990). So wird erklärbar, daß durch unspezifische Ereignisse, die inhaltlich in keinem Zusammenhang mit dem biographischen Ereignis stehen, komplexe Erinnerungen einschließlich ihrer begleitenden Affekte erzeugt werden.

Therapie selbstverletzenden Verhaltens

Die folgenden therapeutischen Erfahrungen wurden überwiegend in der stationären Behandlung von Patientinnen mit selbstverletzendem Verhalten gewonnen (Herpertz 1999). Die Prognose hängt in entscheidendem Maße davon ab, ob eine vertrauenbildende, tragfähige und verläßliche therapeutische Beziehung etabliert werden kann, die verstehende und schützende Nähe erlaubt und gleichzeitig klare Grenzen setzt und eine notwendige Distanz wahrt. Aufgrund der Schwere und besonders der irreversiblen Folgen des Symptoms wird in unserem therapeutischen Setting das autodestruktive Verhalten von Anfang an zum Fokus der Therapie. Die grundlegende Haltung gegenüber den Selbstverletzungen ist Verstehen, aber nicht Akzeptanz. Im Rahmen eines Behandlungsvertrages wird festgelegt, wann das Ausmaß an selbstschädigendem Verhalten die Therapie verunmöglicht; eine Behandelbarkeit, ohne daß die Selbstverletzungen zumindestens angedeutet ichdyston erlebt werden, erscheint wenig erfolgversprechend. Häufig ist es deshalb ein erster Behandlungsschritt, daß die Patientin erkennt, daß die zunehmende Zerstörung und Verunstaltung ihres Körpers es immer schwieriger macht, "den eigenen Körper einmal als Selbstanteil anzunehmen" (Sachsse 1989).

In der Therapieplanung sind grob zwei Behandlungsphasen zu unterscheiden: Die erste Phase zielt auf eine Verbesserung der Ichfunktionen ab, die den Rahmen schafft für die Bearbeitung von traumatisierenden Beziehungserfahrungen. Dabei liegt der Anspruch einer auf drei bis vier Monate begrenzten stationären Therapie nicht auf einer tiefgreifenden Strukturveränderung, sondern auf einer kognitiven Vermittlung von Fertigkeiten im Umgang mit heftigen Affekten und selbstschädigenden Handlungsimpulsen. Sie stellen sozusagen das Rüstzeug zur Verhinderung krisenhafter Zuspitzungen dar, die ansonsten bei der emotionalen Wiederbelebung früherer Beziehungserfahrungen immer wieder drohen.

Hier werden die zur Selbstschädigung führenden typischen Situationen und zwischenmenschlichen Konfliktlagen gemeinsam mit der Patientin aufgedeckt. Dabei wird die Kette der Ereignisse und insbesondere die reziproke Interaktionen zwischen Umwelt und Patientin kognitiv genau nachvollzogen und die begleitenden, meist nur diffus wahrgenommenen Gefühle und seelischen Spannungen hin zu differenzierteren, sprachlich faßbaren Affekten verändert. Spaltungen in aktuellen Beziehungserfahrungen mit abrupten Wechseln zwischen Idealisierug und Entwertung werden durch Bezugnahme auf frühere Einschätzungen der Patientin und Anregung rationalen Überprüfens von vermeintlichen Beziehungserfahrungen zusammengeführt. Hier liegt ein Schwergewicht darauf, die meistens realistischen, wenn auch sehr empfindsamen Wahrnehmungen zwischenmenschlicher Ereignisse zu bestätigen, die Patientin aber auch mit den z.T. extremen Interpretationen zu konfrontieren. Im Sinne des Bionschen Konzeptes des Containings bewahrt der Therapeut anstelle der Patientin deren heftige, oft nur kurz aufscheinende Affekterlebnisse oder Gedächtnisspuren, ordnet und versteht sie, um sie dann als Antwort zurückzugeben (Bion 1962). Das Wissen um typische gefährdende situative Konstellationen erleichtert es, den mehr oder weniger gewohnheitsmäßigen Ablauf frühzeitig zu erkennen und seine vermeintlich unaufhaltsame Zuspitzung zu unterbrechen. Für den Umgang mit heftigen Affekten und konsekutiven Selbstverletzungsimpulsen werden konkrete und schriftlich niedergelegte Maßnahmen der Ablenkung, der Selbstberuhigung und der alternativen Spannungsabfuhr herausgearbeitet und geübt.

In der zweiten Behandlungsphase werden zunehmend biographische Bezüge deutlich werden, die die verzerrte Wahrnehmung und Interpretation von Beziehungserfahrungen als notwendige Anpassung an spezifische Entwicklungs- bzw. Sozialisationsbedingungen verstehen lassen. Die Bearbeitung biographischer Erfahrungen und traumatischer Erlebnisse, wie sie in der Erinnerung, aber auch erlebnisnäher anhand der Gestaltung der Übertragungsbeziehung zutage treten, erfolgt wenig regressionsfördernd. Das gelingt durch aktives Nachfragen, Konfrontation, Klärung und einen zurückhaltenden Umgang mit Deutungen unbewußten Erlebnismaterials. Ziel ist nicht eine intensive affektive Wiederbelebung traumatischer Erfahrungen zum vermeintlichen Zwecke der Katharsis, vielmehr geht es um die Einsicht in Zusammenhänge zwischen aktuellen konflikthaften Beziehungen und biographischen Erfahrungen sowie um das Nachempfinden der kindlichen Notsituation und deren verzweifelten und gleichzeitig kreativen Lösungsversuchen. Dies hat häufig eine Entlastung von quälenden Schuldgefühlen und Selbstzweifeln zur Folge. Gleichzeitig aber stellen sich Gefühle tiefer Traurigkeit, bedrohlicher Enttäuschungswut und ängstlicher Verlorenheit ein, die den Ausgangspunkt notwendiger Trauerarbeit bilden. In dieser Trauerarbeit braucht die Patientin intensive therapeutische Unterstützung, die Therapeuten nicht selten an die Grenze eigener Möglichkeiten bringt, um schließlich auf Verleugnung einerseits sowie Eintauchen in eine permanente Krise andererseits (Linehan 1993) verzichten zu können. Die adäquate Einschätzung von lebensgeschichtlichen Belastungen und ihren Auswirkungen auf die zwischenmenschliche Beziehungsgestaltung tragen dazu bei, daß gegenwärtige Beziehungserfahrungen von früheren unterschieden und unzulängliche Abwehrmechanismen in ihrer stabilisierenden Funktion im biographischen Kontext, aber auch in ihrer gegenwärtigen Unangepaßtheit erkannt werden.

Schluß

Die zentrale therapeutische Aufgabe bei Patientinnen mit selbstverletzendem Verhalten liegt in der Begleitung und Hilfestellung auf dem Weg, differenzierte Empfindungen fühlen, einordnen und verbalisieren zu können und auf diese Weise dazu beizutragen, daß das eigene Selbst nicht mehr nur in der schmerzhaften Körpererfahrung erlebbar wird.

"Wenn kein Mensch zu Hause ist, schneidet sie sich absichtlich in ihr eigenes Fleisch. Sie wartet immer schon lange auf den Augenblick, da sie sich unbeobachtet zerschneiden kann.

Kaum verhallt die Türklinke, wird schon die väterliche Allzweck-Klinge, ihr kleiner Talisman, hervorgeholt ... Erfahrung hat sie mittlerweile darin, daß so ein Schnitt mittels Klinge nicht schmerzt, denn ihre Arme, Hände, Beine mußten oft als Versuchsobjekte herhalten. Ihr Hobby ist das Schneiden am eigenen Körper ... Sie ist sich selbst ganz ausgesetzt, was immer noch besser ist, als anderen ausgesetzt zu sein. Sie hat es in der Hand, und eine Hand hat auch Gefühle. Sie weiß genau, wie oft und wie tief ... Dann ein roter, gleichmäßig und beruhigend rinnender Strom, als sich die einzelnen Rinnsale vereinigen. Sie sieht ja nicht vor lauter Blut, was sie da eigentlich aufgeschnitten hat. Es war ihr eigener Körper, doch er ist ihr fürchterlich fremd ..."

Auszug aus: Elfriede Jellinek (1991) "Die Klavierspielerin"

Literatur

Berner, P., Musalek, M., Walter, H. (1987): Psychopathological concepts of dysphoria. Psychopathology 20, 93–100
Blankenburg, W. (1982): Körper und Leib in der Psychiatrie. Schweizer Archiv für Neurologie, Neurochirurgie und Psychiatrie 131, 13–39
Blankenburg, W. (1983): Der Leib als Partner. Psychotherapie, Medizinische Psychologie 33, 206–212
Bohus, M., Berger, M. (1996): Die Dialektisch-Behaviorale Psychotherapie nach M. Linehan. Ein neues Konzept zur Behandlung von Borderline-Persönlichkeitsstörungen. Nervenarzt 11, 911–923
Favazza, A. R., Simeon, D. (1995): Self-mutilation. In Hollander, E., Stein, D. (Eds.): Impulsivity and aggression. pp 185–200. John Wiley, Chichester
Fischer, G., Gurris, N. F. (1996): Grenzverletzungen: Folter und sexuelle Traumatisierung. In Senf, W., Broda, M. (Hrsg.): Praxis der Psychotherapie. S. 479–484. Thieme, Stuttgart/New York
Fischer, G., Riedesser, P. (1996): Allgemeine und spezielle Psychotraumatologie. Ullstein, München
Herpertz, S. (1995a): Phänomenologie, Genese und Psychodynamik selbstverletzenden Verhaltens. Fundamenta Psychiatrica 9, 115–124
Herpertz, S. (1995b): Self-injurious behavior: Psychopathological and nosological characteristics in subtypes of self-injurious. Acta Psychiatrica Scandinavica 91, 57–68
Herpertz, S. (1999): Schulenübergreifende Psychotherapie der Borderline-Persönlichkeitsstörung. In Saß, H., Herpertz, S. (Hrsg.): Psychotherapie der Persönlichkeitsstörungen. Thieme, Stuttgart/New York, S. 116–132
Hirsch, M. (1989): Der eigene Körper als Übergangsobjekt. In Hirsch, M. (Hrsg.): Der eigene Körper als Objekt. Zur Psychodynamik selbstdestruktiven Körperagierens. S. 9–32. Springer, Berlin/Heidelberg/New York
Jellinek, E. (1991): Die Klavierspielerin. rororo, Reinbek
Kafka, J. S. (1969): The body as transistional object: A psycho-analytic study of a self-mutilating patient. British Journal of Medical Psychology 42, 207–212
Köhler, L. (1990): Neuere Ergebnisse der Kleinkindforschung. Forum der Psychoanalyse 6, 32–51
Linehan, M. M. (1993): Cognitive-behavioural treatment of borderline personality disorder. The Guilford Press, New York
Löwenberg, H. (1996): Hauterkrankungen. In Senf, W., Broda, M. (Hrsg.): Praxis der Psychotherapie. S. 429–433. Thieme, Stuttgart/New York
Ogata, S. N., Silk, K. R. et al. (1990): Childhood sexual and physical abuse in adult patients with borderline personality disorder. American Journal of Psychiatry 147, 1008–1013
Resch, F. (1996): Entwicklungspsychopathologie des Kindes- und Jugendalters. Psychologie Verlags Union, Weinheim
Ross, R. R., McKay, H. B. (1979): Self-Mutilation. Lexington Books, Lexington/Toronto

Sachsse, U. (1989): "Blut tut gut": Genese, Psychodynamik und Psychotherapie offener Selbstbeschädigungen der Haut. In Hirsch, M. (Hrsg.): Der eigene Körper als Objekt. Zur Psychodynamik selbstdestruktiven Körperagierens. S. 94–117. Springer, Berlin/Heidelberg/New York

Sachsse, U. (1994): Selbstverletzendes Verhalten. Psychodynamik – Psychotherapie. Vandenhoeck & Ruprecht, Göttingen

Scharfetter, C. (1984): Automanipulation von Krankheit. Selbstinduzierte, aggravierte, simulierte Krankheit und die Automutilation. Schweizerische Medizinische Wochenschrift 114, 1142–1149

Schur, M. (1974): Zur Metapsychologie der Somatisierung. In Brede, K. (Hrsg.): Einführung in die psychosomatische Medizin. S. 335–395. Fischer, Frankfurt/M.

Stern, D. (1985): The interpersonal world of the infant. Basic Books, New York

van der Kolk, B. A., Perry, J. C., Herman, J. L. (1991): Childhood origins of self-destructive behavior. American Journal of Psychiatry 148, 1665–1671

Walsh, B. W., Rosen, P. M. (1988): Self-mutilation – Theory, research, and treatment. The Guilford Press, New York/London

KLAUS OHM
Der Zwischenmensch
Recherchen an den Grenzen der Gegenübertragung

The Intermediate Man

Investigations at the Borders of Counter-Transference

In the beginnings of psychoanalysis counter-transference (as well as transference) was more an annoying obstacle on the way to truth. Counter-transference spoiled the natural scientific concept. Psychoanalysis was confronted practically and theoretically with an immense problem. Preferably the phenomen counter-transference would have been passed over in silence. This however would have been contradictory to the claim for truth of the young discipline. Around 1950 the counter-transference discussion rose from its long sleep and took a fast development. An instrumental counter-transference concept was soon followed by an interactional or transactionel. The healing effect of dialogue gained importance and with it the question regarding a criterion for the truth of interpretations. Where can this criterion be localised if both protagonists of the therapeutic dialogue are entangled in the happenings?

In den Anfängen der Psychoanalyse war die Gegenübertragung (wie die Übertragung) ein mehr ärgerliches Hindernis auf dem Weg zur Wahrheit. Gegenübertragung verdarb das naturwissenschaftliche Konzept. Die Psychoanalyse stand praktisch wie theoretisch vor einem immensen Problem. Am liebsten hätte man das Phänomen Gegenübertragung totgeschwiegen. Das wiederum hätte sich mit dem Wahrhaftigkeitsanspruch der jungen Wissenschaft nicht vertragen. Um 1950 erwachte die Gegenübertragungsdiskussion so aus ihrem Dornröschenschlaf und nahm eine geradezu rasante Entwicklung. Einem instrumentellen Gegenübertragungskonzept folgte bald ein interaktionelles oder transaktionales. Die heilende Wirkung des Dialogs gewann an Bedeutung. Mit ihr die Frage nach einem Kriterium für die wahrheit von Deutungen. Wo kann dieses Kriterium sein, wenn beide Protagonisten des therapeutischen Dialogs ins Geschehen verstrickt sind?

> Nicht das Verstehen bildet das Zusammenspiel,
> sondern die Wirklichkeit des szenischen Zusammenspiels
> konstituiert das Verstehen.
> Alfred Lorenzer

Woher wissen Sie eigentlich – wurde Herr O. von einer Art inneren Stimme gefragt – daß eine Deutung, die Sie einem Patienten mitteilen, richtig oder gar wahr ist? Sie sind doch selbst in den therapeutischen Dialog verwickelt, und wer Partei ist, kann keine Wahrheit vertreten.

Ich habe meine Theorie, antwortete Herr O. Die existiert auch unabhängig von mir. Von der lasse ich mich leiten. Ihr bin auch ich verpflichtet.

Ihre Theorie, entgegnete die Stimme, ist eine "Hilfskonstruktion", keine Wahrheit. Das habe ich von ihrem Erfinder. Ihre Theorie ist eine Art Brille. Sie verändert das, was Sie spontan zwischen sich und ihren Patienten wahrnehmen. Meine Frage ist, ob nicht die Differenz zwischen Ihrer unmittelbaren Wahrnehmung und Ihrer Theorie identisch mit der Entfernung der Deutung von der Wahrheit ist.

Sie reden von der Gegenübertragung, seufzte Herr O. Darüber ist viel nachgedacht worden. Geben Sie mir ein wenig Zeit für meine Antwort.

Mit dem Bedürfnis, sich durch die Sichtung der gängigen Literatur seiner Antwort noch einmal zu vergewissern, machte sich Herr O. ans Werk. Seine Stimme sollte ihm dabei eine treue Begleiterin bleiben. Ihm fielen – historisch betrachtet – drei Konzepte der Gegenübertragung auf, die sich bei fortschreitender Lektüre jedoch immer mehr nicht nur als Historie, sondern auch als gegenwärtige Perspektiven auf das Thema entpuppten. Perspektiven, die Psychotherapeuten – nahm er an – jeden Tag im bunten Wechsel – freundlich ausgedrückt – intuitiv einnehmen. Er nannte diese Konzepte für sich: 1. Der arme Analytiker. 2. Der Analytiker: halb Instrument, halb Rolle. 3. Lebendige Beziehung und das archimedische Problem. Ein vierter Abschnitt wurde unumgänglich. Er nannte ihn 4. Auf dem Prüfstand: der exzentrische Punkt. Und damit schnell zum Abschnitt 1:

Der arme Analytiker

Die Diskussion der Gegenübertragung wies am Anfang – nicht nur leichte – phobische Züge auf. Recht eigentlich war das Thema – zumindest als Gegenstand wissenschaftlicher Erörterung – tabu. War da doch der Fall Breuer. Wir wissen von Freud, daß sich hinter der Fassade von dessen (Breuers) beruflicher Beziehung zur wohl berühmtesten aller analytischen Patientinnen Anna O., eine romantisch getönte Liebesbeziehung entwickelt hatte. Breuers Beziehung zu seiner Familie wurde gespannt, er fühlte sich im Kollegenkreis isoliert und seine ärztliche Praxis schien gefährdet (Stierlin 1978, 18f). Breuer fand eine vergleichsweise anständige Lösung für dieses Problem: Er floh mitsamt seiner Gegenübertragung und seiner Frau nach Venedig, wo man ein paar Wochen gemeinsamen Urlaubs verlebte. Erholt von dieser Erfahrung hat er sich nicht: Nie wieder behandelte er Patienten mit psychischen Problemen. Anna O. verbrachte mehrere Monate in einem Sanatorium, wo sie versuchte, mit ihrem plötzlichen Verlassensein fertig zu werden.

Wir kennen auch Freuds Brief, den er am 31. Dezember 1911 an Jung schrieb. Der Fall C. gab ihm den Anlaß (wobei C. für Spielrein steht und der Fall eigentlich J. und C. und F. heißen sollte). Dieser Fall war nun nicht mehr als peinlicher Ausrutscher abzutun, wenngleich Freuds Brief so klingt, als ob er (Freud) das gern getan hätte. Dieser Brief behandelt neben allen Denkwürdigkeiten, die sonst noch darin vorkommen, die Notwendigkeit, sich mit der Gegenübertragung auseinanderzusetzen. Es wurde höchste Zeit.

"Die C. hat mir von Ihnen und Pfister allerlei erzählt, wenn man dieses Andeuteln erzählen heißen kann, woraus ich schließe, daß Sie beide noch nicht die nötige Kühle in der Praxis erworben haben, sich noch einsetzen und von der eigenen Person viel hergeben, um dafür Entgegnung zu verlangen. Darf ich, würdiger, alter Meister mahnen, daß man eher unzugänglich bleiben und auf den Empfang bestehen soll? Lassen wir uns nie von den armen Neurotikern verrückt machen. Der Aufsatz über die Gegenübertragung, der mir notwendig erscheint, dürfte allerdings nicht gedruckt werden, sondern müßte unter uns in Abschriften zirkulieren" (Freud 1974, 526f).

Der konspirative Charakter dieses Unternehmens kam zum einen dadurch zustande, daß deutlich geworden war, welchen Gefahren ein tiefes zwischenmenschliches Verstehen ausgesetzt war. Es waren bei Breuer wie auch bei Jung seelische Kräfte, Leidenschaften, Begierden entfesselt worden, die für sie nicht mehr zu bändigen waren. Daß eine Psychoanalyse Traumatisierungen ihrer Patientinnen produzieren konnte, durfte keinesfalls in die öffentliche Diskussion kommen. Zum anderen hatte die wissenschaftliche Welt doch gerade begonnen, Leben mit Messen, Wiegen und Zählen in den Griff zu bekommen. Objektive Daten waren gefragt. Und an diesem Anspruch hatte sich die Psychoanalyse zu messen. Die Gegenübertragung verdarb das naturwissenschaftliche Konzept.

Vor diesem Hintergrund warnte Freud nun ausdrücklich vor den Gefahren der Gegenübertragung, riet, sie "in sich zu erkennen und zu bewältigen", bzw. sie "niederzuhalten" (Freud 1975, 126 u. 224). Dadurch würde sich ihr Einfluß sicher minimieren lassen.

Sie war – das ließ sich ja nun nicht verbergen – eine neurotische Reaktion des Analytikers (eine Störung seiner "Receiver-Haltung"), die allerdings dadurch mildernde Umstände erfuhr, daß sie durch die Übertragung der "armen Neurotiker" induziert war. Diese wollten nuneinmal das Spiel nicht mitmachen, daß Patient und TherapeutIn zwei monadische Wesenheiten darstellen sollten. Wobei der einen Monade zugestanden (und von ihr erwartet) wurde, daß sie objektiv beobachtete, analytisch frei waltete und schaltete, während die andere nur das analytische Material beizubringen hatte.

Die Übertragung galt seinerzeit als ein "Irrtum in der Zeit", als eine "falsche Verknüpfung", als eine sich wiederholende Fehlwahrnehmung, die die Betreffenden im Verlauf der Behandlung einsehen und durch eine realitätsangemessene Sichtweise ersetzen sollten.

So wollte es jedenfalls, meldete sich an dieser Stelle Herrn O.s Stimme mit ironisierendem Unterton zurück, die analytische Theorie und der hippokratische Eid. Was hätte Breuer denn idealerweise tun sollen? Er hätte sich wie ein "Spiegel", wie ein "Chirurg", frei von "antwortenden" Beziehungsphantasien und -wünschen halten sollen, antwortete Herr O. Wäre ihm das gelungen,

"hätte er die Übertragung seiner Patientin als das Unrealistische, das Anachronistische, sich Wiederholende identifizieren können. Er hätte seine Patientin durchaus ermuntert, ihre Beziehungswünsche wahrzunehmen und zu äußern und ihr dadurch geholfen, daß er sie seiner Neutralität versicherte. Nach und nach hätte er sie verstehen lassen, daß sie sich in (ihrer Übertragungsphantasie, d. R.) faktisch irrte, und daß es an der Zeit wäre, ihren Wunsch zurückzunehmen ... Wäre die Behandlung zu einem guten Ergebnis gekommen, müßte man ihren Erfolg im Lichte des *defensiv-objektivierenden* Konzeptes damit erklären, daß die Patientin das Kontrafaktische ihrer Übertragung eingesehen und ihren Beziehungswunsch angesichts ihres Irrtums ("falsche Verknüpfung") aufgegeben hätte" (Körner 1990, 97).

Die Stimme: Bitte für mich noch etwas konkreter.

Herr O.: Vielleicht wäre es gut gewesen, der Anna zu sagen:

Sie übertragen die Liebe auf mich, die eigentlich Ihrem sterbenden Vater gilt. Sie können den Schmerz über seinen Tod, die Endgültigkeit des Abschieds gar nicht anders ertragen.

Vielleicht hat er das ja auch gesagt. Ich stelle mir Breuer als einen sehr einfühlsamen, weichen Menschen vor. Als er mit fortschreitender Dauer der Therapie nach dem Tod des Vaters merkte, daß Anna ihre Liebesgefühle nicht zurücknehmen konnte, hätte er, dem damaligen Stand der Theorie entsprechend, z.B. deuten können: Ihre Phantasien tragen die Spuren Ihrer Kindheit. Sie stellen sich die Liebe zu mir vor, wie sich eine Tochter die Liebe zu ihrem Vater denken mag. Und Sie stellen sich vor, daß ich Ihnen Ihre Wünsche wie ein Vater erfülle. Sie haben in Ihrem Erleben die familiären Verhältnisse wiederhergestellt. Die wollen Sie anscheinend nicht verlassen.

In diesem Fall hätte ein Therapeut auch keine Mühe mit der Richtigkeit seiner Deutung. Sie beruhte auf seiner Neurose- und Behandlungstheorie und wäre von seinem Erleben nicht "kontaminiert".

Nicht kontaminiert, warf die Stimme dazwischen, das erinnert mich an Morgenstern: "Und so schloß Palmström messerscharf, daß nicht sein kann, was nicht sein darf".

Kein Grund zur Ironie, konterte Herr O. Man suchte damals nach dem – nennen wir es – "Vergangenheits"-Unbewußten (Sandler u. Sandler, nach Ermann 1992,304), den infantilen Phantasien. Man wollte die *Entstehung* der Neurose rekonstruieren. Man suchte ja gar nicht nach dem, was sich aktuell zwischen PatientIn und Therapeut unbewußt ereignete. Eine solche Deutung war schon legitim. Darüber hinaus war es schon damals eine Tatsache, daß sich nicht jeder Therapeut in seine Patientinnen verliebte, selbst wenn die noch so sehr versuchten, ihn zu verführen. Ein Therapeut ist doch nicht zwangsweise von solchen Gefühlen berührt.

Die Stimme zeigte sich wenig beeindruckt: Selbst wenn das Erleben von Breuer und das Verhalten von Jung nur "unangemessene" Reaktionen waren, die eigentlich nicht zum Verfahren gehören: sie können sich in ihren Sitzungen doch nicht in einen Stein verwandeln.

Etwas unwirsch erwiderte Herr O.: Sie wollten ja wissen, woher ich weiß, daß meine Deutungen richtig oder wahr sind, wenn ich selbst Partei bin. Und meine erste Antwort heißt: Ich habe nicht Partei zu sein. Und wenn mir das gelingt, kann ich mein Gegenüber objektiv wahrnehmen – zumindest objektiver, oder besser: neutraler.

Nach welcher Formulierung er auch griff, Herrn O. war unbehaglich zumute. Er hoffte auf Erlösung durch Fortsetzung seiner Lektüre. Kapitel zwei:

Der Analytiker: halb Instrument, halb Rolle

Die Theorie von den zwei Monaden im therapeutischen Prozeß war auf Dauer nicht zu halten. Paula Heimann (1996) wird es zugeschrieben, diese Betrachtungsweise durchbrochen zu haben – nachdem vor ihr allerdings schon verschiedene AnalytikerInnen (Stern 1924; Rank 1929; Hann-Kende 1933; Ferenczi 1939; Reik u. Searles 1948; alle nach Gysling 1995) versucht hatten, die Gegenübertragungstheorie aus ihrer neurotischen Verdrängung zu befreien. Hatte doch Freud selbst schon 1912 dafür plädiert, daß "die Therapie auf dem Schlachtfeld der Übertragung zu siegen habe" (Freud 1975,167). Da fragte sich denn nicht nur der unbefangene Leser – wer ist denn das, "die Therapie"?: Nennen Sie Roß und Reiter, Sigmund Freud! Was Freud nicht mehr so recht in Angriff nehmen wollte oder konnte, vollbrachte Paula Heimann. In ihrer Arbeit "On Counter-Transference" (1950) beruhigt sie sowohl AusbildungskandidatInnen als auch KollegInnen mit der mißverständlichen These, daß die Gegenübertragung ja eine Schöpfung der Patienten sei. Inhaltlich vertritt sie umso unmißverständlicher die These, daß das Unbewußte der Analytiker eine intensive Beziehung mit dem der Patienten eingehe. Damit avancierte die Gegenübertragung zu einem Instrument der Erkenntnis. Ab jetzt war sie die nicht-neurotische innere Antwort des Analytikers auf die Übertragung seiner Patienten. Das "Gegenwarts-Unbewußte" (Sandler u. Sandler, nach Ermann 1992, 304) geriet in den Focus der Betrachtung. Der Analytiker stellte sich nun bewußt als Projektionsfläche für die Übertragungen seiner Patienten zur Verfügung. Diese projizierten ihre Objekte, Teilobjekte oder Strukturanteile auf ihn. Und der Analytiker hatte die schwierige Aufgabe, die ihm vom Patienten zugedachte Rolle zu übernehmen, sie als "konkordante" oder "komplementäre" Identifikation (Racker) zu verstehen und seine Gegenübertragung als Information über die inneren Konflikte seiner Patienten zu verwenden. Das bedeutet, daß die Patienten an der Abstinenz des Analytikers "scheitern", ihre Beziehungsphantasien korrigieren und sie an die Beziehungsrealität anpassen sollten. Damit wäre die Gegenübertragungsphantasie des Analytikers neutralisiert. Wir haben die Zeit der Zwei-Personen-Psychologie erreicht.

Hier meldete sich wieder Herrn O.s Stimme: Wie würde ein Breuer (oder ein XY) verfahren, wenn er dieses *instrumentelle* Gegenübertragungskonzept zur Verfügung hätte?

Herr O.: Auch hier hätte die Patientin versuchen dürfen, ihren Beziehungswunsch durchzusetzen. Der Analytiker hätte sich "antwortende" Gefühle, Gedanken und Handlungstendenzen erlaubt, um die Übertragung zu "verkosten" (Loch 1965) – ohne jedoch den Wunsch der Patientin zu erfüllen. Angesichts der Neutralität des Analytikers hätte sich die Patientin verstärkt um die Erfüllung ihres Wunsches bemüht …

Glauben Sie wirklich?, zweifelte die Stimme.

Natürlich, antwortete Herr O.,

"und hätte eine entsprechend intensivere Gegenübertragungs'reaktion' hervorgerufen. Vielleicht hätte sich der Analytiker sehr viel Mühe geben müssen, dem Beziehungswunsch seiner Patientin zu widerstehen. Dann hätte er geglaubt, daß eben dies seine Aufgabe sei und wäre bereit gewesen, die Rolle der Steuerung oder Begrenzung zu übernehmen" (Körner 1990, 97f).

Die Stimme: Und ganz konkret?

Herr O.: Er hätte z. B. deuten können: Sie wünschen sich, daß ich mich in Sie verliebe. Und dann vielleicht: Sie scheinen viel Wert daraus zu beziehen, daß Sie von einem Mann geliebt werden, der Ihnen größer, bedeutender, stärker erscheint, als Sie sich selbst erleben. Oder (je nach der inneren Situation der Betreffenden): Sie möchten, daß ich mich in Sie verliebe. Dann müßten Sie sich nicht mehr so ausgeliefert fühlen. Oder: Einerseits wünschen Sie sich, ich möge mich in Sie verlieben, andererseits programmieren Sie die Enttäuschung vor. Wichtig wäre, daß das Gegenwarts-Unbewußte gedeutet wird.

Die Stimme: Was wäre in dieser Konzeption therapeutisch wirksam gewesen?

"Nicht die Einsicht der Patientin in das "Kontrafaktische" ihrer Übertragung, sondern die Wahrnehmung einer Dissonanz zwischen ihrer Beziehungsphantasie einerseits und ihrer realen Erfahrung in der therapeutischen Situation andererseits" (Körner 1990, 97f),

erwiderte Herr O. Diese Dissonanz hält die Patientin u. U. nur schwer aus. Wenn die Beziehung zwischen beiden jedoch tragfähig ist, ist genau diese Dissonanz ein starkes therapeutisches Agens, weil jeder Patient (und jeder Mensch) mit seinen lebenswichtigen Bezugspersonen im Einklang leben möchte. Deshalb wird es die Patientin auf sich nehmen, diesen Widerspruch dadurch zu lösen, daß *sie* sich ändert und das nicht vom *Therapeuten* verlangen.

Die Stimme ließ nicht locker: Gehen Sie in diesem Konzept wirklich schon von *zwei* Menschen aus? Ihre Frau Heimann richtet ihre Aufmerksamkeit doch sehr einseitig auf die Patientin. Für mich bleibt der Beitrag des Therapeuten auch hier sehr weitgehend im Dunkeln. Zweitens: Wie kann Ihr Therapeut zwischen "nur antwortenden" und "eigenen" Gefühlen unterscheiden? Zudem scheint er sich in diesem Konzept, drittens, zu halbieren. Salopp gesagt, könnte ich – bezogen auf meine Eingangsfrage – jetzt schließen: Dann wird er, deutend, auch nur Halbwahrheiten mitteilen.

Die "Teilung" machte Herrn O. keine Mühe. Sie ließ sich auch durch "Reflektion" des Erlebten oder "zeitliches Nacheinander" von Erleben und Deuten ersetzen. Aber die Unterscheidung zwischen "antwortenden" und "eigenen" Gefühlen, das war in der Tat ein Problem.

Davon abgesehen, spürte Herr O. mittlerweile eine heftige Gegenübertragungsreaktion in sich (oder war es eine Übertragungsreaktion?). Er erlebte sein "Gegenüber" als borniert, ignorant und intolerant. Als gelernter Analytiker hielt er seine Wahrnehmung in der Schwebe. Er kannte diese Reaktion lange. Das Minderwertigkeitsgefühl dahinter brannte seit seiner Lehranalyse längst nicht mehr so stark wie früher. Aber es hatte ihn erwischt. Mit Haut und Haaren war er in die Beziehung zu seinem Kritiker eingetaucht. War der nun wirklich borniert, oder sah das nur aus der Perspektive seiner Minderwertigkeitsgefühle so aus? Und was oder wer sollte über die Richtigkeit bzw. Wahrheit dieser Wahrnehmung entscheiden? Kapitel drei:

Lebendige Beziehung und das archimedische Problem

Nach und nach erholte sich die analytische Gemeinschaft und die analytische Theorie vom Schock der ersten Stunde und verlor die Scheu, sich den aktiven Beitrag des Analytikers in der therapeutischen Begegnung anzuschauen. Thomä und Kächele z.B. legten 1989 einen Gegenübertragungsbegriff nahe, in dem die Beziehung zwischen Therapeut und Patient nun nicht mehr als Einbahnstraße begriffen wurde (nach Körner 1990, 96). Die *Interaktion* der beiden Protagonisten stand im Mittelpunkt. Unter anderem befreite das den Therapeuten von der zweifelhaften Unterscheidung zwischen "antwortenden" und "eigenen" Erfahrungen im therapeutischen Prozeß. Dieser Gegenübertragungsbegriff umfaßt seine ganze Person.

"Die therapeutische Situation wäre als reale, konflikthafte Beziehung zu verstehen, die von beiden Beteiligten gemäß ihrer unterschiedlichen Rollen gestaltet und fortentwickelt wird. Die Rolle des Analytikers sieht vor, die Beziehungskonflikte mit seinem Patienten nicht nur zu 'beantworten', sondern als innere Konflikte selbst zu erleben und durchzuarbeiten" (Körner 1990, 96f).

Wieder meldete sich die fragende Stimme: Wie würde das aussehen?

Herr O.: Die Patientin belebt mit ihrer Verliebtheit einen infantilen Inzestwunsch, der sich im Therapeuten als eigene Beziehungsphantasie abgebildet hätte:

"Wie wäre es, wenn ...? – Sollte es mir verboten sein ...?" (Körner 1990, 96f).
Auch für die wirkliche Anna O. z.B. wäre es wichtig gewesen, wenn Breuer ihr hätte vermitteln können, daß sie zwar sein Begehren wecken, daß er aber trotzdem das Inzesttabu achten würde. Anstatt nach Venedig zu reisen.
 Die Stimme: Und ganz konkret?
 Herr O.: ... Sie spüren, daß ich zögere. Eine solche Deutung enthält Dynamik. Der Therapeut könnte z.B. sagen: Sie würden mich gern dazu verführen, meine Aufgabe als Ihr Therapeut zu vergessen und mich auf eine Liebesbeziehung mit Ihnen einzulassen. Ich fühle mich von Ihrer Attraktivität durchaus angesprochen. Wenn ich nun "ja" sagte, wären Sie Ihren Therapeuten los. Wenn ich "nein" sagte, Ihren Wunschtraum. Sie thematisieren den Verzicht.
 Die Stimme: Worauf wollen Sie mit solchen Formulierungen hinaus?
 Die Patientin hat die Übertragung benutzt, ihr Begehren und seine Begrenzung – den Verzicht – getrennt zu halten, erwiderte Herr O. Sie hat den inneren, inzestuösen Konflikt zerlegt und zu einem sozialen Übertragungskonflikt gemacht. Ihr Therapeut hätte

diese Zerlegung rückgängig gemacht, indem er ihn selbst "vollständig" erlebte. Das /wäre/ die "notwendige Vorleistung des Analytikers" (Loch 1965, 21), sein "innerer Integrationsprozeß" (Ermann 1987, 108), mit welchem er seiner Patientin einen Schritt ... vorangegangen wäre.– Der Heilungsprozeß ereignet sich also zunächst, wie Loch (1974, 442) sagt, "auf einer intrapsychischen Ebene im Therapeuten, bevor er sich im Patienten realisieren kann" (Körner 1990, 98).

Mit der Übertragungsdeutung gewinnen Therapeut und Patient einen "exzentrischen Standpunkt" (Thomä 1983, 40). Der erlaubt es dem Patienten, die Übertragungsbeziehung – gewissermaßen – von außen zu betrachten. So ähnlich, wie Archimedes sich das mit der Welt gewünscht hätte. Eine Übertragungsdeutung deckt den Zusammenhang von Übertragung und Gegenübertragung auf und hebt ihn ins Symbolische. Der Patient "erwacht" in gewisser Weise aus seiner Phantasie: "mein Therapeut und ich". Er erfährt, es gibt mich und den Therapeuten auch getrennt. Ihn in seiner Rolle, mich in meiner. Ihn mit seinen Bedürfnissen, mich mit meinen. Diese Trennung (und damit der "Blick von außen" auf die "Wahrheit" der Beziehung) ist jedoch nur von kurzer Dauer. Indem der Patient den "exzentrischen Standpunkt" mit seinem Therapeuten teilt, ist er wieder "eins" mit ihm und der Boden für die Manifestation der Übertragungsphantasie wiederum bereit. Das ist vergleichbar mit dem lebensgeschichtlichen Moment, in dem das Kind seine Mutter erstmals als das von ihm getrennte "du" erlebt und diese Trennung mit der Einführung der Sprache ("Mutter") symbolisch überwindet. Deshalb ist es auch so wichtig, daß der Patient seinen neurotischen Konflikt als Anspruch an den Analytiker heranträgt, bevor er ihn über die Deutung aufheben kann (Körner 1990, 98).
 Bravo, hörte Herr O. die ihm mittlerweile vertraute Stimme. Er hatte sie inzwischen akzeptiert. Bravo. Was deutlich geworden ist: Der therapeutische Dialog ist nicht ein Reden "über", sondern die Konflikte sind ihm immanent und mögliche Lösungen werden in ihm selbst sichtbar. Da beide Parteien in den Dialog verwickelt sind, brauchen sie einen neutralen Ort, von dem aus sie auf das Beziehungsgeschehen herabsehen können: ihren "exzentrischen Punkt". Den wiederum gewinnen sie über Ihre Behandlungstheorie, die Sie offensichtlich weiterhin für die

Wahrheit und nicht für eine Hilfskonstruktion halten. Außerdem scheinen Sie sich zuzutrauen, die Anwendung Ihrer Behandlungstheorie von Gegenübertragungselementen freizuhalten.

Sie akzeptieren ein Kriterium für die Wahrheit Ihrer Deutung, das außerhalb der Beziehung liegt. Und dieses Kriterium verwalten Sie. Sie haben eine mächtige Position, Herr O. Spielt Gegenübertragung in der Deutung keine Rolle? Was ist, wenn der Patient sich a) weigert, mit Ihnen zusammen den "exzentrischen Standpunkt" einzunehmen, oder ihn b) mit Ihnen zusammen betritt, aber Ihrer Deutung nicht zustimmt? Kurz: Ich plädiere für einen externen Supervisor, anstelle eines *exzentrischen Punktes*. Kapitel vier:

Auf dem Prüfstand: Der exzentrische Punkt

Das Thema der Macht war angesprochen. Der gegenüber steht in der therapeutischen Situation oft "nur" ein "innerer Supervisor". Aber auch der ist von kränklicher Konstitution, wenn sich die Machtfrage stellt. Nun war es höchste Zeit, die Individualpsychologie zu befragen. Hier war die Macht schon immer ein zentrales Thema gewesen. Auch hatte sich die Individualpsychologie ja seit eh und je als *die* Expertin für das Zwischenmenschliche betrachtet. Ihr Begründer hatte sich sehr ausdrücklich geweigert, "einen isolierten Menschen anzuerkennen und zu untersuchen" (Adler, nach Ansbacher 1975, 306), was ihn eigentlich zum Spezialisten für das Thema Gegenübertragung hätte machen sollen. Aber die Überlieferungen hierzu, und gar zur Frage nach der Richtigkeit oder Wahrheit von Deutungen, erwiesen sich mehr als dürftig.

Ein Grund hierfür mochte sein, unterstellte Herr O. wohlwollend, daß das, was in der analytischen Theorie als Übertragung/Gegenübertragung gilt, in der individualpsychologischen Theorie von allem Anfang an etwas war, was sich andauernd zwischen den Teilhabern des therapeutischen Dialogs ereignet. Das mußte nicht besonders hervorgehoben werden. Auch steht der (idealtypisch gedachte) individualpsychologische Psychotherapeut seit eh und je als ganze Person ungeteilt in der Verantwortung. Für ihn gibt es grundsätzlich wenig Zweifel an seinem subjektiven Beitrag in der Entwicklung des therapeutischen Prozesses. Er geht ohnehin davon aus, daß jede zwischenmenschliche Situation eine schöpferische Leistung beider Beteiligten ist. Wenn seine Gegenübertragung einmal unangemessene Intensität annimmt, das hätte Adler nun, wo er sich doch so gern von Freud abgrenzte, zumindest erwähnen können, ist sie (die Gegenübertragung), nach individualpsychologischer Lehrmeinung, weniger *induziert* (also "hineingeführt"), als *evoziert* (nämlich "hervorgerufen") und – allenfalls – durch ein bestimmtes Verhalten des Patienten verstärkt.

Aber, gehen wir an die Wurzeln. Adler vertrat theoretisch die These Kants, nach der wir Menschen das berühmte "Ding-an-Sich" nie in seinem "So-Sein", sondern immer nur erkennen können, wie es "für-uns-ist". Aufgrund der Beschaffenheit unseres Verstandes und unserer Sinnesorgane (individualpsychologisch: unseres Apperzeptionsschemas) *produzieren* wir es, indem wir es wahrnehmen (Ohm 1980, 91f). Das machen wir mit den Dingen, wie auch mit unseren Mitmenschen. Einen produktionsfreien Raum gibt es nicht. Wenn sich zwei Menschen beggnen, produzieren sie einen Zwischenmenschen.

Die Stimme: Was ist denn das? – Herr O.:

"Ich habe eine Vorstellung von einem Ding, nicht an-sich, aber ein Ding-an-mich und Ding-an-dich. Um einen Namen zu haben, einen Henkel, an dem mans faßt, nenn ichs den Zwischenmenschen. Der Zwischenmensch ist eine nur zwei bestimmten Menschen eigene und zugehörige Vorstellung vom anderen, das B zwischen A und C, das B in ihrer Mitte ... In dem Verhältnisse des A zu einem D, E, F kommt dieser Zwischenmensch, obgleich immer derselbe A, nie wieder vor ... Mit einem Worte, jeder hat von jedem eine andere Vorstellung, weil jeder jedem etwas (anderes, d. R.) von sich mitteilt und so jeder in der Tat in jedem Verhältnis ein anderer ist (Villers 1910, 276).– Ich bin es nicht, auch Du nicht, aber zwischen uns entsteht einer, der mir Du heißt, dem anderen ich bin ... mit einem gegenseitigen Doppelnamen ... (231f).

Diese Sätze – obwohl seinem Sprachduktus ähnlich und seinem Denken verwandt – stammen leider nicht aus der Feder von Alfred Adler. Täten sie es, hätte er einen sehr originellen Beitrag für die Übertragungs-/Gegenübertragungsdiskussion formuliert. Was hier Alexander von Villers (der mit Tiefenpsychologie übrigens gar nichts im Sinn hatte) im vorigen Jahrhundert auf den Punkt brachte, spricht m. E. auf eine poetisch anmutende Art Adlers theoretische Position zu diesem Thema aus. Vermutlich hätte Adler von zwei Zwischenmenschen gesprochen, die in einer Begegnung entstehen. Was ihm jedoch und v. Villers wichtig war: wir treffen nie auf einen "Menschen-an-Sich", sondern immer auf einen, den wir in der Begegnung zwischen uns und die anderen stellen. Das ist: die *Fiktion* vom anderen.

Die Stimme: Das klingt – zumindest in der interaktionellen Konzeption – nicht so viel anders.

Herr O.: Für die Praxis mag das zutreffen. Der Unterschied wird im theoretischen Hintergrund deutlicher. Die Individualpsychologie hat idealistische Wurzeln und eine ausgeprägt konstruktivistische Seite. Demnach ist eine Beziehung – genau wie das individuelle Seelenleben – "kein Sein, sondern ein Sollen" (Adler, nach Ansbacher 1975, 106). Und das hat weitreichende Konsequenzen. Das bedeutet, daß wir *nicht nicht* übertragen oder gegenübertragen können. Die psychoanalytische Idee von einer "materiellen Realität", die so ist, wie sie ist, und der "psychischen Realität", die dieser in einem antagonistischen, verformenden Verhältnis gegenübersteht, wird hier ersetzt durch die gemeinsame Produktion der Realität auf ein immanentes Ziel hin.

Der Therapeut dieser Schule steht damit z. B. permanent vor dem Problem, daß er seinen Patienten zu etwas machen könnte, was der nicht ist, obwohl sein therapeutischer Auftrag genauso lautet. Er soll ihm einerseits dazu verhelfen, "vom Kreuz seiner Fiktion(en) herabsteigen zu können, sie in *Perspektiven* zu verwandeln und mit ihnen spielen zu lernen" (Bruder 1998, 253).

Andererseits produziert ja auch der Therapeut einen Zwischenmenschen, eine Fiktion, indem er den Patienten wahrnimmt. Auch seine (des Therapeuten) Wahrnehmung ist natürlich von seiner Vergangenheit geprägt. Deshalb muß er, neben allem anderen, eine hohe Bereitschaft zur Verflüssigung seiner Wahrnehmung und der daraus resultierenden Vorannahmen mitbringen.

Die Stimme: Wenn sich beide nicht wirklich erkennen können, würde das bedeuten, daß sie erst einmal mit ihren Fiktionen aufeinander zugehen, wie zwei, die sich durch einen Berg graben, um sich in der Mitte zu treffen?

Herr O.: Ja. In der therapeutischen, wie in jeder ernsthaften menschlichen Begegnung, werden die gegenseitigen Fiktionen gewissermaßen aneinander abgearbeitet. In der Hoffnung auf mehr Authentizität in der Beziehung. Aber in der Mitte des Berges – um in Ihrem Bild zu bleiben – ist, so lese ich die Individualpsychologie, weiterhin eine Fiktion, der Zwischenmensch, kein "Mensch-an-Sich".

Um es vielleicht etwas verständlicher zu machen: Die Wahrnehmung des Therapeuten vom Patienten ist nie "nur-der-Patient". Wenn er "Mutter" sagt, liegen zwischen dem, was er damit meint, und dem, was "Mutter" für den Therapeuten bedeutet, Welten. Das, was der Patient zurückbekommt, ist also nie das, was von ihm ausging, aber auch nichts völlig anderes. In der Phantasie des Therapeuten ist eine Mischung aus beidem entstanden, deren Ingredienzen – das wird von ihm erwartet – ihm bewußt sind.

Die Stimme: Und da beginnt bereits – wollen Sie sagen – seine "Gegenübertragung". Sie fassen den Begriff des Phänomens sehr weit.

Herr O.: Er ist seit etlichen Jahren mit dieser Bedeutung auch in der analytischen Diskussion.

Die Stimme: Sie fordern einiges vom Patienten? – Herr O.: Ja.

"Für den Patienten kommt es nun darauf an, das von ihm Gemeinte in der vom Therapeuten veränderten Darbietung wiederzuerkennen. Das bedeutet, daß auch vom Patienten eine Erkenntnis- und Verstehensleistung verlangt ist. In einem gelingenden Dialog wird er dem vom Therapeuten Gesagten entweder zustimmen oder es differenzieren und durch die Mitteilung des Ergebnisses, auch von seiner Seite aus, die Brücke zu ihm schlagen" (Daser 1993, 250).

Und bereits in diesem Vorgang entfaltet er sein ganzes "Übertragungs"-potential, welches er in der Reibung mit der "Gegenübertragung" des Therapeuten überwinden muß. Er kommt ihm mit seinen Phantasien entgegen oder widerspricht ihm aufgrund seiner Phantasien über das von ihm Gemeinte, "bis sich eine gemeinsame Phantasie einstellt, in der die beiden sich verstehen und begegnen können" (Daser 1993, 248). Diese Phantasie ist – wenn ich die Individualpsychologie richtig lese – der "exzentrische Punkt" eines Dialogs. Von ihm aus wird über die Richtigkeit oder Wahrheit einer Deutung entschieden: von beiden.

Die Stimme: Die Besonderheit des psychotherapeutischen Dialogs ist, daß die "Übertragung"/"Gegenübertragung" ausdrücklich Thema wird. Ist das in diesem Konzept denn überhaupt möglich?

Herr O.: Oh ja. Die Interaktion von Therapeut und Patient ist weitgehend von ihren jeweils in der Kindheit gebildeten Apperzeptions- und Beziehungsmustern, von Fiktionen geprägt, die jede Partei der anderen anbietet. Die Kluft wird deutlich, wenn einer der beiden Protagonisten dem anderen die Bereitschaft aufkündigt, ihm in seinen Phantasien über das Gesagte zu folgen. Er widerspricht, ohne daß eine "gemeinsame" Phantasie zustande kommt. Nun würde im Normalfall, in der Kommunikation des Alltags, jeder der beiden versuchen, den jeweils anderen zu etwas zu machen, was der nicht ist. Ihn in ein Bild zu pressen, welches er seit seiner Kindheit bereithält. Plötzlich *weiß* er, wer der andere ist. Und nimmt ihm damit alle Chancen zur Veränderung. Der Patient darf das auch. Vom Therapeuten wird erwartet, daß er seine Wahrnehmung in der Schwebe und für Korrekturen offenhält, bzw. sich dem Versuch des Patienten, ihn seiner Fiktion anzugleichen, verweigert (Antoch 1985, 156f). Entweder müssen die beiden jetzt versuchen, zu ihrer gemeinsamen Phantasie zurückzukehren, oder sich auf eine neue einigen. Auch die

Wahrheit oder Richtigkeit einer Deutung *entsteht* also, und zwar durch die Zustimmung des Patienten. In Adlers Diktion: "Selbst, wenn wir glaubten, wir hätten den Patienten verstanden, würden wir keinen Zeugen haben, ob wir recht hätten, wenn er nicht ebenfalls verstünde" (nach Ansbacher 1975, 317).

Die Stimme: Das klingt demokratisch.

Herr O.: So könnte man es ausdrücken. Allerdings ist zumindest das interaktionelle Modell genauso demokratisch. Ihre Erfinder sprechen es nur nicht aus. Ich weiß auch nicht, was die da zu verbergen haben.

Die Stimme: Was tun Sie mit einem Ja-Sager, jemandem der immer zustimmt?

Herr O.: Ich erinnere Sie an den "exzentrischen Punkt" in der gemeinsamen Phantasie. Die würde hier vielleicht lauten: Ich möchte auch zum Nein in mir stehen / er soll auch zum Nein in sich stehen.

Die Stimme: Die O. hat Breuer in ihrer Phantasie zu ihrem Liebhaber nach dem Bilde ihres Vaters gemacht. Dieser Phantasie hätte Breuer sich verweigern sollen. So weit, so gut. Das sehen die anderen Konzepte auch vor. Nun aber die gemeinsame Phantasie im Fall O., bitte.

Herr O.: Vielleicht so: Ich (Anna O.) wünsche mir (und ich, der Therapeut ihr) eine Liebesbeziehung, in der ich eine eigenständige Frau sein kann. Ich möchte zu meinem Liebespartner nicht mit der Bewunderung eines kleinen Mädchens aufschauen und darüber vergessen, was ich bin und selbst zu geben habe.

Diese Phantasie wäre (aus- oder unausgesprochen) der gemeinsame Standpunkt gewesen, von dem aus beide auf die inneren Erfahrungen der O. geschaut hätten. Diese Phantasie schwingt in jeder Deutung mit, wenn der Therapeut Therapeut bleibt. Aber vergessen Sie nicht: Auch diese Phantasie oder Fiktion hat keinen Totalitäts- oder Endgültigkeitsanspruch. Ich stelle mir nur vor, daß eine O. (X oder Y) diese Stufe der Entwicklung erreicht haben muß, um mit ihren Fiktionen spielen zu können.

Die Stimme: Die Individualpsychologie unterscheidet sich u. a. von den beschriebenen Konzepten also dadurch, daß sie den "exzentrischen Punkt" in einer anderen zeitlichen Dimension findet: in der Zukunft.

Herr O.: Ja, daher bezieht die Deutung des Vergangenen ihren Sinn.

Die Stimme: Die Zukunft ist der Raum des Möglichen?!

Herr O.: Falls das eine kritische Anmerkung sein sollte: Die Vergangenheit ist auch ein Möglichkeitsraum. In den hinein produziert unser Gedächtnis unsere Biographie. Heißt es in der Individualpsychologie.

Die Stimme: Wie würde ein individualpsychologischer Breuer deuten?

Herr O.: Vielleicht so, wie ich es dem historischen Breuer anfangs in den Mund legte: Sie übertragen die Liebe auf mich, die eigentlich Ihrem sterbenden Vater gilt. Sie können den Schmerz über seinen Tod, die Endgültigkeit des Abschieds gar nicht anders ertragen.

Die Stimme: Wo ist da die Fiktion?

Herr O.: Die O. macht die Augen vor den Spielregeln des Lebens zu. Sie scheint mit ihrer Krankheit zu sagen: Ich unterwerfe mich Ihnen nicht.

Die Stimme: Und später? Als der Vater gestorben war?

Herr O.: Wiederholt sie das. Nur daß an die Stelle des Lebens der Therapeut tritt. Diesmal unterwirft sie sich den Spielregeln der Therapie nicht.

Die Stimme: Trotzdem wurde sie ihre Symptome los. Ein faszinierendes Phänomen.

Herr O.: Es bleibt fraglich, ob sie ihren inneren Konflikt bzw. die Fessel ihrer Fiktion jemals losgeworden ist.

Die Stimme: Wie hätte Breuer ihr weiterhelfen können?

Herr O.: Lassen Sie mich noch ein wenig ausholen, um darzulegen, wie eine individualpsychologische Deutung aussehen könnte. Ein Breuer weiß durch seine Eigenanalyse, daß er ein Faible für die Liebe von "Töchtern" hat. Die konfliktuöse Szene ist also seit der ersten Begegnung der beiden angelegt. Sie fällt nicht plötzlich vom Himmel. Das habe ich gemeint, als ich sagte, das Gegenübertragungsgefühl sei nicht so sehr induziert, als vielmehr evoziert. Es schwingt in jeder Intervention des Therapeuten mit. Lange bevor sich das Verliebtheitsgefühl manifestiert. Stellen wir uns vor, eine O. würde unterschwellig z.B. permanent senden: "Ich bewundere und verehre Sie für Ihre enorme Einfühlung", wäre ein so gedachter Breuer ständig in der Versuchung, gemäß seinem alten Beziehungsmuster zu antworten: "Und ich liebe Sie dafür, daß Sie mich bewundern". Bliebe es dabei, wäre die "gemeinsame Phantasie" über die zukünftige O. außer Kraft gesetzt durch eine "gemeinsame Phantasie" über ihre Beziehung. Es gäbe keinen "exzentrischen Punkt" mehr. Das meinte ich, wenn ich sagte, daß die Struktur einer Beziehung (und die darin auftretenden Konflikte) immer die schöpferische Leistung beider Beteiligten ist. Die Sorge des individualpsychologischen Psychotherapeuten, daß er seine Patienten "zu etwas macht, was sie nicht sein wollen und sollen", ist nach meiner Skizze also nicht unberechtigt. Nun wird von ihm selbstverständlich erwartet, daß er diese Antwort in sich registriert, sich von ihr distanzieren und vielleicht sogar damit "spielen" kann. Daß seine Auseinandersetzung mit der eigenen Liebesfähigkeit, ihn inzwischen in die Lage versetzt hat *zu lieben, weil er liebesfähig ist* und nicht, weil jemand anders etwas für ihn oder mit ihm macht. Und, daß er so an der "gemeinsamen Phantasie" (über die zukünftige O.), dem "exzentrischen Punkt", festhalten kann. Aber trotzdem braucht er seine alte Antwort. Er *muß* sie in sich hören. Und mag sie noch so infantil, noch so neurotisch sein. Wie soll er sonst das Neurotische, Infantile seiner Patientin verstehen? Natürlich soll er diese Antwort zur Grundlage seiner späteren Deutung machen und sie nicht agieren.

Vor diesem Hintergrund könnte ein individualpsychologischer Breuer z.B. sagen: Sie wünschen sich eine Liebesbeziehung zu mir. Sie möchten Ihr Verliebt-Sein leben und mit mir teilen. Vielleicht beflügelt sogar ein gewisses Entgegenkommen meinerseits auf Ihre Bewunderung und Verehrung Ihre Hoffnung, daß das möglich wäre. Ich fühle mich in der Tat von Ihrer Begeisterung angesprochen. Ich bin bewegt und – protestiere. Sie haben mich als Ihren Therapeuten entlassen. Sie sind gekommen, um Hilfe von mir zu haben. Mitten in der Arbeit ist wie durch einen Zauber Ihre Bedürftigkeit verschwunden. Lassen Sie uns diesen Zauber in Ruhe anschauen.

Die Stimme: Der Zauber des Verliebt-Seins dient der Aufhebung der therapeutischen Spielregeln. Sie betrachten es als Methode?!

Herr O.: Ja. Die Patientin macht den Therapeuten damit zu einem Menschen, der er nicht ist, bzw. nicht sein wollen sollte.

Die Stimme: Den Zwischenmenschen. Den greifen Sie zuerst an?

Herr O.: Besser: diesen Zwischenmenschen. Ja. Die Arbeit an der Fiktion der Patientin über sich: "Spielregeln haben für mich keine Geltung", wird sich daraus ergeben.

Die Stimme: Und die "gemeinsame Phantasie"?

Herr O.: Steht im krassen Gegensatz zur "Realität" der therapeutischen Beziehung. Hier ist die O. erst einmal abhängig. Die daraus entstehende Spannung würde die Patientin im Verlauf der Deutungsarbeit verstehen. Aber vergessen Sie nicht: Alles was ich hier entwickle sind Hypothesen, die der Zustimmung der Patientin bedürfen. Und was die Sache nicht gerade leichter macht: Der Therapeut erinnert seine Patienten mit jeder Deutung daran, daß *er* (mit ihnen zusammen natürlich) *selbst auch will*, daß sie sich verändern und entwickeln. Die Patienten reiben sich also nicht nur an der Deutung einer Fiktion, sondern auch am Willen eines lebendigen Menschen. Im *interaktionellen Konzept* ist das übrigens nicht anders. Ich weiß auch nicht, warum dessen Erfinder das nicht einfach so nennen. An der *Haltung* ihres Therapeuten erfahren die Patienten, daß ihm z.B. Integrität und Selbständigkeit hohe Werte sind, die er "nicht aufs Spiel setzt". Er lebt – wie oben skizziert – die gemeinsame Phantasie bereits. Das zieht nach vorwärts; da wollen auch die Patienten hin. Obwohl – und das bringt ja immer wieder den Widerstand auf – das Erreichen dieses Ziels die eigentliche "Ochsentour" ist und nicht ein momentaner "Verzicht" ...

Die Stimme: Sie zögern ...?

Herr O.: Mir schoß ein Gedanke durch den Kopf, den ich gern noch los würde, obwohl ich eigentlich am Ende bin. In der Produktionsthese des Seelischen liegt eine große Chance. Natürlich geht Vergangenheit in jede Begegnung zwischen zwei Menschen ein, aber – sie deckt niemals völlig ab, was dann geschieht. Die beiden Teilhaber der Situation produzieren etwas *Neues*. Damit ist nicht die Übertragungsdeutung und auch nicht ihr Bezug auf die gemeinsame Phantasie gemeint. Die sind wichtig, stellen aber eigentlich noch die Bedingung dar für das, was sich dann ereignet. Das Neue für den Patienten ist, daß er das *Entstehen* einer neuen Beziehungsstruktur miterlebt. Das Entstehen, an dem auch er beteiligt ist, in Abhebung zu der alltäglichen, tödlichen *Reproduktion des Entstandenen*. Das befreit und ermutigt auch weiterhin, das Schöpferische in sich zu suchen und zu wagen.

Im Dialog zu sein bedeutet, den Rahmen der bisherigen Wirklichkeitsauffassung zu überschreiten. Sich dem zu öffnen, was einem in der Begegnung mit dem anderen zuströmt. Wer das in sich aufnimmt, wird ein anderer. In diesem Prozeß vollziehen wir eine permanente Korrektur unserer Fiktionen, von Übertragung und Gegenübertragung. Das geht – wie angedeutet – bis in die Veränderung der Selbst- und Fremdbilder, sowie unbewußter szenischer Vorstellungen hinein.

In der Therapie werden einzelne Momente dieser Veränderungen wie unter einem Mikroskop sichtbar. Der Patient erlebt sehr unmittelbar, wie ein altes Beziehungsmuster – im Moment der Verweigerung – "stirbt"; seine Ent-Täuschung, seinen Schmerz, seine Scham, Hilflosigkeit und Wut, vielleicht Panik und Leere, vielleicht Erleichterung. Und er erlebt, wie im Prozeß der Begegnungen ein neues Beziehungsmuster "wird". Die beiden tun – gewissermaßen – einen Blick in das innere der Schöpfung. Und ich frage mich, ob nicht genau dieser Moment, der Moment zwischen dem "Sterben" und dem "Werden", der eigentliche "exzentrische

Punkt" ist. Wie der kurze Augenblick zwischen dem Ausatmen und dem Einatmen. Das Chaos, der Fluß, die Leere.
Die Stimme: Ein interessanter Gedanke.
Herr O. spürte eine gewisse Erschöpfung in sich. Es wurde still in ihm. Vorsichtig fragte er nach einer Weile in die Stille hinein: Sind Sie zufrieden? – Für heute ja, hörte er seine Stimme zum letztenmal an diesem Tag.

Literatur

Adler, A. (1981): Über den nervösen Charakter. Fischer, Frankfurt/M.
Antoch, R. (1985): Gegenübertragung. In Brunner, R., Kausen, R., Titze, M. (Hrsg.): Wörterbuch der Individualpsychologie. Reinhardt, München/Basel
Ansbacher, H. L., Ansbacher, R. R. (Hrsg.) (1975): Alfred Adlers Individualpsychologie. Reinhardt, München/Basel
Bruder, K.-J. (1998): Die Auflösung der Fesseln der Fiktionen im analytischen Sprechen. ZfIP 23, 244–259
Daser, E. (1993): Die Heilung im Dialog – oder: Das Erkennen des Eigenen im Anderen. Forum der Psychoanalyse 9, 293–302
Ermann, M. (1992): Die sogenannte Realbeziehung. Forum der Psychoanalyse 8, 281–294
Freud, S. (1974): Briefe an Carl Gustav Jung. In McGuire, W., Sauerländer, N. (Hrsg.): S. Freud / C. G. Jung Briefwechsel. Ex Libris, Zürich
Freud, S. (1975): Schriften zur Behandlungstechnik. Fischer, Frankfurt/M.
Gysling, A. (1995): Die analytische Antwort. Eine Geschichte der Gegenübertragung in Form von Autorenportraits. Edition diskord, Tübingen
Heimann, P. (1996): Über die Gegenübertragung. Forum der Psychoanalyse 12, 179–184
Körner, J. (1990): Übertragung und Gegenübertragung, eine Einheit im Widerspruch. Forum der Psychoanalyse 6, 87–104
Lorenzer, A. (1983): Sprache, Lebenspraxis und szenisches Verstehen in der Psychoanalyse. Psyche 37, 97–115
Ohm, K. (1980): Über die Bedeutung der Phantasie in der zwischenmenschlichen Beziehung. Unveröffentl. Diss., Berlin
Racker, H. (1978): Übertragung und Gegenübertragung. Reinhardt, München/Basel
Stierlin, H. (1978): Das Tun des Einen ist das Tun des Anderen. Eine Dynamik menschlicher Beziehungen. Suhrkamp, Frankfurt/M.
Thomä, H. (1983): Erleben und Einsicht im Stammbaum psychoanalytischer Techniken und der Neubeginn als Synthese im "Hier" und "Jetzt". In Hoffmann, S. O. (Hrsg.): Deutung und Beziehung. Kritische Beiträge zur Behandlungskonzeption und Technik in der Psychoanalyse. Fischer, Frankfurt/M.
Villers, A. von (1910): Briefe eines Unbekannten. Bd. 1 u. 2., Insel, Leipzig

KATHARINA LENNER
Grenzen (in) der Teamsupervision

Limits of (Within) Team Supervision

The paper gives a report from the practice of supervision in economy. With a team of process advisers in software development steps ar undertaken into the new territory of supervision. It is demonstrated by which methods computer specialists are lead to the reflection of the own person, of relations between each other, and their positioning in the occupational field. Possibilities and limitations of supervision in this context are shown.

Dies ist ein Praxisbericht aus einer Teamsupervision in der Wirtschaft. Mit einem Team von Prozeßberatern in der Software-Entwicklung werden Schritte in das Neuland Supervision unternommen. Der Vortrag zeigt auf, mit welchen Methoden EDV-Fachleute zur Reflexion der eigenen Person, der Beziehungen untereinander und ihrer Positionierung im Berufsfeld geführt werden. Dabei werden die Möglichkeiten und Grenzen von Supervision in diesem Kontext deutlich.

1. Systemische Einstimmung: Obelix und der Schweizer Käse

Dies war in seiner mündlichen Vollzugsform ein "interaktiver" Vortrag, d. h., Vortragende und Publikum traten miteinander mehr in Interaktion, als dies in einem herkömmlichen Vortrag üblich ist, deshalb habe ich in seiner Textform an den passenden Stellen die Anredeform beibehalten. So möchte ich ermöglichen, daß die Atmosphäre, die sich in der Gegenwart der Vortragssituation herausgebildet hatte, ein Stück weit in die Textform herübergerettet wird. Zuerst möchte ich Ihnen erklären, wie ich das bewerkstelligen werde: – möglichst ohne Zeitüberschreitung; – in der Reihenfolge der Ihnen vorliegenden Gliederungspunkte; – unter Berücksichtigung des Settings, in dem wir uns hier zusammen befinden.

Bei dem Unterfangen, Ihnen diesen systemischen Aspekt zu erläutern, komme ich mir vor wie Obelix, der mit Asterix und einem Rad Schweizer Käse im Safe einer Schweizer Bank sitzt und sagt: "Wir sitzen in einem Loch und essen Löcher" (Uderzo u. Goscinny 1973, 31). Was Obelix nicht sagt, ist, daß er selbst in dem Moment auch ein Loch ist, in dem Löcher verschwinden. D. h., Obelix hat nicht die Gabe der Selbstreflexion. Braucht er auch nicht, dafür war es seinerzeit und in seiner Situation noch zu früh. Anders geht es mir mit Ihnen hier im Saal. Wenn wir uns mit etwas gemeinsam beschäftigen, uns dies gar noch einverleiben (der Vortrag entspräche dem Schweizer Käse), so sind wir gehalten, uns auch ein Stück weit mit uns selbst zu beschäftigen. Und dieses Stück weit hängt davon ab, in welchem *Rahmen* wir es tun. Wir befinden uns im Rahmen der Delmenhorster Fortbildungstage, im Rahmen der DGIP, im Rahmen der Gesamtgesellschaft, im Rahmen des Kosmos ...

Ich habe Ihnen einen Bericht mitgebracht über eine Arbeit mit einer Gruppe in einer Firma in der Gesamtgesellschaft ... die zum Inhalt hat, daß und wie diese Gruppe sich selbst thematisiert, sich selbst reflektiert hat. Denn heutzutage – anders als zu Obelix Zeiten – geht es nicht mehr ohne.

Heute wird "Selbstreflexion als Grundelement sozialer Kompetenz angesehen. Hochentwickelte Industriegesellschaften (brauchen) zur Bewältigung der durch sie selbst erzeugten Probleme ein solches Reflexions- und Kommunikationsvermögen auf individueller Ebene wie auf der Ebene komplexer Organisationen in Hinkunft in verstärktem Ausmaß ... Ab einem bestimmten Komplexitätsgrad, den soziale Systeme im Zuge der gesamtgesellschaftlichen Entwicklung erreichen, ist die *Lebenserhaltung eines Systems* (Hervorhebung von mir, K. L.) auf die Fähigkeit desselben angewiesen, sich selbst immer wieder seiner selbst zu vergewissern, d. h. Informationen über sich selbst zu schöpfen und zu verarbeiten" (Wimmer 1996,118).

Über einen solchen Prozeß der Informationsschöpfung und -verarbeitung berichte ich Ihnen und im Zuge dieses Berichtes schöpfen wir auch Informationen über uns selbst und verarbeiten sie, denn auch wir sind alle Systeme und bewegen uns in hochkomplexen Systemen. Indem wir dies tun, nehmen wir Adlers großen Fund vom Individuum als Beziehungswesen ernst und beziehen ihn ganz zeitgemäß auf uns selbst. D. h., durch meinen Vortrag beschäftige ich Sie und mich mit mir, mit Ihnen als einzelne und als Gruppe meiner ZuhörerInnen, mit den Delmenhorster Fortbildungstagen, mit unserer Gesellschaft DGIP und der Gesamtgesellschaft und andererseits mit dem System Teamsupervision, das besteht aus mir, der Supervisorin, dem supervidierten Team und der Firma, repräsentiert durch meine Auftraggeberin, eine Mitarbeiterin der Abteilung PME (Personalmanagement und -entwicklung).

2. Methodische Kostprobe: Von Adler inspirierte Übung zur Massenpsychologie

Alfred Adler: "Die Bezeichnung Individualpsychologie heißt nicht, daß diese Psychologie sich nur mit einzelnen Individuen beschäftigt, im Gegenteil: Eines ihrer wichtigsten Merkmale ist gerade, daß sie das Individuum stets im Zusammenhang mit den Aufgaben in seiner Lebenswelt und also auch in seinem Verhältnis zu anderen Individuen untersucht" (1994,174). – "Eigentlich sollte jede psychische Bewegung des Individuums auch massenpsychologisch betrachtet werden" (1994, 175).

Trotz dieser eindringlichen Feststellungen Adlers fehlt uns eine kohärente individualpsychologische Gruppentheorie noch. Wir beschäftigen uns mit dem einzelnen in der Gruppe, in seinem Bezugssystem, aber nicht ausdrücklich mit diesem Bezugssystem. So wäre es z. B. interessant zu klären, ob auch Gruppen immer von einer Minus- zu einer Plussituation streben und ob sie einen Lebensstil entwickeln ...

Jetzt nehmen Sie bitte die auf Ihrem Platz liegende runde Karte und den Filzstift zur Hand ... und schreiben Sie auf die eine Seite die erste Zahl, die Ihnen einfällt ... und auf die Rückseite zeichnen Sie bitte eine einfache geometrische Figur ... Bitte halten Sie Ihre Ergebnisse hoch, so daß Sie vergleichen können. (An dieser Stelle Gelächter. Alle Hände gehen hoch. Viele verschiedene Zahlen und Figuren sind zu sehen.)

Adler: "Fragt man verschiedene Personen nach der ersten Zahl, die ihnen einfällt, nennen sie gewöhnlich die Zahl 7. Sollen sie eine einfache geometrische Figur zeichnen, dann wählen sie meistens ein Dreieck" (1994,175). Adler sagt weiterhin, daß dies ein massenpsychologisches Phänomen sei, das man nicht näher erklären könne.

Was ist geschehen? Warum entsprechen Sie als Masse dieser Beobachtung nicht? Wir leben jetzt in einer anderen Zeit. Seit Adler hat die "Masse" sich verändert. In den dreißiger Jahren war Masse etwas Einheitlicheres als heute (vgl. etwa die Aufmärsche der Nationalsozialisten). Heute sind wir Gruppen von vernetzten Individuen.

Weshalb habe ich diese Übung mit Ihnen gemacht? Sie ist ein Beispiel für meine Arbeitsweise mit Gruppen. Sie bietet dem einzelnen Gelegenheit zur Selbstbesinnung. Sie bietet der Gruppe einen relativ unverfänglichen soziometrischen Überblick unter dem Aspekt Gleichheit <-> Verschiedenheit, zeigt also erste Beziehungen der Gruppenmitglieder untereinander. Die Übung ist kurz, plakativ und macht Spaß.

Ich weiß nicht, wie oft Sie bei einem Vortrag in Delmenhorst schon eine solche Übung gemacht haben – insofern haben Sie also hier möglicherweise eine Grenze überschritten. Sie haben etwas Ungewöhnliches mit Selbstbesinnungs- und Selbstoffenbarungsanteil getan. Und genau dies habe ich von den TeilnehmerInnen an der Teamsupervision auch verlangt. Sie haben also durch Ihre Beteiligung an der Übung *auch* einen Einblick in die Befindlichkeit meiner Supervisanden bekommen können.

3. Theorie-Input: Was ist Supervision?

Supervision ist Beratung. Aber Beratung ist nicht immer Supervision. Wir unterscheiden zwischen Ausbildungs- und Fortbildungssupervision. Ausbildungssupervision meint Begleitung und Überwachung eines Adepten bei seinen ersten Schritten in professionelles Neuland durch einen erfahrenen Kollegen (Fuchs-Brüninghoff 1990, 69). Beispiel: die Lehrberatung an den Alfred-Adler-Instituten, wo es heutzutage glücklicherweise nicht mehr so ist, daß der Kontrollaspekt der Lehrberatung als gegen die reine Lehre verstoßend abgelehnt wird, sondern wo wir zu unserer Qualität und der Durchsetzung unserer Qualitätsmaßstäbe stehen.

Fortbildungssupervision bezieht sich auf die Begleitung professioneller Prozesse, u. U. sogar durch eine fachfremde Supervisorin. Beispiel: die Teamsupervision, von der ich Ihnen hier berichte.

Harald Pühl: "Durch das Dreieck MitarbeiterInnen – Arbeitsaufgabe – Institution definiert sich Supervision. Supervision hat die Aufgabe, das Zusammenwirken dieser drei Faktoren zu untersuchen ... In der Regel wird Supervision dann angefragt, wenn dieses dynamische Dreieck nicht mehr im Gleichgewicht ist ... z.B., wenn auf der Seite der Arbeitsaufgabe die Produktion ... aufgrund von Strukturveränderungen umgestellt werden muß" (1996, 17).

Beispiel: In der Firma, von der ich berichte, war der Supervision ein Organisationsentwicklungsprozeß (genannt "BR" = business reengineering) vorausgegangen, der "abgeschlossen" worden war. D. h., die externen Berater, eine Firma namens "topfit 2000", hatten ihren Auftrag erfüllt und für den Betrieb ging es nun darum, die Erkenntnisse und Impulse in die Wirklichkeit des Arbeitsalltags umzusetzen und aufrechtzuerhalten. Sie waren mit dem Überschalljet in die Zukunft geeilt und nun mußte die Seele nachkommen.

Kornelia Rappe-Giesecke über den Bedarf nach Supervision: "Es entstand ein Bedarf nach Begleitung ... von in herkömmlichen Institutionen arbeitenden Teams, die Teamwork praktizierten und eine Umgestaltung der Macht- und Einflußverhältnisse anstrebten ... Neue Beratungsformen, die neben der Verbesserung der professionellen Kompetenz durch Selbsterfahrung auch die Bedeutung der Institution und der professionellen Rolle mitreflektierten ... Supervision erscheint unter dieser Perspektive als ein selbststeuerndes System, das (sic!) sich in einer komplexen Umwelt erhält, zu dieser Umwelt Kontakt aufnimmt und sich gleichzeitig von ihr abgrenzt und so seine Identität sichert" (1990,5).

Aus dem hier dargestellten Zusammenhang von Abgrenzung und Identität läßt sich die These entwickeln: – GRENZEN SICHERN IDENTITÄT – GRENZÜBERSCHREITUNGEN ERMÖGLICHEN ENTWICKLUNG – Beides ist notwendig.

Elisabeth Fuchs-Brüninghoff: "Als Beratungsform einer tiefenpsychologischen Schule bezieht die individualpsychologische Supervision, wo es sinnvoll erscheint, die lebensstilbezogene Interpretation der Familienkonstellation und von Erinnerungen aus der Kindheit des Beratenen mit ein, wenn es um die Lösung aktueller Probleme und Konflikte bzw. das Erlernen neuer Verhaltensweisen geht. Da es in der Supervision darum geht, daß *Kursleiter* (Hervorhebungen von mir) blinde Flecken ihrer Selbstwahrnehmung erhellen und ihre *Lehr- und Beratungskompetenz* erweitern, bietet sich eine Beratungsform, die den Stellenwert von Gefühlen ... ebenso berücksichtigt wie kognitive Einsichten, geradezu an. *Lehrende*, die – im Rahmen von Supervision – am eigenen Lernprozeß erfahren, daß *Lernen* immer ganzheitlich erfolgt, sind am ehesten qualifiziert, einen effektiven *Lernprozeß* für ihre TeilnehmerInnen zu organisieren. Dies gilt für Lehrer in den Schulen genauso wie für die Erwachsenenbildung" (1990,71).

Und ich möchte hinzufügen: mutatis mutandis auch für Prozeßberater in der Wirtschaft. Transfer ist möglich. Es bedarf allerdings der Übersetzungsarbeit: Wenn ich die kursiv gedruckten Wörter des obigen Zitates austausche, also statt Kursleiter *Prozeßberater*, statt Lehr- und Beratungskompetenz *professionelle Kompetenz*, statt Lehrende *Prozeßberater*, statt Lernen *Umstellung von Verhalten*, statt Lernprozeß *Lern- und Arbeitsprozeß* und statt TeilnehmerInnen *Teams* einsetze, bekomme ich einen stimmigen Text über Supervision in der Wirtschaft.

Im Zusammenhang meiner Teamsupervision tat sich allerdings eine Grenze auf. Sie bestand darin, daß zwischen der Firma und mir kontraktiert wurde, Themen aus der Kindheit nicht anzusprechen. Das hat mir IP-Kopf- und Bauchschmerzen bereitet. Ich habe mich aber trotz dieser Beschränkung für die Supervision entschieden, da ich nachvollziehen konnte, daß es im beruflichen Kontext notwendig sein kann, derart sensible Daten zu schützen.

Noch ein Zitat zum Abschluß des Theorie-Inputs: "Supervision ist eine emotions- und beziehungsorientierte Beratungsform. Es geht um die Auseinandersetzung mit der Person des zu Beratenden in seinem jeweiligen beruflichen Kontext. In der Teamsupervision geht es um die Auseinandersetzung mit den einzelnen Personen des zu beratenden Teams, mit deren Beziehungen untereinander und deren Umgangsformen miteinander in ihrem beruflichen Kontext. Handlungsweisen des Teams werden auf ihre Wirkung nach außen hin reflektiert, Konflikte bearbeitet, gemeinsame und individuelle Ziele, Fragestellungen und Probleme werden bewußt gemacht, geklärt, bearbeitet, weiterentwickelt und gelöst" (ticker 6/1997, 32).

Diese Definition hat das Team selbst nach Beendigung der Supervision im Rahmen eines Artikels über die Supervision in der Hauszeitung der Firma veröffentlicht.

4. Exemplarische Darstellung des Teamsupervisionsprozesses: Alles "paletti"?

In diese Darstellung beziehe ich den oben zitierten Artikel des Teams über die Supervision ein und verschränke meine Stellungnahme mit der des Teams in der Hoffnung, dadurch etwas von der Dynamik zwischen mir und dem Team transparent zu machen.

"Ein schwieriger Anfang. Am 1. 3. 96 startete das Team der Prozeßberater mit seiner Arbeit. Das Kernteam bestand aus T.I.(w), G.T.(m), X.T.(m), B.X.(m) sowie B.C.(w) aus O. u. H.I.(m) aus B. Im Rahmen interner Qualifizierungsmaßnahmen zur Prozeßberatung war eine Teamsupervision von insgesamt 10 Sitzungen mit je zwei Stunden vorgesehen. Diese Veranstaltungen fanden alle vier Wochen für alle Teammitglieder verpflichtend statt. Durchgeführt wurde die Supervision von einer externen Supervisorin, die uns von PME vermittelt wurde" (ticker 6/1997, 32).

Mein Auftrag lautete: Das Prozeßberaterteam (PB-Team) soll erfahren – spüren – reflektieren, welche zwischenmenschlichen Prozesse im Team wirksam sind, um mit den Teams, die sie beraten, kompetenter umgehen zu können. Beziehungsthemen sollen im Vordergrund stehen. Die Teamfähigkeit soll entwickelt werden. Die TeilnehmerInnen sollen selbst erfahren lernen, daß Menschen anders funktionieren als Software.

Die Firma, auf die ich mich einließ, ist eine Softwareherstellerin und -entwicklerin für Finanzdienstleistungsunternehmen in Bayern. Aus der Selbstdarstellungsbroschüre: "Mehr als 520 Mitarbeiter ... konzipieren, entwickeln, realisieren und implementieren IT-Produkte und IT-Dienstleistungen ..." In derselben Broschüre fand ich neben der fett gedruckten Ankündigung *"Wer wir sind"* eine Fotomontage mit dem Brustbild eines Herrn in Anzug und Krawatte und einem Computerbildschirm als Kopf. Weitere Selbstdarstellungsanteile aus dieser Broschüre: *" Wie wir handeln ... effizient – schnell – zeitgerecht."*

Was mich erwartete, waren EDVler, hochgeschult in digitalem Denken, und meine Aufgabe sah ich darin, sie zu analogem Denken zu verführen. Sie in Kontakt mit ihren Gefühlen zu bringen. Sie zu entschleunigen. Ich wollte einen Ausgleich schaffen zu den überbetonten Anteilen und den "Schattenseiten" zu ihrem Recht verhelfen, also zu Werten wie "ineffektiv – langsam – unzeitgemäß" hinführen. Dabei kam mir zugute, daß "das Konzeptelement Fremdheit das Experimentieren mit neuen Denk- und Verhaltensmustern erleichtert" (Berker 1997, 20).

Mein Kontrakt mit der Firma sah vor, daß ich 10 Termine mit zwei Stunden in den Räumen der Firma veranstalten solle. Die Firma zahlte mein Honorar. Das Team und ich konnten nach einer Kennenlernsitzung entscheiden, ob wir miteinander arbeiten wollten. Ich berichtete über Methoden, *nicht* über Inhalte. Bei diesem letzten Punkt gab es den Einwand: "Wir haben doch auch eine Kultur der Offenheit!" Ich konnte aber klarmachen, daß ohne das Kontraktelement meiner Verschwiegenheit die Supervision nicht durchführbar sein würde. Mit dem Team kontraktierte ich:

- beiderseitige Freiwilligkeit der Teilnahme, d.h., jede Seite entscheidet sich für oder gegen die Supervision. Ist die Entscheidung "für" gefallen, gilt
- Verbindlichkeit der Teilnahme, denn Fehlen unterbricht den Prozeß,
- Vertraulichkeit, d.h., jede Person kann nur das nach außen tragen, was sie allein betrifft; alles andere bedarf der Zustimmung der Betroffenen (dies gilt z.B. auch für diesen Vortrag: was ich hier veröffentliche, ist mit den Beteiligten abgesprochen),
- Gleichwertigkeit, d.h., geteilte Verantwortung für den Prozeß,
- Offenheit,
- Pünktlichkeit = Einhaltung der Zeitgrenzen.

"Jede Zusammenarbeit beruht auf einem schöpferischen Akt, auf der eigenen Initiative und kann nicht von außen erzwungen werden" (Adler 1992,22).

Das Team: "Am Anfang waren wir ganz schön neugierig, da das Thema 'Team' für uns alle nicht neu war. Wir waren von CSC-Index und PME vorher schon sensibilisiert worden und fragten uns, was die Supervision uns denn noch beibringen will, wo bei uns doch alles 'paletti' ist! Dann ging's los! Es begann mit Übungen, die uns an die eigentlichen Themen heranführen sollten. Zwar gab es den einen oder anderen lustigen Effekt, da diese Übungen uns dazu brachten, Themen zu behandeln, die wir sonst nie angesprochen hätten, aber so ein richtiger Knaller war die Sache nicht!" (ticker 6/1997, 32f).

Schon in der Kennenlernsitzung habe ich mit "diesen" Übungen begonnen, damit das Team wußte, wofür bzw. wogegen es sich entscheiden würde. Ich habe sie vor die Wahl gestellt, ob sie an den von mir abgefragten Erwartungen an die Supervision arbeiten, also gleich in medias res gehen, oder lieber ihr Team malen wollten. Sie haben sich – risikobereit?! – für das Malen entschieden. Die Bilder, die die einzelnen gemalt haben – mit Jaxon-Wachsmalkreiden auf große Blätter – ähnelten sich insofern, als alle Strichmännchen darstellten. Sonst waren sie recht unterschiedlich. Zwei Teilnehmer (Tn) zeigten die/den jeweilige/n AutorIn in exponierter Position. Kommentar eines Teilnehmers: "Eigentlich haben wir's alle gleich."

Meine Vermutungen: Harmoniebedürfnis bei dem einen Tn, Konkurrenz um die Führung im Team bei den andern beiden. Beides behielt ich für mich. Ich habe jede/n Tn sein Bild vorstellen lassen und die andern konnten dann jeweils Kommentare in Form von eigenen Assoziationen dazu beitragen oder Verständnisfragen stellen, aber nicht deuten. Ich habe von Anfang an viel Energie in die Einhaltung der Regel "ich" statt "man" gesteckt, keine Verallgemeinerungen, sondern Ich-Aussagen gefordert und gefördert.

Eine weitere "dieser" Übungen bestand darin, daß ich zur ersten regulären Sitzung einen kleinen bunten Seidenbeutel mitbrachte, dessen Inhalt, acht Halbedelsteine, ich auf ein weißes Blatt Papier in der Mitte unseres Stuhlkreises gelegt habe. Ich forderte die Tn auf, sich einen Stein auszusuchen, ihn in die Hand zu nehmen, genau zu betrachten und zu befühlen. Anschließend hat jede Person gesagt: "An diesem Stein gefällt mir ..." Nach Beendigung dieser Runde habe ich zum Transfer eingeladen, sie gebeten, sich noch einmal all der positiven Sachen zu erinnern, die ihnen zu ihrem Stein eingefallen waren, und davon etwas auszuwählen, was zu ihnen und ihrem *Beitrag zum Team* passen würde. Großes Staunen! Aber dann kamen so Beiträge wie: "Mein Stein ist außen glänzend und wenn ich genauer hinsehe, hat er innen Zacken – Ich kann mir vorstellen, daß ich oftmals ausgeglichen wirke und es in mir ganz anders aussieht." Zu diesen Äußerungen konnten die anderen Feedback geben, ob sie die Wahrnehmung teilten oder nicht. Einer sagte: "Ich kann mit Steinen nichts anfangen." Das habe ich zu diesem Zeitpunkt des Prozesses so stehen lassen.

Das Ziel der Übung bestand darin, sich mit etwas Positivem zu identifizieren, ansatzweise zu erleben und zu verstehen, daß jede Aussage auch eine Selbstaussage ist, den eigenen Beitrag zum Team zu reflektieren, auszusprechen und Feedback dazu zu bekommen und den anderen Feedback zu geben, Vertrauensbildung durch Fokussierung auf positive Anteile.

In einer anderen Übung dieser Anfangsphase des Prozesses ging es um die "Aufgabe unseres Teams". Die Tn sollten die Hauptaufgabe des Teams in einem Satz oder einer Überschrift festhalten. Jede Person für sich in Einzelarbeit. Die Überschriften wurden auf runde Karten geschrieben und von den einzelnen erläutert. Anschließend wurden die Karten in die Mitte gelegt und die Tn erhielten die Anweisung, aus diesen Karten, ohne miteinander zu sprechen, ein stimmiges Bild zu legen. Das Bild sollte in dem Moment als fertig gelten, in dem niemand mehr etwas verändern möchte.

Es entspann sich ein ca. 15-minütiger Prozeß, während dessen die Karten in allen möglichen Anordnungen auf dem Boden lagen: einmal zur Blume angeordnet, einmal zum Teil auf Stelzen und schließlich als ein Stapel, von dem nur die oberste Karte lesbar war. Darauf stand: "Kümmerer, damit es besser wird".

Nach ihrem Erleben des Prozesses befragt, äußert sich H.I. ärgerlich darüber, daß sie so lang gebraucht haben, "wo wir uns doch alle einig sind"! Der Prozeßberater ärgert sich darüber, daß es einen Prozeß gibt, der Zeit braucht. G.T. ist betroffen von seiner "Sonderrolle", denn seine Karte liegt nun oben. Er will "nicht erhaben" sein. Schließlich gelingt ihm über die Unterscheidung von Person und Sache die Integration. Er sagt: "Das bin *nicht ich*, das da hervorgehoben wird, sondern dieses Thema."

Es schließt sich eine Aussprache über den Inhalt von "Kümmerer, damit es besser wird" an. Wir fokussieren auf die Fragestellung: Was erlebe ich als positiv, was als negativ daran, daß wir die "Kümmerer" sind? Positive Punkte sind z. B.: Kreativität, Freiraum, etwas anstoßen zu können, viele Kontakte. Als negativ wird u. a. genannt: zuviel Verantwortung, Uferlosigkeit, Orientierungslosigkeit, Sündenbockrolle, keine Akzeptanz.

In der Abschlußrunde dieser zweiten Sitzung, wo ich um eine Antwort auf die Frage, wie die Supervision ihnen heute gefallen habe, bitte, sagt G.T.: "No risk, no fun!" Für mich ist dies ein Hinweis darauf, daß die Supervision anfängt, unter die Haut zu gehen. Ich deute nicht, sondern lasse wirken und vertraue auf die Wirksamkeit des Erlebens.

Vom zweiten Treffen an hatte jede Sitzung eine festgelegte Struktur, auf deren Einhaltung ich geachtet habe und auf die Tn sich verlassen konnten:

Drei Anfangsrunden: 1. Wie geht es mir jetzt? – um die Tn dort abzuholen, wo sie sich gerade befinden. 2. Was gibt es aus der Zwischenzeit zu berichten? – um die Verbindung zum letzten Treffen herzustellen, den Prozeß ins Bewußtsein zu heben. 3. Was ist heute mein Thema? Woran will ich arbeiten? – um zum Thema der Sitzung hinzuführen.

Ich habe mich für diese Vorgehensweise und gegen die "schweigende gleichschwebende Aufmerksamkeit" (Gfäller 1993,79) entschieden, weil viele Supervisionsgruppen mit Vorerfahrungen in Supervision mir im Erstgespräch gesagt haben, wie belastend und unfruchtbar sie das häufige lange Schweigen erlebt haben, und weil es meinem Temperament entspricht, daß etwas losgeht. Die Befürchtung, damit wichtiges Material zu verdecken, teile ich nicht, da ich der Meinung bin, daß Wichtiges sich so oder so zeigt und die Gruppe ihr Thema auf jeden Fall findet. Bei den Einstiegsrunden ist mir wichtig, daß jede Person sich darauf verlassen kann, zu Wort zu kommen; daß jede Person die Gelegenheit zur Reflexion ihrer Befindlichkeit erhält und davon soviel mitteilen kann, wie für sie in diesem Moment stimmig ist, und daß jede Person für sich ein Thema formuliert, das ja ein Gruppenthema ist. Auch die Formulierung: "Ich habe heute kein Thema, möchte mich aber gern am Thema einer anderen Person beteiligen", ist in diesem Sinn ein Thema und für mich ein Hinweis auf die Situation der einzelnen Person und auf die Gruppensituation.

Konkret: In dieser Teamsupervision mit supervisionsunerfahrenen Tn habe ich kontraktiert, daß es um die Themen geht, die sie einbringen, daß ich aber auch in jedem Fall etwas vorbereitet habe, das wir machen können, sollten sie einmal "kein" Thema haben. Mit dieser Intervention wollte ich sicherstellen, daß sie sich nicht unter "Themenfindungsdruck" stellen, sondern sich dem Prozeß überlassen.

Das Ende jedes Treffens besteht aus einer Abschlußrunde, die entweder die Form eines Blitzlichtes oder eines Schlußwortes hat und in der es um Feedback oder die Zusammenfassung wesentlicher Erkenntnisse gehen kann. Jede Person wird noch einmal zu sich zurückgeführt und hat die Möglichkeit, sich zu äußern. Während ich bei den Eingangsrunden relativ intensiv darauf bestehe, daß sie sich äußern – zumindest, wie es mir im Moment geht, muß ich bereit sein, in die Gruppe einzubringen – ist die Beteiligung an der Schlußrunde fakultativ. Hier geht es mir mehr um die Möglichkeit, noch einmal etwas loswerden zu können. Mit dieser Struktur begrenze ich und verschaffe ein Stück Sicherheit.

Von den Tn wurde hervorgehoben, meine Art, die Gruppe zu führen sei "positiv dominant". In der Sprache des Teams hört sich das so an: "Da die Prozeßberater gemäß ihrer Aufgabe immer ein besonderes Augenmerk auf Effizienz und den Nutzen einer Sache haben müssen, eskalierte die Supervision in der vierten und fünften Sitzung; die ganze Veranstaltung wurde von zwei Mitgliedern des Teams in Frage gestellt (und es ging zur Sache!). Wir haben es der starken und konsequenten Führung durch unsere Supervisorin zu verdanken, daß wir nicht aufgaben. Über den alten Trick, einen Schritt zurückzutreten, den Blickwinkel zu erweitern und so einen neuen gemeinsamen Nenner zu finden, konnten wir uns eine Basis erarbeiten. Ergebnis war, daß das ganze Team die Supervision fortführen wollte" (ticker 6/1997,33).

Aus meiner Sicht kam es zum Knackpunkt, als nach einer Supervision, in der wir uns mit der Sichtweise des Teams auf die Firma und dem Platz des Teams in der

Firma beschäftigt hatten, organisatorische Veränderungen dazu führten, daß ein Tn, B.X., eine Aufgabe außerhalb des Teams übernahm. Daraufhin fehlte G.T. in der anschließenden Supervision, ohne sich entschuldigt zu haben, "denn wir sind ja nun kein Team mehr und also ist die Supervision sinnlos geworden". Diese Stellungnahme G.T.s wurde mir von den anderen Tn ausgerichtet. Ich war sauer. Ich bestand auf G.T.s Anwesenheit in der kommenden Sitzung, um die neue Situation gemeinsam durchsprechen und die Konsequenzen gemeinsam beschließen zu können.

Die Sicht des Teams auf die Firma hatte folgendes offenbart: Ich hatte ihnen die Aufgabe gestellt, ihre Organisation als etwas Lebendiges, eine Pflanze oder ein Tier oder einen Menschen, jedenfalls einen lebendigen Organismus zu malen. In diesem Organismus sollten sie den Ort des Teams besonders kennzeichnen, einzeichnen. Die Ergebnisse waren: zwei Menschen und vier Tiere, davon ein Dinosaurier, ein Esel, ein Zebra-Pferd und ein Hund.

Der eine Mensch, von B.C., war gesund und munter, groß und stark; das Team in ihm waren "die Nervenbahnen und die Hormone, die ihn zu seinen Handlungen anregen". Das war die einzige positive Darstellung. Der andere Mensch, von B.X., war ein grauer, kranker Mann mit fadendünnen Armen und Beinen, dem es total schlecht ging, und zwar "vor allem im Kopf"; das Team in ihm waren Herz und Leber, die völlig gesund und funktionstüchtig, aber leider auch völlig machtlos waren. Der Dinosaurier, von X.T., war sehr alt und sehr unförmig; das Team in ihm war ein knallroter Pickel an seinem Kopf, "der den Dinosaurier reizt und den er am liebsten weghaben möchte". Der Esel, von G.T., war ein liebes verwahrlostes Tier mit struppigem Fell, das dringend der Pflege und Betreuung bedurfte; das Team in ihm war sein eines Ohr, das besonders gut hören und auf alles sehr sensibel reagieren kann. Der Hund, von H.I., war ebenfalls ein sehr altes Tier, das sich kaum noch auf den Beinen halten und sich nur mit Mühe zu seinem Freßnapf schleppen konnte; das Team in ihm war sein Nervensystem, auf das er aber leider nicht reagieren konnte. Das Zebra-Pferd, von T.I., war ein Tier, das nicht so genau wußte, was es war, und das trotz kräftiger Beine nicht vorwärts, sondern nur im Kreis oder rückwärts gehen konnte; das Team in ihm war sein linkes entzündetes Auge, das ganz rot war vor lauter Sehen. Aber unglücklicherweise blieb das Gesehene immer im Auge stecken und fand seinen Weg nicht ins Gehirn, denn die "Leitung zum Gehirn ist gestört".

Das Gespräch über diese Bilder brachte viel von der Entmutigung im Team im Hinblick auf die Kommunikation in der Organisation und den Stellenwert der eigenen Arbeit an den Tag. Die Bilder zeigten meiner Ansicht nach auch viele Unterschiede zwischen den Teammitgliedern. Unverdrossen äußerte H.I.: "Eigentlich haben wir's alle gleich." Darauf wollte ich in der kommenden Sitzung noch einmal zurückkommen, aber da fehlte G.T. und die Supervision wurde von B.X., der die Aufgabe gewechselt hatte, in Frage gestellt.

"Was ist eigentlich der Nutzen für die Firma? Auf welches Ziel steuern wir eigentlich hin?" An dieser Stelle war es schwierig für mich, nicht in Rechtfertigungszwang z] geraten. Ich habe gesagt, es gäbe weder ein klar umrissenes Ziel noch ein Curriculum, sondern die Möglichkeit, gemeinsam herauszufinden, wie ihre Zusammenarbeit im Team funktioniert und mit welchen Störungen auf der zwischenmenschlichen und der institutionellen Ebene sie zurechtkommen müßten. Hier hakte B.C. ein und sagte, sie hätte eine Störung mit B.X. zu bearbeiten. Sie konfrontierte ihn mit ihrem Erleben, er nähme sie nicht ernst. Daraus entwickelte sich ein Gespräch, in dessen Verlauf B.X. zu spüren bekam, wie seine einseitige Sachorientiertheit die Effektivität des Teams beeinträchtigte. Er mußte zur Kenntnis nehmen, daß bei Vernachlässigung des persönlichen Faktors der Informationsfluß im Team empfindlich gestört wird und somit erhebliche Reibungsverluste in Kauf genommen werden müssen. Aus dieser Sitzung ging B.X. erstmals mit einem uneingeschränkt positiven Feedback hinaus – er war betroffen.

Dennoch hatten wir uns mit der Frage auseinanderzusetzen, ob es sinnvoll erschiene, die Supervision fortzusetzen, wo B.X. jetzt nicht mehr zum Team gehörte. Meine Stellungnahme dazu bezog sich auf meinen Kontrakt mit der Firma, der vorsah, daß ich mit dem Team 10 Sitzungen Supervision durchzuführen hätte. Ich sei gewillt, diesen Kontrakt zu erfüllen. In einem sehr intensiven Gespräch verständigten sich die Tn darauf, daß sie die Supervision fortsetzen wollten, und zwar unter Einschluß von B.X. Sie wollten sich thematisch vorrangig damit beschäftigen, "wie die Ideale von topfit 2000 umgesetzt werden" und auch ihre zwischenmenschlichen Probleme im Blick behalten. Wir definierten die Supervision um: ab jetzt machten wir teamübergreifende Gruppensupervision. So haben wir, indem ich an der Grenze meines Kontraktes festhielt, gemeinsam eine Grenze überschreiten können und uns damit weitere Entwicklungsmöglichkeiten eröffnet.

Ihren Unmut über den Stellenwert ihrer Arbeit innerhalb der Organisation und ihre eigene negative Sichtweise ihrer Arbeitsergebnisse bearbeiteten wir, indem wir eine ganze Sitzung darauf verwendeten, "highlights" zu sammeln. Die Aufgabenstellung dazu lautete so: Was ist aus deiner Sicht bisher in unserer Arbeit gut gelaufen? Was ist dem Team aus deiner Sicht geglückt? Alles, was ihnen dazu einfiel, haben sie auf einer Wandzeitung gesammelt. Dabei war zu beobachten, daß ihnen je länger je mehr Positives in den Sinn kam. Es wurde nicht zensiert. Jeder Einfall wurde notiert. Überraschende Erkenntnis: "Wenn *ich* etwas als Erfolg sehe, dann *ist* das ein Erfolg für mich, egal, ob die andern es genauso sehen wie ich." Sie waren ganz erschöpft und erstaunt über die Fülle. Und dann kam die unvermeidliche Frage: "Es ist ja schön und gut, wenn wir mit uns zufrieden sein können, aber wie können wir es bewerkstelligen, daß die Firma das auch sieht?" Meine Antwort: "Wenn ihr gesehen werden wollt, müßt ihr euch sichtbar machen." Daraus entwickelten sie die Idee, einen Zwischenbericht ihrer Arbeit in der Hauszeitschrift zu veröffentlichen. Der erschien unter der Überschrift "Da schau her …!" im Juni 1997. Der Schlußsatz dort lautete: "Wir denken, daß man nicht nur die Dinge sehen darf, die noch nicht gut laufen, sondern daß man den Blick auch von Zeit zu Zeit auf das Erreichte lenken sollte – das motiviert und spornt an weiterzumachen!" (ticker 3/1997, 19).

An der Sammlung der "highlights" war für mich spannend, daß ich inhaltlich nicht unbedingt verstand, worum es ging, wie z. B. "Spk-Mitarbeit hat gut geklappt; Beispiel.: EWWU-Pilot / PS-Lose Neuentwicklung Batch". In einem Artikel über "Gruppenprozesse in der Software-Entwicklung" schreibt Johann Rau (1998, 179), daß es in der Supervision mit Software-Entwicklern für den Supervisor besonders schwierig sein könnte, die hochkomplizierte Fachsprache nicht zu verstehen. Ich habe darüber nachgedacht, warum ich damit zu keinem Zeitpunkt ein Problem hatte. Dabei ist mir eingefallen, daß ich in einem naturwissenschaftlich geprägten Umfeld aufgewachsen bin. Meine Eltern waren beide promovierte Naturwissenschaftler, und bei Tisch ging es oft um wissenschaftliche Themen, wo Wörter hin- und herflogen, die ich nicht verstand. Oft, wenn Gäste da waren, fand die ganze Unterhaltung noch dazu auf Englisch statt, also in einer Fremdsprache. Da hatte ich dann überhaupt keine Chance mehr. Ich habe für mich die daraus resultierende Langeweile auf der Sachebene dadurch ausgeglichen, daß ich mein Gespür für die Beziehungen entwickelt habe. Ich wußte ganz genau, wer am Tisch wie gelaunt war und wie die GesprächsteilnehmerInnen zueinander standen. Nicht selten habe ich für mich unerträgliche Spannungssituationen zwischen meinen Eltern durch *entzückende* (Originalton mein Vater) Beiträge gelöst. Meine kindliche Sehnsucht ging dahin, daß meine Eltern sich verstehen und harmonisch miteinander umgehen sollten, daß sie *überhaupt* miteinander in Beziehung treten und ihre Beziehung klären sollten ... Das Kind hat auf zwei Ebenen aus einer Minus- eine Plussituation gemacht: aus dem Nichtverstehen auf der Sachebene ein Erkennen auf der Beziehungsebene und aus den Spannungen zwischen den Eltern eine momentane Harmonie. Was dem Kind nicht gelungen ist: die Eltern miteinander ins Gespräch zu bringen. Was tabu war und die Homöostase des Elternsystems zerstört hätte: eine Klärung der Standpunkte und der Beziehung. Das durfte nicht sein. Diese Grenze war bei Höchststrafe nicht zu überschreiten. Aus dieser Minussituation des Kindes hat die Erwachsene für sich die Plussituation gemacht, anderen Menschen dabei zu helfen, daß sie miteinander ins Gespräch kommen, sie dabei zu unterstützen, ihre Standpunkte zu finden und zu vertreten und in wirkliche Kommunikation miteinander zu treten: den Beruf der Beraterin und Supervisorin zu ergreifen.

Zurück zum Supervisionsprozeß: Die Prozeßberater selber haben die nun angebrochene Phase des Prozesses so umschrieben: "Besonders zum Thema 'Wie gehen wir im Team miteinander um?', konnten wir einige Sachen auf den Punkt bringen: z.B. die Meinung des anderen *wirklich* zu akzeptieren (und nicht nur als Lippenbekenntnis) oder aber Hintergrundthemen in den Vordergrund zu bringen (und damit dem Betroffenen die Chance zu geben, seinen Standpunkt zu erläutern, manchmal zu überdenken und ab und zu auch zu verändern). Bei solchen Themen fiel es keinem von uns leicht zu sagen, was einem *wirklich* nicht paßt, denn es erfordert Mut, mal ehrlich seine Meinung zu äußern! Wir sind aber stets ohne bleibende Schäden aus unseren Sitzungen herausgegangen und jeder konnte etwas für das Team und auch für sich persönlich nach Hause mitnehmen. Funktioniert hat das ganze aber nur, weil eines von uns allen konsequent beachtet und eingehalten wurde: *Supervision kann man nicht spielen!*" (ticker 6/1997, 33).

Die Sammlung der "highlights" hatte den Boden bereitet für eine intensive, weil sehr ehrliche Bearbeitung der Beziehungen der Teammitglieder untereinander. Auf der Grundlage dieses gemeinsamen Positiven gab es genügend Vertrauen in die Tragfähigkeit der Beziehungen, um sich genauer damit beschäftigen zu können. Sich mit den Unterschieden beschäftigen, wahrnehmen, daß Dinge konträr gesehen und erlebt werden. Eines Tages brach es aus H.I. heraus: "Hier tun sich Gräben auf". Daß er, der große Harmonisierer, sich diese Wahrnehmung gestatten konnte, werte ich als einen der Erfolge der Supervision.

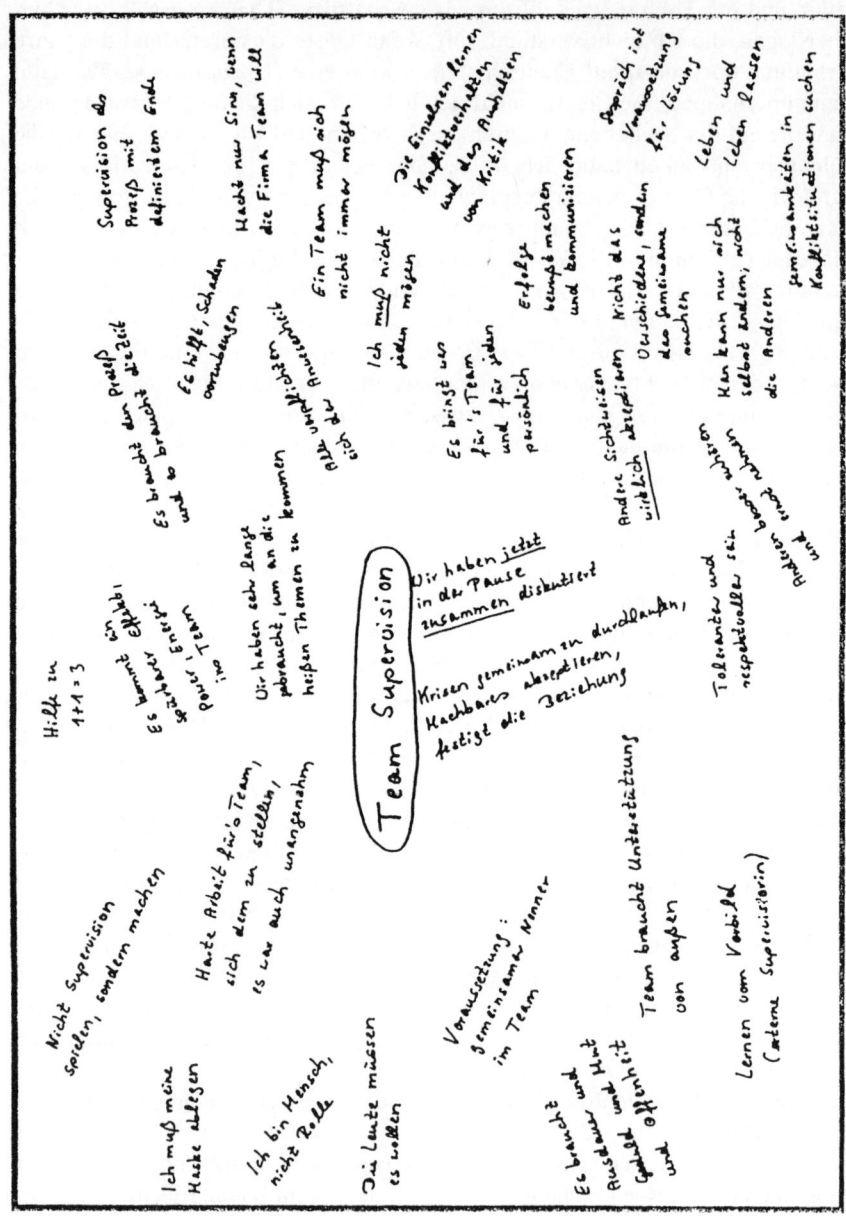

Abb.: Grenzen (in) der Teamsupervision. Mindmapping

Zum Abschluß meiner exemplarischen Darstellung des Teamsupervisionsprozesses möchte ich Ihnen eine Methode vorstellen, wie wir Konflikte bearbeitet haben: Erst wird ermittelt, wer mit wem ein Problem hat. Dann werden die beiden Konfliktpartner, der besseren Darstellbarkeit wegen nehme ich ein Beispiel mit zwei beteiligten Personen, aus dem Stuhlkreis herausgenommen und einander in einigem Abstand zur Gruppe, die in dieser Phase nur beobachtet, gegenübergesetzt. Meine Position ist im Hintergrund der beiden Protagonisten, so daß ich sie und die Gruppe im Blick habe und bei Bedarf hinter eine der beiden Personen treten und "eindoppeln" (psychodramatische Technik zur Unterstützung des Protagonisten bei der Wahrnehmung und Äußerung seiner Gefühle) kann. Dann werden die beiden Partner aufgefordert, alles auszusprechen, was aus ihrer Sicht zu dem Konflikt gehört. Dabei achte ich darauf, daß sie sich nicht in "ollen Kamellen" und Verallgemeinerungen verzetteln, sondern möglichst konkret und möglichst aktuell bleiben und auch die Gefühle mitteilen, die der andere in ihnen auslöst. Hierbei haben sie anfänglich noch viel eindoppelnde Unterstützung gebraucht, denn es war höchst ungewöhnlich, an eine Äußerung wie z.B. "Du bist immer so hektisch" die Ich-Botschaft anzuschließen "und das bringt mich aus dem Konzept und macht mich ärgerlich". Wenn beide alles ausgesprochen haben, was den Konflikt für sie ausmacht, werden sie von mir dazu aufgefordert, dem andern zu sagen, was sie von ihm erwarten. Daraufhin bekommen sie Gelegenheit, mitzuteilen, welche der Erwartungen sie erfüllen können bzw. wollen und welche nicht.

Nach dieser Sequenz wird die Zweierscene geöffnet, die Protagonisten kehren in den Stuhlkreis zurück und die ganze Gruppe bekommt die Aufgabe, eine Antwort auf die Frage: "Welches ist der gemeinsame Boden der beiden Konfliktpartner?" zu formulieren. Das geschieht zunächst in Einzelarbeit. Jede/r schreibt seine Antwort auf eine Moderationskarte. Die Karten werden vorgelesen und auf den Boden in die Mitte des Stuhlkreises gelegt. Die beiden Kontrahenten werden dann aufgefordert, sich auf die Karte zu stellen, die für jeden einzelnen von ihnen am stimmigsten ist. Das kann die eigene oder eine andere Karte sein. Von dieser Position aus sagen sie einander: "Mein gemeinsamer Boden mit dir ist ... z.B., zum Wohl der Firma zusammenzuarbeiten." Und der andere: "Mein gemeinsamer Boden mit dir ist ... z.B., daß ich dich als Mensch schätze." Sie drücken damit eine je unterschiedliche Gemeinsamkeit aus und zwar in der Gruppenöffentlichkeit und von der Gruppe mit erarbeitet.

Anschließend gibt es eine Nachbesprechung, in der die beobachtenden Tn Gelegenheit zum Identifikationsfeedback ("an dieser Stelle war ich mit dir identifiziert.") und zur Äußerung der Gefühle, die das Beobachtete in ihnen ausgelöst hat, bekommen. Meistens ist schon durch das Finden des gemeinsamen Bodens viel Spannung aus der Gruppe genommen. Was dennoch geblieben ist, kann jetzt raus. Das Fazit, das die Tn aus der Supervision gezogen haben, liest sich so: "Rückblickend, unsere letzte Sitzung war am 10. Oktober 97, sind wir alle froh, daß wir nicht aufgegeben haben. Interessant ist auch, daß keiner vom Team die ganze Supervision in Frage gestellt hat! Unsere ganz persönlichen Resumees haben wir in nebenstehendem 'mindmapping' (siehe Seite 112) festgehalten. Wir haben es sogar geschafft, eine neue, positive Sicht auf unseren Job als Prozeßberater zu bekommen (siehe auch ticker 3/1997, 19). Es hat uns sensibilisiert, unsere kleineren Erfolge zu sehen, in unserem Rahmen das Mögliche zu akzeptieren und hat uns Kraft gegeben, weiterhin ein kleiner Motor in der Maschinerie 'Unternehmensentwicklung bei (unserer Firma)' zu sein" (ticker 6/1997, 33).

5. Grenzüberschreitungen mit Übung

Ich komme zurück auf das Thema Grenzen und Grenzüberschreitungen und nehme zunächst das System Delmenhorster Fortbildungstage in den Blick. Welche Grenzen werden mit diesem Vortrag überschritten? Noch nie hat in diesem Rahmen jemand über Teamsupervision und noch nie jemand über einen Gruppenprozeß in der Wirtschaft oder die Anwendung von IP-Elementen in der Wirtschaft gesprochen. Eigentlich merkwürdig, wo doch eine der drei (oder vier) von Adler formulierten Lebensaufgaben die Arbeit ist und die meisten Menschen ihren Lebensunterhalt in der Wirtschaft verdienen. Diese Grenzüberschreitung hat meiner Meinung nach mit folgenden zwei Gründen zu tun: der Veränderung der Arbeitswelt (Zitat Wimmer 1996, 118; siehe hier Seite 102) und der daraus resultierenden Veränderung des Bewußtseins unserer Gesellschaft, sowohl der Gesellschaft allgemein als auch der DGIP.

Für mich als personales System besteht die Grenzüberschreitung darin, daß ich hier überhaupt einen Vortrag halte. Es gab lange für mich die selbsterrichtete Grenze: "Niemals kannst du einen Vortrag in Delmenhorst halten." Hilfreich zur Überwindung dieser Grenze war, daß ich mich auf meine Grenzen besonnen und mir gesagt habe, ich stehe zu meiner Identität. D. h. ich arbeite *so* wissenschaftlich, wie es meine Art ist: ich werte Literatur aus *und* ich verbinde mich mit meinem Gefühl, ich verlasse mich auf meine Intuition. Ich beziehe meinen Standpunkt, d. h. ich grenze mich ab. Gleichzeitig öffne ich mich, indem ich andere, Sie, an meinem Standpunkt teilhaben lasse, ihn mitteile. Ich mache mich angreifbar, d. h. berührbar. Indem ich mich präsentiere, lade ich zum Kontakt ein. So werden meine sichtbar gemachten Grenzen zur Voraussetzung für Austausch, Kommunikation und Kooperation. Indem ich mich Ihnen zeige, gebe ich Ihnen die Möglichkeit, sich auf mich einzulassen.

Grenzüberschreitungen, die das Team, von dem ich Ihnen berichtet habe, sich gestattet hat: die Entscheidung für die Supervision, die Beteiligung an einem Projekt mit offenem Ausgang, das Einlassen auf die ungewohnten Methoden, eigene Erfolge in den Blick zu nehmen und in der Institution sichtbar zu machen, Konflikte untereinander offen auszutragen.

Alfred Adler hat sich zum Thema "Grenzen" folgendermaßen geäußert: "Jeder Mensch kann alles, solange er sich selbst keine Grenzen setzt" (1994, 30). Er meint damit keine hybriden Omnipotenzphantasien, sondern die Entgrenzung der Realität von selbstgeschaffenen Schranken. Eine Grenze, die ich mir selbst aufgerichtet habe – und *ein* Aspekt der Entwicklung des Lebensstils *ist* ja die Errichtung von Grenzen gegen das, was mich bedroht, mir nicht guttut – kann ich auch selbst wieder einreißen. KlientInnen in diesem Prozeß beizustehen, ist unsere Arbeit als BeraterInnen.

Leicht gesagt, schwer getan! Ich habe die Grenze ja aufgerichtet, weil sie für mich lebensnotwendig im wahrsten Sinn des Wortes war, und es ängstigt mich verständlicherweise, von ihr zu lassen. Grenzen sind notwendig. – GRENZEN SICHERN IDENTITÄT – GRENZÜBERSCHREITUNGEN ERMÖGLICHEN ENTWICKLUNG – Auch Grenzüberschreitungen sind notwendig.

Jetzt bitte ich Sie, sich wieder auf sich selbst als personale Systeme zu besinnen, Papier und Stift zur Hand zu nehmen und folgenden Satz für sich zu vervollständigen: "Ich kann auf gar keinen Fall ..." Nun experimentieren Sie mit der Vorstellung und dem Gefühl, die sich einstellen, wenn Sie diese selbstgesetzte Grenze überschreiten und den Satz umformulieren: "Und als nächstes werde ich ..." Füllen Sie dasselbe ein wie oben!

Als ich für mich diese Übung, sozusagen im Selbstversuch, gemacht habe, wurde mir schlecht vor Angst, ich war völlig aufgeregt und gleichzeitig hat sich ein Gefühl von Befreiung und Autonomie eingestellt.

"Wenn ihr Schiß habt vor der Freiheit, dann bleibt doch in eurem Stinkstall und laßt euch verwursten!", läßt F. K. Wächter (1977) das rebellische Schwein seinen Brüdern und Schwestern zurufen. Entwicklung ist nur möglich durch Überschreitung von Grenzen. Andererseits wollen Körper beharren, ein altes physikalisches Gesetz.

Alfred Adler sagt, unser letztendliches Streben sei immer kosmisch, auf die ganze Welt und deren Fortschritt gerichtet. Damit ist es wie mit dem berühmten kommunikationstheoretischen Satz: "Es ist unmöglich, nicht zu kommunizieren" (Watzlawick 1974, 50). Es ist unmöglich, nicht zum Fortschritt beizutragen.

Literatur

Adler, A. (1994): Lebensprobleme. Vorträge und Aufsätze. Fischer, Frankfurt/M.
Berker, P. (1997): Der Beitrag der Supervision zur Qualitätsdiskussion. supervision, Zeitschrift für berufsbezogene Beratung 31, 17–31
Fuchs-Brüninghoff, E. (1990): "Supervision" als individualpsychologisch orientierte Mitarbeiterberatung in der Erwachsenenbildung. Beiträge zur Individualpsychologie, 13, S. 69–92. Reinhardt, München/Basel
Gfäller, G. R. (1993): Team-Supervision nach dem Modell von S. H. Foulkes. In: Pühl, H., Schmidbauer, W. (Hrsg.): Supervision und Psychoanalyse. Fischer, Frankfurt/M.
Pühl, H. (1996): Supervision in Institutionen. Eine Bestandsaufnahme. Fischer, Frankfurt/M.
Rappe-Giesecke, K. (1990): Theorie und Praxis der Gruppen- und Teamsupervision. Springer, Berlin
Rost, J. (1998): Gruppenprozesse in der Software-Entwicklung. Gruppendynamik, Zeitschrift für angewandte Sozialpsychologie Heft 2
Selbstdarstellungsprospekt der Firma. München 1997
ticker, Hauszeitschrift der Firma. Heft 3 u. 6. München 1997
Uderzo und Goscinny (1973): Asterix bei den Schweizern. Ehapa, Stuttgart
Wächter, F. K. (1977): Plakat
Watzlawick, P., et al. (1974): Menschliche Kommunikation. Formen, Störungen, Paradoxien. 4. Aufl. Huber, Bern/Stuttgart/Wien
Wimmer, R. (1996): Erlebt die Gruppendynamik eine Renaissance? Eine systemtheoretische Reflexion gruppendynamischer Arbeit am Beispiel einer Trainingsgruppe. In: Schwarz, G., et al. (Hrsg.): Gruppendynamik. Geschichte und Zukunft. WUV-Universitätsverlag, Wien

CHRISTEL LUEB-PIETRON
Erfahrungen mit Leben – Sterben – Tod
Solidarität zwischen Trost und Ermutigung

Experiences with Life – Dying – Death

Solidarity Between Comfort and Encouragement

Sometime death becomes reality, is putting an end to our life, is the border. But however – it is often so endlessly difficult to include death into thinking, into life, to experience death. The following article is telling from experiences with life – dying – death in the accompanying of cancer patients on an ENT ward. After outlining the conditions and characteristics of this working environment, solidarity with the dying, between comfort and encouragement, is described by three value positions, and the limits of accompanying the dying are shown.

Irgendwann ist der Tod Wirklichkeit, setzt er unserem Leben ein Ende, ist er die Grenze. Und doch – es ist oft so unendlich schwer, den Tod in das Denken, in das Leben einzubeziehen, ihn zu erleben. Der nachfolgende Artikel erzählt von Erfahrungen mit Leben – Sterben – Tod in der Begleitung von Tumorpatienten auf einer HNO-Station. Nach einer Darstellung der Rahmenbedingungen und der Besonderheiten dieses Arbeitsfeldes beschreibt er in drei Werthaltungen eine Solidarität mit den Sterbenden zwischen Trost und Ermutigung, und er zeigt die Grenzen einer Sterbebegleitung.

Seit fünf Jahren arbeite ich als Seelsorgerin auf der HNO-Station des Evangelischen Krankenhauses Düsseldorf und begleite dort die Patienten, die an Tumoren im Bereich von Hals, Nase und Ohren leiden. Aufgrund der besonderen Ausrichtung der dort tätigen Ärzte ist das Krankenhaus über die Regionalgrenzen hinaus für Tumorpatienten bekannt, und die Zahl der Tumorpatienten hat sich erhöht. Von den 50 Patienten der HNO-Station sind häufig 10-15 der Gruppe der Tumorpatienten zuzuzählen. Damit verbunden stiegen auch die emotionalen und psychischen Belastungen für die Pflegekräfte und Ärzte. Auf Vorschlag des Krankenhauspfarrers wurde nach Wegen gesucht, um eine intensive Krisenbegleitung für die Patienten und Pflegekräfte zu ermöglichen. Das Sonderprojekt wird vom Evangelischen Krankenhaus finanziell getragen und bezieht sich auf zehn Stunden in der Woche.

1. Besonderheiten meines Arbeitsfeldes

Als Seelsorgerin besuche ich die Patienten; d.h. ich gehe zu ihnen hin und stelle mich ihnen vor. Ich bin zu regelmäßigen Zeiten auf der Station, um den Eindruck eines "seelsorgerlichen Sondereinsatzes" in der letzter Sekunde zu vermeiden und um ansprechbar zu sein für die Patienten.

Manche Menschen beginnen gleich nach meiner Vorstellung zu erzählen, andere nehmen mich erst einmal zur Kenntnis, begegnen mir immer wieder auf dem Flur, können mich beobachten und dann für sich entscheiden, ob sie – irgendwann – mit mir sprechen wollen. Wie etwa Herr G., mit dem ich über Wochen hinweg auf dem Flur kurze Sätze ausgetauscht hatte. Irgendwann, ich wollte schon weitergehen, sagte er mir: "Bleiben Sie mal stehen, ich möchte mit Ihnen jetzt über den Tod sprechen."

Die Arbeit mit Patienten, die einen Tumor im HNO-Bereich haben, unterscheidet sich gravierend von der Arbeit mit anderen schwerkranken Menschen. Die Gründe hierfür sind

- die Sichtbarkeit der Krankheit. Im Vergleich zu Patienten anderer Stationen können diese Menschen ihre Krankheit nicht verbergen. Sie ist im Gesichts- oder Halsbereich für jeden sofort sichtbar oder hörbar durch eine entstellte Stimme. Dadurch wirkt sie unverhohlen, oft aggressiv. Es ist für mich nicht leicht, nach einer Kehlkopfoperation in ein Loch im Hals zu sehen, aus dem es gurgelt, aus dem der Schleim fließt. Oft spüre ich Ekelgefühle, bin erschüttert, sprachlos, wenn sich die Gesichter der Menschen im fortlaufenden Krankheitsverlauf immer mehr entstellen.

- die Sprachlosigkeit und die Kommunikationsschwierigkeiten. Viele Patienten müssen nach einer Operation im Hals- oder Mundbereich mit einer mehr oder weniger großen Beeinträchtigung ihrer Sprechmöglichkeiten leben. Besonders einschneidend erlebe ich die Kommunikation mit einem Menschen nach einer Kehlkopfentfernung, wenn er seine Sprache verloren hat und andere Sprechmöglichkeiten noch nicht beherrscht (Ösophagussprache, Sprechkanüle, etc.).

Es ist unmöglich, das Erlebte in Worte zu fassen. Viele Patienten schreiben mir nur stichwortartige Sätze auf, zum einen, weil es ihnen selbst zu lange dauert und sie ungeduldig werden, zum anderen, weil sie die Erfahrung machen, daß die anderen sie nicht "ausreden" lassen und ihnen ins "Wort" bzw. in die Schrift fallen. Viele sprachliche Nuancierungen, wie Äußerungen von Schmerz, Wut, Traurigkeit, entfallen. Die eigene Lebensgeschichte zu erzählen, Abschied zu nehmen durch das Erzählen, ist oft nur begrenzt möglich, mit leiser gepreßter Stimme. Für mich bedeutet das, viel Zeit mitzubringen für ein solches Gespräch. Es ist oft mühsam, und manchmal bin ich froh, abends wieder "normale" Töne zu hören.

2. Werthaltungen in der Begleitung der Tumorpatienten

Angeregt durch die Gedanken der Individualpsychologie – Finalität, Zärtlichkeitsbedürfnis, Lebensstil, Ermutigung, schöpferische Kraft – sind mir bei der Begleitung der Tumorpatienten in den letzten Jahren drei Werthaltungen sehr wichtig geworden: Ich möchte trösten, die Wahrheit mit-teilen und die "guten Seiten" der Menschen benennen und in Erinnerung bringen.

Trösten

Ich treffe Herrn A. vor dem Verbandszimmer. Er sieht müde aus, holt rasselnd Luft durch seine Kanüle im Hals. Ich spreche ihn darauf an, setze mich neben ihn. Er erzählt mir von der vergangenen Nacht: "Es war schrecklich, ich bekam keine Luft, hatte immer das Gefühl, daß da etwas festsitzt und mir die Luft absperrt. Ich hatte die ganze Nacht große Angst – Todesangst."
Herr A. wiederholt die Not einmal, zweimal, dreimal. Immer wieder erzählt er von seiner Todesangst. Dabei hustet er, ringt nach Luft. Ich sitze neben ihm, höre ihm zu, muß mich angesichts seiner Luftnot beherrschen, ihn nicht zu unterbrechen.
Ich spüre deutlich etwas von seiner Not der letzten Nacht. Dann kommt die Ärztin, um den Verband zu wechseln. Sie lächelt uns zu und bittet Herrn A. ins Verbandszimmer. Herr

A. steht auf, sieht mich an, gibt mir die Hand und sagt: "Ich brauchte einfach neuen Trost!" und zur Ärztin gewandt: "Jetzt habe ich den Mut mitzugehen."

Für mich bedeutet "Trösten", einen Menschen in Krisensituationen nicht allein zu lassen, bei ihm zu sein, vielleicht nur still dazusitzen oder seine Hand zu halten, ihn in den Arm zu nehmen, ihm Nähe und Wärme zu vermitteln. Dann, in einem nächsten Schritt, kann ich ihn vielleicht dazu ermutigen, seine Lebensgeschichte zur Sprache zu bringen, im Erzählen (in welcher Form auch immer) einen anderen Blickwinkel zu gewinnen, – vielleicht – seinen Sinn im Leiden zu finden und seine Lebensgeschichte zu Ende zu führen.

Das "Trösten" ist m. E. auch etwas anderes als das "Ermutigen", das ich aus der Individualpsychologie kenne. Voraussetzung ist in beiden Situationen ein genaues Hinhören auf das, was der andere mitteilt, ein Achten auf eine innere Gesetzmäßigkeit. Es gibt aber auch einen Unterschied: Trösten ist ein Wort aus einer anderen Sprache – einer religiösen oder spirituellen Sprache. In einer tiefen Krise, wenn für einen Menschen alles zusammenbricht, wenn der Boden unter den Füßen nachgibt, wenn da gar nichts mehr ist, dann kann ich nur noch trösten, kann "nur" noch da sein, kann auf ganz einfache Art einen zeitweiligen Halt anbieten, ähnlich wie es eine Mutter bei einem kleinen Kind tut.

Mir ist aufgefallen, daß bei Unglücksfällen in der letzten Zeit – etwa dem Zugunglück von Eschede oder bei den jüngsten Gasexplosionen von Wohnhäusern – in den Nachrichten immer wieder davon berichtet wurde, daß Seelsorger am Unglücksort waren. Ich glaube, daß es bei solchen Katastrophen, wenn überhaupt, nur möglich ist zu trösten. Es gibt eine Verzweiflung, die so groß ist, daß alle Ermutigungsversuche, allein schon die Absicht dazu, zynisch wirken. Die Zeit der Psycho-Logie beginnt später, wenn das Leben mit der Krise beginnt. Das Ermutigen ist m. E. nur möglich auf der Basis des "Getröstet-worden-Seins". Und manchmal – beim Sterben – bleibt es vielleicht allein beim Trösten.

Ich merke immer wieder, wieviel Kraft das Trösten von mir erfordert. Ich muß da bleiben, die Klage und die Not mit aushalten, ohne sie wegzunehmen oder zu bagatellisieren. Und manchmal möchte ich auch weglaufen ... Und doch: Ich möchte das Trösten nicht aufgeben. Es wird mir immer wichtiger und wertvoller. Ich leihe mir zum Schluß dieser Gedanken Worte von Rose Ausländer (nach einer Gedichthandschrift, Heinrich-Heine-Institut Düsseldorf):

Trost

Mein Haus aus Schnee
schmilzt
die Flügel welken
Ich lieg im Raum aus Schmerz
und trinke Tränen
Leid meine Speise
Der Wind ist mitleidlos
der Atem stockt
Was rührt sich dort im Winkel
Ein Wort das Mutter heißt
es ruft
sei ruhig Kind ich webe
Dir neue Flügel

Die Wahrheit mitteilen

Immer wieder erlebe ich in meiner Arbeit die Angst vor der Wahrheit und immer wieder erlebe ich, wie einsam es die Menschen macht, wenn die Wahrheit ihnen vorenthalten wird. Ich halte die Wahrheit für zu-mut-bar, und zwar in dem Sinne: Die Wahrheit ist kein einmal ausgesprochener Satz, sondern ein Weg, den ich, der Arzt, Verwandte und andere mit dem Menschen zusammen gehen.

Meine Aufgabe ist es nicht, den Patienten die Information über ihre Krankheit zu geben. Das ist Aufgabe des Arztes. Meine Zielsetzung ist es, hinzuhören, was Patienten wahr-nehmen, ihre Gefühle nicht an die Seite zu schieben, ihnen die Möglichkeit zu geben, ihre Wahrheit in ihrer Lebensgeschichte leben zu können – bis zum Ende.

Dies bedeutet oft einen anderen Umgang mit dem Menschen, als ich das aus einem therapeutischen Prozeß kenne. Es geht in vielen Fällen nicht um ein Aufdecken einer Wahrheit, sondern um eine Begleitung, die auf die eigene Würde des Menschen achtet.

Nachdenklich gemacht hat mich an dieser Stelle der Vortrag von Gisela Gandras (1998) "Verlust von leiblicher und seelischer Identität in der Biographie einer Krebspatientin". Sie beschreibt eindrucksvoll, daß ein konfliktzentriertes oder analytisches Vorgehen – hier am Beispiel einer Frau mit Brustkrebs – sehr wohl möglich ist. Ich stelle in meiner Arbeit immer wieder fest, daß Menschen durch ihre Krankheit anfangen, über ihr bisheriges Leben nachzudenken und immer wieder auch kleine, neue Schritte wagen oder längst anstehende Dinge regeln. Mir fallen Patienten ein, die nach dem Krankenhausaufenthalt eine Therapie begonnen haben, "um mit der Angst besser fertig zu werden" oder "um das Übel an der Wurzel zu packen". Sie erzählen davon, wie ihnen die Therapie geholfen hat. Von daher kann ich den Ansatz von Frau Gandras sehr unterstützen.

Für meine Arbeit als Seelsorgerin sehe ich aber einen anderen Schwerpunkt. Für mich ist es wichtig zu trösten, und in meiner Arbeit möchte ich primär begleiten und nicht aufdecken. Ich erlebe die Menschen im Krankenhaus, in der akuten Krise, vor und nach einer Operation, wenn sie wiederkommen müssen zu einer Kontrolluntersuchung, oder wenn sich Metastasen gebildet haben und ihr Zustand sich verschlechtert hat. Das Krankenhaus bleibt für viele Menschen der "Ort des Schreckens", behaftet mit gefährlichen Erinnerungen, mit Angst, Verzweiflung und – trotz allem – dem Hoffnungsschimmer auf Heilung durch die Medizin.

Herr D. ist vor fünf Jahren operiert worden, er war damals 57 Jahre alt. Die Ärzte mußten ihm den Kehlkopf entfernen. Regelmäßig kommt er zu den Kontrolluntersuchungen wieder ins Krankenhaus. Ich, und auch die Schwestern und Ärzte freuen sich, wenn wir ihn wiedersehen; er vermittelt so viel Hoffnung. Herr D. will leben, und er kämpft um sein Leben. Er lernt die Ösophagussprache, er beginnt eine Therapie, und kann wieder zurück in seinen Beruf. Ein Arzt nennt ihn den "Vorzeigepatienten der Station".

Und dann, nach fünf Jahren, die Nachricht: Es gibt ein Rezidiv in der Speiseröhre! Als Herr D. wieder ins Krankenhaus muß, ist er sehr niedergeschlagen. Ich besuche ihn regelmäßig. Er erzählt mir von einer großen Operation, die die Ärzte planen. Einige Tage später treffe ich ihn auf dem Flur. Er hat gerade ein Gespräch mit dem Arzt hinter sich. Er hat Tränen in den Augen. Wir setzen uns in eine ruhige Ecke auf der Station, und Herr D. erzählt, daß bei einer Untersuchung auch Metastasen in der Leber festgestellt worden sind. "Die Operation ist abgesagt. Die Ärzte können nichts mehr tun. Ich lebe nicht mehr lange. Vielleicht noch ein halbes Jahr ..." Herr D. weint. Ich bin wie vor den Kopf geschlagen. Nach einiger Zeit hole ich aus der Küche zwei Tassen Kaffee und gebe ihm eine Tasse. Ich weiß, daß er gerne Kaffee trinkt. Er nimmt vorsichtig ein paar Schluck. Dann sieht er mich an: "Das ist der letzte Kaffee, den wir zusammen trinken. Heute nachmittag bekomme ich eine Magensonde gelegt; das Schlucken ist so schwierig." Wir trinken beide wortlos unseren Kaffee, wobei Herr D. sich mehrmals verschluckt und hustet. "Der Kaffee war gut", sagt er. Ich suche nach Worten: "Ich weiß nicht, was ich sagen soll. Es tut mir so leid." Er nimmt meine Hand: "Kommen Sie wieder, und besuchen Sie mich regelmäßig!"

Und das mache ich auch; mittwochs und freitags gehe ich zu ihm hin. Jedesmal, wenn ich ins Zimmer komme, steht er auf und begrüßt mich höflich, und auch wenn ich gehe, steht er auf und wünscht mir dann einen guten Tag oder ein gutes Wochenende. Bei unseren Besuchen erzählt mir Herr D. dann von seinem Leben; es war sehr hart. Seit acht Jahren ist er trockener Alkoholiker. Wie er davon erzählt, spüre ich seine Wut: "Ich habe gekämpft, um vom Alkohol loszukommen. Ich habe es geschafft. Und jetzt kommt die späte Rechnung. Das ist nicht gerecht!" Das empfinde ich auch so. Herr D. hat keine Angehörigen. Seine nächsten Menschen sind ein "Freundeskreis ehemaliger Alkoholiker", die ihn regelmäßig besuchen.

Ein anderes Mal erzählt er von seinen Schmerzen. Die Schmerzanästhesistin kommt regelmäßig zu ihm, aber nicht immer lassen sich die Schmerzen sofort mildern. Und dann kommt eine Zeit, in der Herr D. panische Angst bekommt, Alpträume hat. Für alle Mitarbeiter auf der Station, für Ärzte, Schwestern und auch mich, ist es schwer zu ertragen, Herrn D. nur im Bett liegen zu sehen, die Decke über den Kopf gezogen. Ein Neurologe bietet ihm an, mit Hilfe von Medikamenten seine Angst zu dämpfen. Herr D. lehnt ab. Als er mir davon erzählt, ist er regelrecht wütend: "Die wollen mich stillegen", schimpft er. Ich spüre sein Mißtrauen und seine Angst: "Haben Sie Angst, nicht mehr Herr über sich selbst zu sein?" Er bejaht. "Ich will selber bestimmen, was mit mir geschieht – solange es geht ..." Er macht eine Pause. "Die Metastasen wachsen zum Gehirn. Ich hoffe, daß ich das nicht mehr erlebe." Er sieht mich an. "Das hoffe ich auch ... Wenn Sie möchten, sagen Sie mir, was Ihnen wichtig ist. Ich werde dann darauf achten, daß das eingehalten wird, wenn die Metastasen doch ins Gehirn wuchern." Er drückt mir die Hand: "Ich werde es aufschreiben und Ihnen einen Zettel geben." Dann, nach einer Pause, fragt er mich: "Wissen Sie, wovor ich im Moment am meisten Angst habe? Daß die Schmerzen einmal so stark sind, daß ich aggressiv und nörgelig werde den Schwestern gegenüber." Ich sage ihm, daß die Schwestern das bestimmt verstehen können, falls er vor Schmerzen aggressiv wird und es ihm sicher nicht übel nehmen. Herr D. schüttelt den Kopf, setzt sich ganz gerade auf seinen Stuhl und sagt heftig: "Für mich ist das aber schlimm!"

In dem Moment wird mir klar, daß er nicht ein anderer werden will als der, den wir kennen: höflich, freundlich, hilfsbereit, tapfer. Er will nicht sein Gesicht, seine Würde verlieren. Ein aggressiver Gefühlsausbruch würde ihn zutiefst beschämen.

Kurze Zeit später spricht mich ein Arzt auf Herrn D. an: "Wie geht es Herrn D.? Bei ihm muß man aufpassen. Er denkt viel an andere und wenig an sich. Man muß sehen, was für *ihn* wichtig ist." Mir fällt das letzte Gespräch ein. Ich frage zurück: "Warum muß man aufpassen, wenn er an andere denkt? Das macht seine Würde aus. Das ist ihm wichtig."

An einem Mittwoch komme ich später zu Herrn D. als sonst. Er begrüßt mich mit den Worten: "Ich dachte schon, Sie kämen heute gar nicht mehr." "Ich komme heute zwar später, aber ich komme. Glauben Sie denn, ich würde auf Ihren Wunsch für einen guten Tag verzichten?" Er lächelt. Und ab dieser Zeit wird das unser Ritus: Ich besuche ihn als letzten, bevor ich die Station verlasse. Wir sprechen miteinander, und jedesmal zum Abschied steht er auf – manchmal mühsam, mit schmerzverzerrtem Gesicht – und wünscht mir einen guten Tag. Es ist für mich schön, diesen Wunsch mitzunehmen; ich sage es ihm.

Dann kommt der Tag, an dem Herr D. mir erzählt, daß er sich im Hospiz anmelden wird. Kurze Zeit später ist ein Platz im Hospiz frei. Der Umzug steht an. Herr D. hat sich seinen Anzug angezogen. Er geht ins Stationszimmer und verabschiedet sich. Die Schwestern und Ärzte drücken ihm die Hand, haben Tränen in den Augen. Für einen kurzen Moment scheint der hektische Stationsalltag stillzustehen. Herr D. hat die Schmerzanästhesistin und mich gebeten, ihn zu begleiten. Das Hospiz liegt auf der gegenüberliegenden Seite des Krankenhauses. Herr D. schiebt selbst seinen Infusionsständer, ich trage seinen Koffer, Dr. C. trägt seine Krankenakte. Herr D. läuft zügig, während mein Gang eher langsam ist. Die Straße trennt Welten, geht es mir durch den Kopf: die Seite zu leben und die Seite zu sterben. Eine sonderbare Prozession bilden wir.

Im Hospiz bekommt Herr D. sein Zimmer. Er bittet mich, noch ein wenig bei ihm zu bleiben. Ich setze mich neben ihn auf einen Stuhl, habe die gleiche Blickrichtung. Eine große Traurigkeit hängt im Zimmer, macht alles schwer. Ich werde so müde, schaue aus dem Zimmer und bleibe mit den Augen an der gegenüberliegenden Hauswand kleben. Mein Kopf ist leer. Nach einiger Zeit erzählt Herr D. von einem Bekannten aus dem "Freundeskreis". Er war vor drei Monaten gestorben, und in einem Gottesdienst hatte man gemeinsam an ihn gedacht. Der Folgesatz: "Der nächste Gottesdienst wird für mich sein", bleibt unausgesprochen. Ich sage auch nichts. Warum auch? Jedes Wort ist zuviel.

Nach einiger Zeit sagt Herr D., er wolle jetzt seinen Koffer auspacken. Er will ihn allein auspacken, und ich verabschiede mich. Ich nehme nicht wie sonst den Aufzug, sondern gehe die Treppen hinunter. Ich muß wieder Boden unter den Füßen spüren.

Unser Ritus bleibt auch im Hospiz erhalten. Ich besuche ihn zum Schluß, und jedesmal steht er auf – immer mühsamer – und verabschiedet mich mit seinem Wunsch. An einem Freitag ist er nicht in seinem Zimmer. Die Schwestern erzählen mir, er sei in seine Wohnung gegangen, um noch einige Dinge zu erledigen. Ich lege ihm einen schriftlichen Gruß auf den Tisch. Es ist das erste Mal nach einem halben Jahr, daß ich ohne seinen Gruß das Krankenhaus verlasse. Mir fehlt sein Gruß.

Am nächsten Tag bekomme ich einen Anruf aus dem Hospiz. Herrn D.'s Zustand hat sich nach seinem Besuch zu Hause sehr verschlechtert. Als ich ihn daraufhin besuche, ist er nicht mehr ansprechbar. Die Schwester erzählt mir, daß er kurz vor dem Besuch noch über seine stärker werdenden Kopfschmerzen geklagt habe. "Er hatte Angst, daß die Metastasen sein Denken ausschalten." Nach dem Besuch zu Hause war Herr D. sehr still gewesen. Er hatte sich ins Bett gelegt, und sein Zustand hatte sich innerhalb weniger Stunden deutlich verschlechtert. Ich setze mich zu ihm ans Bett, bin sehr traurig. Die fünf Jahre, die wir uns kennen, laufen wie in Film vor meinen Augen ab. Ich sage ihm laut, wie gut mir sein Gruß immer tat und wie sehr ich ihn vermissen werde. Dann nehme ich seine Hand und verabschiede mich. Herr D. stirbt zwei Tage später. Die Metastasen haben sein Denken, seine Selbstbestimmung nicht zerstören können. Er hat seine Würde gewahrt.

Gib auf

Der Traum
lebt
mein Leben
zu Ende

Das ist das letzte Gedicht Rose Ausländers kurz vor ihrem Tod, wenig später starb sie (hier zit. nach Helfrich 1995, 339).

Die "guten Seiten" in Erinnerung bringen

Im Verlauf einer längeren Begleitung höre ich von vielen Patienten neben ihren "dunklen Seiten" auch immer wieder ihre "guten Geschichten", die oft widersprüchlich sind zu den Geschichten, die ich von Angehörigen oder Freunden erzählt bekomme. Ich kenne die Vorgeschichte der Menschen nicht, kenne nur das, was sie mir selbst als Geschichte erzählen und anvertrauen. Ich kann sie von daher nicht verurteilen als aggressiv, verantwortungslos, Säufer etc.

Als Fremde biete ich die Möglichkeit, die guten Seiten in sich wieder hervorzuholen, wahr-zu-nehmen und zu benennen. Oft kommt es mir so vor, als bekäme ich diese guten Anteile zur Aufbewahrung geschenkt, als gewänne der Mensch ein Stück seiner Würde zurück. Gegen das Vor-urteil, gegen den Tod des Vergessens kann ich dann mit einem konkreten Namen eine gute Geschichte verbinden und sie zur Sprache bringen.

Herr T. hatte schon mehrere Operationen hinter sich, der Krebs wucherte immer weiter. Jetzt ist er wegen akuter Luftnot notfallmäßig ins Krankenhaus gekommen. Als ich ihn besuche, ist er blaß, abgemagert, liegt still im Bett. Mit einer Handbewegung lädt er mich ein, mich an sein Bett zu setzen. Er spricht ganz leise, muß immer wieder unterbrechen, um sich den Schleim abzusaugen. "Ich hab noch mal Glück gehabt", sagt er und zeigt mit der Hand nach oben. "Der wollte mich noch nicht haben." Und dann erzählt er von anderen Situationen, wo er dem Tod von der Schippe gesprungen ist. "Ich war jung, wollte etwas erleben, wollte ein richtiger Kerl sein, und da habe ich mich zur Fremdenlegion gemeldet." Er erzählt von der Ausbildung, ist heute noch stolz darauf, Französisch zu sprechen. Und dann spricht er von seinem Einsatz in Algerien, zögernd, andeutungsweise nur. "Als ich zurückkam, habe ich nur gesoffen, wollte alles vergessen. Aber die Bilder kommen wieder." Er macht eine Pause, sieht mich an: "Wissen Sie, was ich eigentlich werden wollte? Ich wollte so gern Lehrer werden. Das war mein größter Wunsch. Aber meine Eltern hatten kein Geld." Er lächelt mich traurig an. "Aber das wissen nur ganz wenige; die meisten kennen mich ganz anders."

3. Grenzen meiner Tätigkeit – Grenzen der individualpsychologischen Hilfe

Adlers Grundgedanken der Finalität, des Lebensstils, der schöperischen Kraft, der Ganzheitlichkeit, der Ermutigung sind mir in meiner Arbeit eine große Hilfe. Sie sind keine bloßen Vokabeln, sondern haben entscheidend meine gerade genannten Werthaltungen mitgeprägt. Als ich in der individualpsychologischen Literatur nach Hilfen suchte zum Thema "Auseinandersetzung mit Sterben und Tod", fand ich bis auf zwei Aufsätze von Rainer Schmidt und einen Aufsatz von W. Kristen keine weitere Literatur. Die These, von R. Schmidt formuliert, daß Alfred Adler die "dunkleren Aspekte der Trauer in der Reflexion der Todesproblematik im Sinne einer tendenziösen Apperzeption ausspart" (Schmidt 1985,77), zeigte mir noch einmal deutlich, wie schwer es ist, sich diesem Thema zu stellen. Es bleiben viele Grenzen bei der Begleitung sterbender Menschen. Drei möchte ich ganz besonders herausstellen.

- Alle, die wir uns im Krankenhaus um Menschen bemühen, stoßen irgendwann an eine massive Grenze. Irgendwann sterben die Menschen, irgendwann kann ihre Lebensgeschichte nicht mehr weitererzählt werden. Und das Sterben ist nicht immer ausgeglichen. Es ist auch brutal, zerstörerisch, ekelerregend, unabgeschlossen. Neben dem Gefühl der Erleichterung, daß das Leiden zu Ende ist, spüre ich in solchen Situationen auch immer wieder Ohnmacht, Wut, Trauer.
- Nach dem Tod erinnere ich mich oft an bestimmte Gesten und an ganz konkrete Geschichten, die mir die Sterbenden erzählt haben. Eine Zeitlang bleiben diese Gesten, diese Geschichten noch in meiner Erinnerung, manchmal erzähle ich sie weiter – gegen den Tod des Vergessens. Irgendwann aber verblaßt die Geschichte in ihrer Konkretheit, vergesse ich den Namen, ist auch diese Geschichte zu Ende.

Der Waldarbeiter aus dem Schwarzwald, der sich durch die Welt getrieben hat, nach eigenen Worten ein Filou war: Ich habe noch sein Rezept für eine gefüllte Ente, das er mir zu Weihnachten geschenkt hat. Ich habe das Rezept im folgenden Jahr wieder hervorgeholt, um eine Ente zu braten. Noch fällt mir der Name des Mannes ein, aber an seine Augen, die mir immer so eindrucksvoll erschienen, kann ich mich schon nicht mehr erinnern ...

- Eine dritte Grenze sehe ich in der von Rainer Schmidt als individualpsychologische Aufgabe beschriebenen "Befreiung aus der Gefangenschaft der Angst und Einsamkeit". Im Blick auf meine Tätigkeit bleibt ein "Aber": Wie weit ist eine Befreiung aus Angst und Einsamkeit überhaupt möglich? Die Menschen, die ich begleite, haben die Diagnose "Krebs" gestellt bekommen, oft von Jetzt auf Gleich. Sie sind lange Zeit stationär, müssen mehrere Operationen durchstehen. Es bleibt oft gar nicht viel Zeit, sich mit dem bisherigen Leben auseinanderzusetzen. Das Sterben hat konkret begonnen. Der Tod sitzt im Nacken. Die Befreiung aus der Angst und der Einsamkeit ist oft nur kurz; sie kommen zurück.

Es gibt meiner Meinung nach eine Einsamkeit, zu der ich und auch andere Menschen keinen Zugang haben. Bei der Sterbebegleitung erlebe ich oft, daß sich eine durchsichtige Wand zwischen den Sterbenden und mich schiebt, wenn der Tod näher rückt. Ich kann nicht auf seinem Weg mitgehen, um ihn zu begleiten; bestenfalls begleite ich ihn auf einem Weg, der neben seinem Weg verläuft. Mit jedem Abschied wird die Wand dichter. Wir rücken immer weiter auseinander.

Der Tod ist ein unbekanntes Land. Und irgendwann, wenn die Fahrt über den Styx beginnt, bleibe ich am Lebensufer stehen. Diese Fahrt, ich kann sie bezeichnen als Phase zwischen dem "Nicht mehr hier" und "Noch nicht Drüben", ist sehr einsam. Ich weiß nicht, wie diese Einsamkeit aussieht. Befreiung von der Einsamkeit – meiner Meinung nach ist das bis zum Tod so nicht möglich. Ein solcher Anspruch ist ebenso vermessen wie der Anspruch einer modernen Medizin, immer noch etwas tun zu können.

Auch hier ist eine Grenze meiner Arbeit. Die letzte Einsamkeit ist undurchdringlich.

Ich verzichte
nicht
auf Blume und Musik
auf meinen Zorn
über das Hungern Tausender
auf das Lächeln eines Menschen
auf harte und zarte Worte
auf das Da – sein
in einer unfaßbaren Welt
Ich verzichte
gern
auf den Tod
der nicht
auf mich verzichtet

Rose Ausländer

Literatur

Ausländer, R. (1985): Mein Atem heißt jetzt. S. 85. Fischer, Frankfurt/M.
Brunner, R., Kausen, R., Titze, M. (Hrsg.) (1985): Wörterbuch der Individualpsychologie. Reinhardt, München/Basel 1985
Gandras, G. (1998): Verlust von leiblicher und seelischer Identität in der Biographie einer Krebspatientin. Beiträge zur Individualpsychologie, 24, 128–140. Reinhardt, München/Basel

Helfrich, C. (1995): "Es ist ein Aschensommer in der Welt". Rose Ausländer. Biographie. S. 339. Beltz Quadriga, Weinheim/Berlin
Hoghe, R. (o.J.): Schreiben gegen das Sterben. In: Braun, H. (Hrsg.): Rose Ausländer. Materialien zu Leben und Werk. S. 87–92. Fischer, Frankfurt/M.
Kristen, W. (1985): Psychotherapeutische Betreuung von Krebspatienten. Beiträge zur Individualpsychologie, 6, 40–45. Reinhardt, München/Basel
Leist, M. (1980): Über das Trösten. Theologie der Gegenwart 23, 3, 78–83
Schmidt, R. (1989): Die Individualpsychologie Alfred Adlers. Darin besonders der Aufsatz: Lebenshilfe als Sterbehilfe. Ein exemplarischer Sonderfall psychosomatischer Arbeit. S. 212–214. Kohlhammer, Stuttgart
Schmidt, R. (1985): Probleme des Alters und des Todes als therapeutische Aufgabe in der Individualpsychologie. Beiträge zur Individualpsychologie 6, 73–81. Reinhardt, München/Basel

ALMUTH BRUDER-BEZZEL
Hat sich die Individualpsychologie von 1933 erholt?

Has Individual Psychology Recovered From 1933?

In the centre are the questions about the consequences of Nazism and about the collaboration of the DGIP with Nazism. It is considered how much from the Nazi heritage the different generations possibly have brought into the DGIP and how was dealt with this history of submission on the one hand and with the persecution on the other hand. The prevailing silence is valued as contra-productive for the therapeutic concern. The history of Individual Psychology during Nazism is briefly outlined and is questioned regarding the motives for collaboration.

Im Zentrum stehen Fragen nach den Folgen des NS (Nationalsozialismus) und denen der Kollaboration mit dem NS für die DGIP. Es wird überlegt, wieviel die verschiedenen Generationen möglicherweise von dem Erbe des NS in die DGIP eingebracht haben und wie mit dieser Geschichte der Unterwerfung einerseits und der Verfolgung andererseits umgegangen wurde. Das vorherrschende Schweigen wird als kontraproduktiv für das therapeutische Anliegen gewertet. Die Geschichte der Individualpsychologie im NS wird kurz skizziert und nach Motiven der Mitarbeit befragt.

1. Titel

Der Titel dieses Textes ist ziemlich spontan entstanden. In seiner etwas saloppen Formulierung spiegelt sich Ärger und Besorgnis über manche gesellschaftlichen Erscheinungen – auch solche in den Instituten und therapeutischen Verbänden, besonders heute unter dem Verteilungskampf im Zusammenhang mit dem Psychotherapeutengesetz – aber es spiegelt sich darin natürlich auch Abwehr. Und zwar Abwehr meiner Ängste, mich in dieses (Minen)feld zu begeben und Abwehr meiner Unsicherheit über den richtigen Umgang mit dem Thema, mit dem Verhältnis von Erklären, Verstehen, Verurteilen, ohne den Maßstab für falsch und richtig aufzugeben und ohne auch Affekt abzuwehren. In der Beschäftigung mit dieser Geschichte geht es immer auch darum, sie so zu verstehen, daß wir uns selbst als potentielle Täter vor Augen haben sollten, statt diese Möglichkeit zu verdrängen.

Mein Thema ist die Frage nach der Individualpsychologie im NS und nach dem Erbe des NS in der Individualpsychologie: Was war eigentlich ihre eigene Geschichte in dieser Zeit? Was sind oder waren die direkten und indirekten Folgen, sind diese noch spürbar? Was hat die DGIP mit dieser Geschichte getan? Welche Abwehrmechanismen waren wirksam? Natürlich kann ich diesen Gedankenkomplex nur näherungsweise angehen.

2. Was heißt 1933 in diesem Titel?

Mit 1933 meine ich die ganze Nazizeit (1933-1945).

- 1933 bedeutet Unterdrückung, Verfolgung, Ermordung und Emigration von Juden, aber auch von anderen, wie z.B. Homosexuellen, Sozialdemokraten und Kommunisten. Es waren auch sehr viele Individualpsychologen betroffen.

- 1933 bedeutet Unterordnung, Anpassung, Täter, Mitläufer, Mittäter, Begeisterte, Faszinierte. Die Individualpsychologie ist hierin nicht unschuldig geblieben.
- 1933 bedeutet, daß Mentalitäten geprägt oder verschärft wurden, sowohl solche des Mythologischen/Mythischen als auch des pragmatisch-technischen Denkens (Marcuse 1942/1998). NS bedeutete Emotion, Erlebnis, Aktivitätsdrang (Brockhaus 1997), wirkte auf Haltungen zu einzelnen Fragen wie Autorität, Erziehung, Frauenbild etc. ein – zum großen Teil allerdings in Kontinuität zu Haltungen, die schon vorher verbreitet waren.

Wie weit waren die in Deutschland gebliebenen Individualpsychologen durch diese Mentalität geprägt? Wie weit waren sie damals darin verstrickt?

- 1933 bedeutete dann aber in der Folge auch Verlust, Not, Demütigung durch den Krieg oder durch die Flucht – da wurden auch Täter und Mittäter zu Opfern. Und das Ende des NS wurde unterschiedlich erlebt, es gab Wenden im bundesrepublikanischen Deutschland, echte und falsche.

All dies: wie hat das eingewirkt auf die Individualpsychologie?

3. Fehlende Auseinandersetzung mit NS in der DGIP

Es gab in der Individualpsychologie einige wenige Auseinandersetzungen mit dem NS, allen voran von Rainer Schmidt – es ist geradezu sein Thema – (z.B. 1995a; 1995b), dann von Ulla Roberts (1994; 1995) und Karin Kutscher (1995). Aber man kann nicht gerade behaupten, daß die Geschichte der Individualpsychologie in dieser NS-Zeit ein Thema innerhalb der Individualpsychologie ist/war. In der Psychoanalyse, genauer in der DPV, hatte das Selbstverständnis, auf der Opferseite gewesen zu sein, lange Zeit verhindert, daß sie sich mit ihrer Täterseite auseinandersetzte. Das ist erst seit den frühen 80er Jahren möglich und da mit erheblichen Schwierigkeiten.

Auch in der Individualpsychologie wurde die NS-Individualpsychologie erst spät, erst Ende der 80er Jahre thematisiert (auf die Forschungen der Psychoanalyse im NS zurückgreifend), in meinem Vortrag auf dem Internationalen Kongreß 1987. Dieser wurde dann aber nicht gedruckt. In Vorbereitung dazu hatte ich eine kleine Reise nach Süddeutschland unternommen, um mit Beteiligten der 1. Generation zu sprechen – es kam nicht viel dabei heraus, außer Abwehr. Insofern hätte ich die Aufforderung eines zu dieser Zeit prominenten Mitglieds der Individualpsychologie, "Bleiben Sie mal in Berlin", befolgen können. Lange vorher, 1979, wurde eine Kritik von Rattner am nationalistischen Künkel in der Zeitschrift für Individualpsychologie deutlich zurückgewiesen. Inzwischen gibt es Forschungen von Handlbauer (1989) über die Emigranten – Handlbauer steht allerdings außerhalb der Individualpsychologie.

Die Individualpsychologie als Institution hat also eher mit schweigender Abwehr und Verdrängung reagiert. Als Psychotherapeuten wissen wir aber, daß Verdrängtes weiterwirkt – auch auf die nächsten Generationen – und nur durch Sprechen wird Verdrängtes bewußt und so überwunden.

4. Was könnte der Beitrag der Generationen zur Tradierung oder Überwindung von 1933 sein?

Bei dieser Frage, wer bzw. welche Generationen denn die DGIP geprägt haben, folge ich der recht groben Einteilung der Generationen, bezogen auf die NS-Zeit.

1. Die 1. Generation, die Nicht-Juden, die 1933 in Deutschland geblieben sind. Die Individualpsychologen dieser Generation haben die Individualpsychologie in der NS Zeit repräsentiert, sie haben aber auch nach 45 – soweit sie noch gelebt haben – die Individualpsychologie aufgebaut, sie waren Organisatoren, Dozenten, Lehranalytiker der Zwischengeneration und teilweise noch der 2. Generation (Schwerpunkt München). Mit dieser Generation innerhalb der NS-Zeit werde ich mich im 2. Teil gesondert beschäftigen.

2. Die Zwischengeneration, also die Generation, die in der NS-Zeit noch Kinder und Jugendliche waren. Diese Zwischengeneration hat im wesentlichen die AAG bzw. die DGIP in Gang gebracht, organisiert und geführt. Sie waren Dozenten und Lehranalytiker für die 2. Generation.

3. Die 2. Generation, die Kindergeneration der 1. Generation, die heute die Mehrheit in der DGIP bildet (s. Statistik v. Gröner 1993). Ihr gehöre ich an. Es ist heute die Generation fertiger Therapeuten/Analytiker/Berater, Dozenten und Lehranalytiker – von daher von großem Einfluß.

Die sog. 3. Generation, also die Kinder der Zwischengeneration oder der 2. Generation ist ebenso heute in der DGIP zahlenmäßig stark, ihr Einfluß vielleicht noch etwas unklar. Manche von ihnen sind bereits mit dem Buch von Rudolf Dreikurs, "Kinder fordern uns heraus" (1972), erzogen worden. Sie werde ich nicht einbeziehen.

Auch den möglichen Einfluß der Emigranten kann ich nicht angemessen berücksichtigen, außer der einen Person, dem Wiener Emigranten Dreikurs, der einen bedeutenden Einfluß auf die deutsche Entwicklung hatte – vielleicht aber ist gerade dies ein Schlüssel zur Antwort: Neubeginn?

Ich will diese Generationen in ihrem Bezug zum NS erst allgemein skizzieren, in einem zweiten Schritt die Beziehung zur Individualpsychologie versuchen.

1. Die *1. Generation* sind die damals Erwachsenen, Berufstätigen. Nicht alle Deutschen waren Nazis, viele waren Mitläufer/Mittäter, Loyale oder auch Illoyale. Diese Generation, besonders die Angehörigen des gehobenen Mittelstandes bzw. des Bildungsbürgertums, war häufig geprägt – und dadurch für den NS disponiert – durch eine Ablehnung der Weimarer Demokratie, durch eine Identifikation mit Nation, Vaterland und dem Fronterlebnis im ersten Weltkrieg.

Die gesamte Generation stand dann unter dem Einfluß der Propaganda, unter Kontrolle und Zwängen, u.a. über die mehr oder weniger obligatorischen Mitgliedschaften in Partei- oder berufsständischen Organisationen. Sebastian Haffner hatte 1939 den Engländern das Nazideutschland erklären wollen und teilte die deutsche Bevölkerung in ihrer Haltung zum NS ein in Nazis, Loyale und Illoyale: er schätzte den Anteil von echten Nazis mit nur 25%, den der Loyalen mit 40%, den der Illoyalen mit 35%.

Die Loyalen unter ihnen, so schreibt Haffner, dienten treu, ohne Nazis zu sein (1939/1996,99). Sie fühlten sich vielleicht unglücklich, quälten sich mit Zweifeln, aber meinten, aus einem emotionalen Patriotismus heraus, für Deutschland Opfer bringen zu müssen und duldeten oder entschuldigten die Verbrechen. Sie klammerten sich an Illusionen und Lügen, lebten in einer irrealen Welt. "Im Grunde weiß jeder Deutsche ... daß es Konzentrationslager gibt, in denen Menschen mißhandelt werden" (108), aber da er "das undeutliche Gefühl hat, daß es nicht gut wäre, viel darüber zu wissen, mißtraut er oft lange dem, was er mit eigenen Augen sieht" (109). Im Schweigen über die Greuel wurde die Realität zum Verschwinden gebracht (108) – also mit den Abwehrmechanismen der Verleugnung, Identifikation mit dem Aggressor, Derealisierung, Skotomisierung.

Die Illoyalen, so Haffner, waren Gegner, weil sie an den Werten der Religion, Gerechtigkeit, Menschlichkeit etc. festhielten (158). Sie waren im NS-Regime der unsichtbare Feind, gegen den ein geheimer Unterdrückungskrieg geführt wurde (139f). Sie lebten eine tapfere Hoffnungs- und Hilflosigkeit (166), halfen hier und dort Einzelnen und klammerten sich an das Privatleben (151).

2. *Zwischengeneration*, also die, die (etwa zwischen 1928 und 1933 geboren) nach 1933 Kinder und Jugendliche waren, die in diesem Geist erzogen wurden, die Generation, die ab dem 10. Lebensjahr bei HJ/BDM bzw. Jungvolk organisiert war, zuerst freiwillig, dann freiwillig erzwungen und schließlich ganz gezwungen. Die dort gelangweilt aber auch begeistert, fasziniert waren, und sei es auch nur, weil sie so der Schule oder dem Elternhaus entkamen oder im Arbeitsdienst, in Zeltlagern, Neues kennenlernten, unter sich waren. Dann wurden sie aber auch zum Krieg eingesetzt, als Flakhelfer oder zu Aufräumarbeiten.

Die ganze Bevölkerung wurde dann Opfer des Krieges, von Bombenangriffen, evtl. Verlust der Wohnung, Heimat, Angehörigen etc. Ob sie das Ende als Kapitulation oder als Befreiung erlebten oder das Ende Hitlers und des NS als Demütigung, als Verlust des Ich-Ideals, wird sehr unterschiedlich, sicher zwiespältig erlebt worden sein, verbunden mit Ängsten und mit dem Gebot zu schweigen.

Die Zwischengeneration gehört nicht zur Tätergeneration. Allerdings ist damit zu rechnen – weil sie damals jünger waren – daß die NS-Zeit sie stärker emotional erfaßt hat, sei es in Begeisterung, sei es in Ablehnung, je nachdem, welche Chancen sie individuell hatten. Entsprechend muß die Möglichkeit und Bereitschaft, sich nach 45 neu zu orientieren, gewesen sein. In der Forschung wird zumindest vermutet, daß der NS-Einfluß nicht so nachhaltig gewesen sei, daß die damals Jugendlichen nach 45 geradezu begierig sich den neuen Möglichkeiten geöffnet haben (Schörken 1998) – die tiefenpsychologische Ebene ist hier sicher nicht berücksichtigt, auch nicht, daß in den 50er Jahren Vergessen und Verdrängen an oberster Stelle stand.

Im Unterschied zur 1. Generation aber kam diese Zwischengeneration erst nach der Nazi-Zeit zur Individualpsychologie und war damit für das, was da in der Individualpsychologie geschehen war, nicht verantwortlich. Was sie zur Überwindung von 1933 für die Individualpsychologie beigetragen hat, hängt nicht unwesentlich davon ab, mit welcher Motivation die Einzelnen in den 60er Jahren zur Individualpsychologie gekommen sind. War es ein Anknüpfen an die NS-Individualpsychologie, also die Begeisterung über Künkel – dessen Bücher in dieser Zeit wieder Auflagen erfuhren – oder an die humanistisch-sozialistische Tradition Adlers – spätestens durch Sperber und Jacoby repräsentiert – oder war es die Begeisterung für das demokratisch-amerikanische Modell von Dreikurs? Was bedeutete damals die Entscheidung für den doch viel weniger bekannten Adler, die Entscheidung gegen Psychoanalyse? – Ähnliche Fragen müssen wir natürlich auch der nächsten Generation stellen.

3. Die *2. Generation* ist die Generation der Kinder der 1. Generation. Es sind die Jahrgänge, die vielleicht noch den Krieg und die Flucht, die Abwesenheit der Väter erlebt haben, aber nicht mehr in NS-Organisationen erzogen wurden. Die 2. Generation ist die Generation, die unter der Amnesie der 50er Jahre aufgewachsen ist, zunächst gerade mal das "Tagebuch der Anne Frank" gelesen hat – und damit vom Judenmord nicht viel wußte – und ist die Generation, die vom Wiederaufbau profitiert hat. Sie ist in Familien aufgewachsen von Nazis oder von Loyalen oder Illoyalen, von Tätern und Opfern, Kriegsheimkehrern, Flüchtlingen etc., vor allem aber auch in Familien, in denen geschwiegen wurde, ebenso wie in den Schulen. In Familien, wo Ablehnung oder Zustimmung zum NS nur angedeutet wurde, vielleicht durch kleine Erzählungen, kleine Bemerkungen – die, wie wir wissen, prägend sein können. Die Eltern sprachen nicht über das Eigentliche, das, was uns heimlich interessiert hat: was habt ihr getan, was habt ihr erlebt? Sie wichen aus oder verleugneten. Unbewußt haben sie positive oder negative Emotionen tradiert, ihre abgelehnte Identität an uns, die 2. Generation, übergeben (Moser 1993, 36f). Scham – vielleicht eher über die Niederlage als über die Taten, weil sie nun die Angeklagten, die Verlierer waren – Scham besonders gegenüber den eigenen Kindern (Giordano 1987, zit. n. Moser 1993, 81) oder Schuldgefühle, weil sie sich nicht gewehrt hatten, auch wenn sie es nicht konnten. Wir, so schreibt Tilmann Moser, erbten die Urteilsmacht, weil wir Träger unbewußter Gewissensinstanz, Projektionsfläche wurden (83). Eltern und Kinder gerieten in eine "interpersonale Abwehrkonstellation", in der, mit Mentzos (1990), der andere die Rolle als Abbild, ideales Selbst, negatives Selbst oder als Bundesgenosse übernehmen muß.

Auch wir Kinder schweigen und wir haben auch die Eltern zum Schweigen verurteilt, wir wollten sie nicht beschämen oder wollten nicht zuhören, aus Angst, damit nicht zurechtzukommen, sich zu identifizieren und weil wir gewußt haben, daß sie lügen, wenn sie sagen: "Wir haben es nicht gewußt". Wir trugen so die Derealisierung, Auslöschung ihrer Vergangenheit mit.

Das alles ergab einen NS-beeinflußten oder/und NS-verdrängenden "seelischen Untergrund", wie Tilmann Moser (1993) das sagt, des "Hörigkeitsverhältnisses" (Eckstaedt 1989), das die Eltern weitergegeben haben. Es war noch unser Erbe, das sich in vielen Kleinigkeiten auch des Alltags wiederfand – wie kürzlich Gudrun Brockhaus (1997) ausführlich darlegt: die Wohnungseinrichtung, die Lieder, die Begeisterung für die Autobahn, aber auch ihr versteckter Antisemitismus und Antiamerikanismus.

Allerdings hat sich diese Generation mit 1968 zu befreien versucht, versucht, "die unbewußte Umklammerung durch die Eltern abzuschütteln" (Moser 1993, 36f) – weswegen ich Mosers diagnostizierten braunen "seelischen Untergrund" unserer Generation doch relativieren will, zumal 68 die gesamte politisch-kulturelle Landschaft verändert hat. Die, wie Moser sagt, inquisitorische Rigorosität der öffentlichen Kritik dieser Zeit – das was er an Mitscherlichs Buch "Die Unfähigkeit zu trauern" (1967) kritisiert – war allerdings für die vorherigen Generationen eine schlechte Möglichkeit, zum Reden zu kommen – als politisches Fanal allerdings insofern richtig, als die NS-Rezeption dann doch aufgegriffen wurde, in verschiedenen Etappen und Wellenbewegungen.

Nun trafen wir, die 2. Generation, in der Individualpsychologie auf eine ganz ähnliche Situation wie in der Familie: es wurde geschwiegen, verleugnet, es konnte nicht gefragt werden aus Loyalität, aus Scham, um nicht zu beschämen. Allerdings waren wir nun Erwachsene, und einige von uns hatten die 68er Zeit aktiv durchlebt.

Individualpsychologie ist nicht Familie, aber in einer therapeutischen Vereinigung, in der die Weiterbildung wesentlich ist, gibt es Übertragungen, Abhängigkeiten, Infantilisierungen, in Lehranalysen, in Supervisionen, in Unterrichtssituationen. Durch die mündliche Wissensvermittlung, durch Übertragung im Lehrer-Schüler/Analytiker-Analysand/-Verhältnis wird in dieser Ausbildung, wie Rothschild (1996) ausführt, Loyalität, Treue, Respekt hergestellt, was zum konservativen, dogmatischen Kern der psychoanalytischen Ausbildungsinstitute führt.

Im interaktiven Feld von Lehranalysen und Supervision entsteht ebenso wie in der Familie eine interpersonale Abwehrkonstellation, die von der institutionellen Abwehr (der Vereinigung) getragen und verfestigt wird (Mentzos 1990). In den Lehranalysen wurde meistens dieses Thema nicht aufgegriffen. Diese gemeinsame Abwehr steht der Analyse natürlich entgegen. Das Schweigen verhindert, "alles zu sagen, was durch den Kopf geht", das Schweigen von beiden trägt die Verdrängung und Verleugnung mit, die die Analyse aufzuheben sich berufen fühlt.

Was wurde möglicherweise tradiert? Sicher weniger konkrete Inhalte als Haltungen, Emotionen im Umgang mit der Vergangenheit, mit dem Verhältnis zur Macht und zur Anpassung und die Aufforderung zu politischer Abstinenz. Die therapeutische Abstinenz geht hier eine unglückliche Koalition mit der politischen ein. Daß die kulturkritische, politische Reflexion in der Psychoanalyse ausgegrenzt, zur Privatsache erklärt wurde, ist auch ein Produkt von 1933 – als Tendenz allerdings war sie bereits mit ihrer Institutionalisierung in den 20er Jahren angelegt (vgl. Ermann 1996). Politische Abstinenz aber ist eine Fiktion, unter deren Deckmantel Macht und Herrschaft gedeiht, ebenso wie das Verleugnen von Machtstrukturen – mit Adlers Theorie der Macht und der Fiktion müßten wir das eigentlich wissen – "wissen" es aber meist nicht.

Wenn Therapie mit Adler Befreiung aus den Fesseln der Fiktionen ist, auch und gerade der gesellschaftlichen Zwänge, Ideale, Normen, dann muß in der Therapie sensibel mit Normen umgegangen werden, dann steht diesem Ziel die Aufrechterhaltung von Tabus, blinden Flecken entgegen.

5. Geschichte der Individualpsychologie in der Nazizeit

Das kann ich kurz machen, das können Sie nachlesen (Bruder-Bezzel 1998). Individualpsychologie als Verband, organisiert in den deutschen Ortsgruppen und im Wiener Verband, war in Deutschland ab 1933, in Wien ab 1934 (durch den Austrofaschismus), in (Selbst)Auflösung begriffen. Einzelheiten sind nicht bekannt, auch nichts von Ausschlüssen von Juden, in Wien allerdings kam es zu Distanzierungen von den Sozialdemokraten-Marxisten (Handlbauer 1989).

Die Wiener Geschichte ist im wesentlichen eine Geschichte von Opfern, die deutsche Geschichte eine von Mittätern, soweit sie sich öffentlich geäußert bzw. gezeigt haben. Die Wiener Gruppe hatte, im Unterschied zu den deutschen, einen besonders hohen Anteil von Juden und von Sozialdemokraten – so mußten bis 1938 etwa 2/3 ihrer Mitglieder emigrieren, einige wurden in KZs deportiert und kamen darin um, so Alexander Neuer, Margarete Hilferding, David Oppenheim, vermutlich auch Helene Bader und Arthur Holub (vgl. Oppenheim Briefe 1996). Die Wiener wurden ab 1934 von den Austrofaschisten attackiert, polizeilich kontrolliert, ihres Praxisfeldes in Sozialeinrichtungen und Schulen beraubt. Sie hielten sich, mehr schlecht als recht, bis 1937, brachten bis dahin auch noch die Zeitschrift heraus, allerdings unter allmählichem Rückzug der deutschen Herausgeber und Autoren.

Auf der deutschen Seite kennen wir einige Namen von Opfern, Juden und/oder Linken: das Ehepaar Rühle, Manès Sperber, Henry Jacoby, Hugo Freund, Paul Plottke, Egon Weigl, Sidonie Reiß sind emigriert. Annemarie Wolff-Richter – sie betrieb in Berlin ein Kinderheim, in dem u. a. die Kinder von kommunistischen Individualpsychologen untergebracht waren (z.B. Sperbers Sohn oder die Stieftochter von Valentine Adler) – emigrierte mit einem Teil der Kinder und ist in einem jugoslawischen KZ umgekommen.

Sehr viele Individualpsychologen aber waren in Deutschland geblieben, solche, von denen man bisher nichts weiß und nicht wenige haben, und zwar explizit als Individualpsychologen, in dem entsprechenden ärztlichen und therapeutischen Verband und Institut mitgewirkt, z.T. an entscheidenden Stellen. Auf diese will ich nun mein Augenmerk richten, 1. weil sie die Individualpsychologie in der Nazizeit repräsentierten und 2. weil sie nach 1945 noch erheblichen Einfluß, als Gründer, Lehrer, Lehranalytiker hatten. Sie wurden allerdings dann, regional vielleicht unterschiedlich, von den Dreikursianern abgelöst, die eher der Zwischengeneration und der 2.Generation entsprangen.

Die deutsche Mittäterseite betrifft im wesentlichen die Ortsgruppe München, den Kreis um Leonhard Seif und einzelne aus Berlin, aus dem Umkreis von Künkel, der sich schon vorher allerdings von Adler getrennt hatte, gleichwohl Individualpsychologe war. In München wurde die Rest-Ortsgruppe umbenannt in "Arbeitsgemeinschaft für Gemeinschaftspsychologie" – der 1. Akt der Anpassung. Mit Seif und Künkel, München und Berlin, sind die vor 1933 bekanntesten deutschen Individualpsychologen/Individualpsychologiegruppen benannt – selbstverständlich war der vor 1933 ebenfalls einflußreiche (jüdische und kommunistische) Sperber ausgeschlossen.

Wen betrachte ich als "Mittäter"? Alle Individualpsychologen, die sich pädagogisch oder therapeutisch in den entsprechenden Organisationen und Strukturen der NS-Psychotherapie bewegten, und sich somit (freiwillig) in den Dienst des NS-Systems gestellt hatten. Ich meine die Gründungsmitglieder und Mitarbeiter in der "Deutschen Ärztlichen Gesellschaft für Psychotherapie" und des "Deutschen Instituts für psychologische Forschung und Psychotherapie" (kurz: Göring-Institut). Hier standen Künkel und Seif als Gründer an vorderster Front – danach ihr Umkreis als Mitarbeiter – angeführt vom Leiter dieser Gründungen, von Mathias Heinrich Göring, der selbst auch Individualpsychologe war.

Im September 1933 wurde auf Initiative von Göring die "Deutsche Allgemeine Ärztliche Gesellschaft für Psychotherapie" als Ländergruppe der Allgemein Ärztlichen Gesellschaft (dessen Vorsitz ab Juni 1933 C. G. Jung übernahm) gegründet. "Deutsch" war natürlich im nationalistischen, arischen Sinn gemeint. Es sollte eine deutsch-stämmige, arische Seelenheilkunde entwickelt werden, die Gründer mußten eine Verbindung zwischen den Ideen Hitlers und ihrer therapeutischen Richtung herstellen. Das war von vornherein die Bedingung und auf diese haben sie sich eingelassen. Es sollten in ihr die verschiedenen therapeutischen Richtungen zusammenarbeiten, Psychoanalytiker, Adlerianer, Jungianer, ohne Untergruppen zu bilden. In die Vorverhandlungen waren u. a. Künkel und Seif einbezogen. Gegründet wurde im September 1933 im Haus Künkel. Daraus ist 1934 ein Manifest hervorgegangen, "Deutsche Seelenheilkunde" (Göring 1934), in dem u. a. Göring, Künkel und Seif entsprechend schreiben. Natürlich – das war ja die Bedingung – waren die Beiträge ehrerbietig dem Regime gegenüber, wenn auch beide, Seif und Künkel, bemüht waren, ihre eigene Kontur zu bewahren. Das bedeutete bei Seif, daß er weitgehend Adlersche Terminologie beibehielt, allerdings schon hier Adlers Begriff "Gemeinschaft" in den der "Volksgemeinschaft" verkehrte. "Volksgemeinschaft" verbindet er mit Ehre, Hingabe, Tapferkeit und mit einem "Idealismus", "für den auch das Leben hingegeben werden kann" (Seif 1934, 54). In einem Brief an Göring hatte Seif zuvor auch einmal vom "prächtigen Mut, Glauben und Optimismus Hitlers" gesprochen (Seif an Göring 8. 1. 1934). Fritz Künkel mußte sich noch weniger verbiegen, sein Denken und seine Sprache fügten sich ohnehin gut ein. Er bot sich damit an, daß seine "dialektische Charakterkunde" "die rassischen, völkischen und ständischen Charakterstrukturen erfassen" könne (Künkel an Göring 12. 12. 1933).

Diese "Deutsche Ärztliche Gesellschaft für Psychotherapie" beherrschte im folgenden die Psychotherapie, durch Kongresse, Tagungen, Herausgabe der Zeitschrift. Im Lauf der Zeit wurden ca. 13 Individualpsychologen bzw. Künkelianer Mitglied dieser Gesellschaft, stark vertreten durch die Münchener Gruppe.

1936 ist aus diesem Umkreis heraus in Berlin das Institut gegründet und von NS-Behörden finanziell reichlich gefördert worden. Zweigstellen wurden bald auch in anderen Orten eingerichtet, so z. B. in München. Es gab verschiedene Abteilungen, Lehre und Forschung in der Weiterbildung zum Therapeuten und Berater, Behandlungen in der Poliklinik, wozu natürlich auch "Sichtungen" und Aussonderungen, z. B. von jugendlichen Kriminellen oder von Homosexuellen gehörte. Die Münchener Individualpsychologin Lene Credner führte – als einzige am Institut – sog. erbbiologische Untersuchungen durch. Auch an diesem Institut arbeiteten alle tiefenpsychologischen Richtungen zusammen. Gudrun Brockhaus (1998) unterscheidet sie in "Weltanschauler und Mythologen" einerseits, wozu sie die Freudianer und Jungianer rechnet und in "Volkserzieher" andererseits, womit sie die Adlerianer meint.

Die Individualpsychologen und Künkelianer hatten eine sehr starke Stellung, z. T. als Abteilungsleiter. Neben Göring, Künkel, Seif arbeiteten auch Johannes Neumann, Kurt Seelmann, Lene Credner (München) und Felix Scherke, Edgar

Hat sich die Individualpsychologie von 1933 erholt? 133

Herzog, Johanna Dürck (Berlin) mit, um nur ein paar bekanntere Namen zu nennen. Insgesamt waren es etwa 18. Alle diese Personen traten auch mit Vorträgen und Publikationen hervor, neben Künkel und Seif fällt da in der Ehrerbietung auch Johannes Neumann in christlich-existentialanalytischer Prägung auf.

Wie sollen wir nun diese Mitarbeit einschätzen? Was war ihre Motivation? Vorausschickend will ich feststellen, daß

1. fraglos kein direkter Zwang zur Gründungsaktivität und zur Mitarbeit bestand. Es handelte sich also um eine Selbstgleichschaltung im vorauseilenden Gehorsam;

2. diese Mitarbeit in meinen Augen der falsche Weg war. Es war ein Akt der Anpassung, Loyalitätserweisung. Die Mitarbeit mußte zumindest mit der Verleugnung der Unmenschlichkeit des NS, wenn nicht gar mit ihrer Billigung verbunden sein (Ermann 1996,15). Zugleich bewegt mich schmerzlich der Gedanke, daß wir damals diese Entscheidung vielleicht nicht anders getroffen hätten;

3. der Individualpsychologie damit kein guter Dienst erwiesen wurde, wir also nicht von einer Rettung der Individualpsychologie ausgehen sollten, für die wir dankbar sein müßten. Adlers Theorie und therapeutischer Ansatz wurden hier nicht weiterentwickelt, sondern verboten. Die Mitarbeit war von vornherein eine Entidentifikation mit Adler und natürlich auch mit seiner sozialistischen und jüdischen Wurzel.

Diese Einschätzungen werden sicher nicht von allen geteilt.

Wenn wir nun zu verstehen versuchen, warum und aus welcher Motivation heraus diese Psychoanalytiker und Individualpsychologen in der deutschen Ärztlichen Gesellschaft und im Deutschen Institut mitgearbeitet haben, ja einige zu den Gründungsmitgliedern gehörten, können wir auf Forschungen zurückgreifen, z.B. auf die von Geuter (1984) über die Psychologen. Und wir können natürlich auch von unseren eigenen Motiven, uns an etwas zu beteiligen, rückschließen. Welche Gründe für die Mitarbeit kommen in Frage?

1. Weil sie von der NS-Sache wirklich überzeugt, also echte Nazis waren? Dies ist für die meisten eher zu bezweifeln. Zwar waren sie in verschiedenen berufsständischen oder anderen NS-Organisationen, wie NSDÄB, NSLBS, NS-Frauenschaft, NSV, Reichsschrifttumskammer. Das besagt nicht viel, denn meistens waren diese Mitgliedschaften erzwungen oder zumindest freiwillig erzwungen. Auch die NSDAP-Mitgliedschaft würde nicht viel besagen. Aber außer Göring, Lene Credner, vielleicht auch Alice Lüps, war keiner von ihnen Parteimitglied. Ich würde nicht einmal davon ausgehen, daß die Mehrzahl notwendigerweise dem NS-Regime gegenüber loyal (i. S. von Haffner) war oder sich so fühlte – wenngleich ich dies bei Künkel und Seif annehme. Allerdings ist zu vermuten, daß, eingebunden in die Institutionen, die Loyalität wuchs, aus Gewöhnung und aus Dankbarkeit.

2. Vielleicht erlebten sie ihre Mitgliedschaft überhaupt nicht als problematisch, vielleicht hätten die meisten nicht einmal begründen können, warum sie nicht mitmachen sollten, fanden sie gar nichts dabei, man macht halt mit, wie früher auch. Für wie unproblematisch sie es wohl hielten, zeigen Beteuerungen von Beteiligten wie: wir haben weitergearbeitet wie vorher, wir haben weiter geforscht, wir haben eben unsere wissenschaftliche Arbeit gemacht – was man mit Ludger Hermanns (1989) bezweifeln kann. – Den Kontext blendete man einfach aus.

3. Bei dieser Art von unreflektierter Motivation spielt auch die "Schwierigkeit nein zu sagen" eine Rolle, wie auch Wünsche wie Dabeisein, nicht ausgeschlossen sein wollen, bei Vorträgen, beim Schreiben – Motivationen, Verführungen, die wir sicher nachvollziehen können. Freilich hat das erfordert, davon wegzugucken, was in der Gesellschaft geschehen ist und selbst wegzusehen vom kleinen Kreis der eigenen Vereinsmitglieder: Wie haben sie es erlebt, daß ihre Individualpsychologie-Kollegen, vielleicht Freunde oder auch Kontrahenten, verhaftet wurden oder bis zur Emigration um ihr Leben kämpfen mußten oder schließlich deportiert wurden?

4. Ganz sicher gab es auch Angst. Da ist die reale Angst im NS, die ständig präsent war, zumal nie sicher war, was erlaubt/verboten und was welche Folgen hatte. Es gab natürlich auch die soziale Angst, die wir alle auch kennen, also nicht integriert zu sein oder benachteiligt zu werden. Angst ist ja eine der wirksamsten Antriebskräfte unseres Handelns, unserer Abwehr und unserer Unterordnung, Angst macht feige, auch da, wo es nicht nötig wäre.

5. Für nicht wenige bedeutete die Mitarbeit eine Existenzgrundlage, aber nicht notwendig eine aus Existenznot, sondern weil sie beraterisch oder therapeutisch arbeiten, bzw. weiterarbeiten wollten, und so bot sich das an, bzw. war es z.T. nicht anders möglich. Und im Vergleich zu anderen Tätigkeiten war es wohl eine angenehme, z.T. auch lukrative Tätigkeit, nicht ohne Prestige, denn die Mitarbeit galt als Auszeichnung.

6. Affinität der Theorie? Viel schwerwiegender für die Individualpsychologie als die Frage nach der individuellen Motivation ist die Frage danach, ob die individualpsychologische Theorie und Praxis dafür prädestiniert war, sich besonders gut ins NS-System einzufügen. Denn schließlich gibt es Begriffe, Reizworte in der Individualpsychologie, die eine Affinität zum NS nahezulegen scheinen: Ganzheit, Gemeinschaft, Minderwertigkeit, dann die erzieherische Haltung in der Psychotherapie. Auch andere (untergeordnete) Topoi könnten herangezogen werden wie: die Verurteilung von Egoismus, persönlichem Machtstreben, unnütze Seite.

In der entsprechenden Literatur über "deutsche" Psychotherapeuten, Psychoanalytiker und Adlerianer, werden immer wieder solche Ableitungszusammenhänge beschworen. Ich kann diese schwierige Diskussion hier nicht führen und kann nur meine Position dazu markieren. Natürlich gibt es theoretisch-ideologische Haltungen, die für die Naziideologie offen waren – so alle hierarchischen, nationalistischen, völkischen u.a. Einstellungen, aber man kann m.E. nicht, wie es sehr häufig getan wird, sagen, daß ganze Denktraditionen präfaschistisch waren oder daß diese gar die Mitarbeit am Göring Institut erklären. So ist es sicher falsch, wenn z.B. der Psychoanalytiker Bohleber (1995) pauschal sog. "spezifisch deutsche Denktraditionen" wie die Kritik am wissenschaftlichen Rationalismus, die Lebensphilosophie und Romantik, den idealistischen Neukantianismus, das organische und ganzheitliche Denken als Faschismus-verdächtig darstellt.

Ebenso hatte Cocks (1975) die ärztlichen Psychotherapeuten in den 20er Jahren, wegen ihrer ganzheitlichen, antimechanistischen Programmatik, die sich gegen die Schulmedizin richtete, als für den NS prädestiniert gesehen. Das ist schon deswegen absurd, wenn man die verheerende Rolle der naturwissenschaftlichen Schulmedizin im NS bedenkt, die sich zudem schon vor 1933 faschistisch organisiert und einen hohen Anteil von NSDAP-Mitgliedern hatte. Der Nazifaschismus hat bekanntlich keine in sich geschlossene Theorie, kein einzelnes Ideologem stammt ausschließlich von ihm (Haug 1986). Er hat alle brauchbaren Ideologiestücke der Konservativen in z. T. widersprüchlicher Weise aufgegriffen, ja er hat auch ganz andere Elemente der kulturellen Tradition als Versatzstücke verwendet und neben mythologischen Ideologien ebenso inhumane kalkulatorische Zynismen eingesetzt. Ob bestimmte Denkfiguren wie Ganzheit, Gemeinschaft sich im Faschismus eigneten, wurde entweder also durch den faschistischen Kontext erst hergestellt oder sie standen bereits vorher in einem nationalistischen, konservativen Zusammenhang. Konservativ oder präfaschistisch zeigt sich nicht an Begriffen von Ganzheit, Gemeinschaft etc. sondern an ihrem (faschistischen) Gebrauch – in diesem Fall z. B. an einem hierarchischen Kontext, Mißachtung des Individuums etc. So läßt sich z. B. relativ leicht nachweisen, daß Künkel die Adlersche Theorie konservativ durchtränkt hat: im hierarchischen und nationalistischen Denken, in seiner Auffassung vom "Wir", das sein Fronterlebnis widerspiegelt, in seiner Auffassung von der Notwendigkeit der Erschütterung durch Krisen u.a.m. – was von Adler und Adlerianern schon Ende der 20er Jahre an Künkel kritisiert wurde. Wenn nun von den Individualpsychologen in der Nazi-Zeit der Begriff Gemeinschaft als Volksgemeinschaft verwendet wurde, dann wurde er in den ideologischen Kontext von Rassentheorie, Führerprinzip etc. eingebunden. Der Adlersche Gemeinschaftsbegriff hat damit nichts zu tun, in der Nazizeit wurde er in sein inhumanes Gegenteil verkehrt, von den Adlerianern selbst.

Ich kann mir sogar vorstellen, daß diese Individualpsychologen sich das nicht klar gemacht haben – vielleicht war es Dummheit oder Schlitzohrigkeit? – skandalös verleugnend ist es allemal. Das zeigt sich z. B. an einer Äußerung von Kurt Seelmann: "dann, nach 1945, haben wir halt das 'Volk' vor Gemeinschaft wieder gestrichen".

Wenn das so war, dann können wir uns nicht in Sicherheit wiegen, daß die 1. Generation, vielleicht auch die Zwischengeneration, nach 12 Jahren Faschismus nicht doch Volksgemeinschaft gemeint haben, wenn sie von Gemeinschaft sprachen und diese Konnotation auf die 2. Generation tradiert haben. Unsere Schwierigkeit mit dem Gemeinschaftsbegriff hängt genau damit zusammen, mit diesem Erbe haben wir zu kämpfen. Allerdings sehe ich die Befreiung von diesem Erbe nicht darin, den Begriff Gemeinschaft zu streichen, sondern sich dieses Erbes stets bewußt zu sein und ihn in einem demokratischen Sinn zu verstehen und immer wieder neu zu hinterfragen. Das gilt auch für andere Begriffe und Denkstrukturen innerhalb der Adlerschen und der psychoanalytischen Theorien und Praktiken.

6. Nach 1945

Nach 1945 sammelten sich die Überlebenden dieses Göring-Instituts in München und führten dort quasi das Göring-Institut, als Münchener Institut fort, gemeinsam, also Psychoanalytiker, Adlerianer, Jungianer, nun mit Bewilligung der amerikanischen Militärbehörde, im Dienst der re-education. Man wechselte also rasch die Farbe, stellte sich wieder in Staatsdienst, was eine wunderbare Gelegenheit war, Vergangenheit abzuschütteln, Schuldverstrickung zu verleugnen – das war allerdings in dieser Zeit gängiges Muster. Diese Zusammenarbeit der Schulen hielt relativ lange an. So wurde z.B. bis Ende der 60er Jahre das sog. Dreierseminar, die gemeinsame Fallbesprechung, durchgeführt. Psychoanalyse in München war damals im wesentlichen vom DPG-orientierten Fritz Riemann geprägt. Mit der Hinwendung von Teilen des Instituts zur DPV war diese Zusammenarbeit für die Individualpsychologen kaum mehr möglich, sie wurden immer mehr an den Rand gedrängt und zogen sich 1971 in ein eigenes Institut zurück (Grunert 1984; Gröner 1993; Witte 1998). Durch die Zusammenarbeit mit der DPG und durch das Hinausdrängen wurde die Individualpsychologie vielleicht, wie auch die Schultz-Henckesche DPG, auf die Seite der Täter gestellt, während sich ja die DPV (mit Müller-Braunschweig) auf die Seite der Opfer gestellt hatte, d.h. sich selbst als Opfer präsentiert hatte, was sie gar nicht war. Diese erneute erzwungene Abspaltung von der Psychoanalyse und diese Zuschreibung zur Täterseite könnte – wie es Ermann (1996) auch für die DPG darstellt – einer der Gründe für das chronische Minderwertigkeitsgefühl der Individualpsychologen sein, ein Verharren in unaufgearbeitetem Scham- und Schuldgefühl, was aber eher zur Verdrängung als zur Anerkennung von Schuld führt.

Diese Individualpsychologen des ehemaligen Göring-Instituts gehörten dann, zusammen mit Metzger (der auch nicht frei von NS-Vergangenheit war), also Seelmann, Scherke, Neumann 1962 zu den Gründern der AAG. Allerdings waren bei der Gründung der Adler-Gesellschaft, ebenso bei den ersten Ausbildungsgängen, einige Emigranten dabei – die im allgemeinen aber meist selbst politischen Ballast abgeworfen hatten (Dahmer 1989). M.W. nach haben diese, vorwiegend in England und Amerika lebenden Emigranten, damals und später nicht nach der Vergangenheit der deutschen Individualpsychologie gefragt, es wurde darüber geschwiegen. Resultiert auch daraus die noch heute auf den Internationalen Kongressen zu beobachtende, geradezu bedrückende Sprachlosigkeit zwischen den Deutschen und den Amerikanern?

Ende der 60er Jahre kam dann eine neue Wende mit Dreikurs, ein Indiz für die Amerikanisierung der Individualpsychologie, was ebenfalls eine Folge des NS ist. Amerikanisierung, vielleicht in anderen Bereichen etwas früher, war ein Merkmal unserer Kultur nach 1945 generell und war und ist bis heute ja auch in der Psychoanalyse zu beobachten, was dort vielfach kritisiert wird.

Dreikurs bedeutete vielleicht eine Befreiung vom NS, ein Versuch, nun endlich die NS-Schuld demokratisch abzuschütteln – allerdings auch die sozialistische Wurzel und ein Versuch, die kränkende Wunde Psychoanalyse durch eine neue Gegenbesetzung zu überwinden. Denn Dreikurs bedeutete auch eine erneute, sehr bewußte Trennung von der Psychoanalyse. Deswegen vielleicht sind die Münchener diesen Dreikurs-Weg nie ganz gegangen, da sie durch das Göring-Institut noch mit Adler und der Psychoanalyse verbunden waren. Diese Dreikurs-Phase kann man inzwischen wohl als überwunden ansehen – was nicht ohne Identitätskrisen ging.

Die Veränderung der Psychoanalyse selbst, hin zur Objektpsychologie, dann zur Selbstpsychologie, die in Deutschland generell erst ab den späten 60er Jahren rezipiert wurde, hat es der Individualpsychologie dann ermöglicht, zur Psychoanalyse (in diesem weiteren Sinn) zurückzufinden. Diese Synthese mit der modernen Psychoanalyse war dadurch nötig geworden, als sich – vor dem Hintergrund, daß die

Psychoanalyse zunehmend mehr Anerkennung fand und zur Kassenabrechnung berechtigt wurde – die Individualpsychologie immer mehr auf die therapeutische Arbeit konzentrierte, wofür Adler nicht ausreicht(e). Adler ist dabei bis zur Unkenntlichkeit in unseren Ausbildungsgängen verschwunden. Wenn Tenbrink (1998) nun die Auflösung der Individualpsychologie überhaupt anregte, so ist das geradezu folgerichtig – aber ich denke, daß er mit seiner Aufforderung zu spät kommt, angesichts des nun gestiegenen Selbstbewußtseins der Individualpsychologie – was ja die Reaktionen auf diesen Vorschlag zeigen.

Die NS-Zeit hat viele Spuren hinterlassen, bei den einzelnen und bei der Geschichte der Institution der Individualpsychologie, diese Spuren gehören mit zu ihrer Vergangenheit und Gegenwart. Wirklich befreit wäre sie, wenn wir sicher sein könnten, daß wir eine vergleichbare Geschichte nicht wiederholen würden – diese Sicherheit haben wir natürlich nicht. Eine Voraussetzung aber ist, wie wir als Therapeuten wissen, daß wir darüber sprechen oder wie Rainer Schmidt im "Heldertrop" auch schreibt: "Wir müssen einander Spiegel sein", denn "der Faschismus findet nicht außerhalb von uns statt, sondern in unseren Seelen" (1995b).

Literatur

Bohleber, W. (1995): Zur romantisch-idealistischen Freudrevision deutscher Psychoanalytiker nach 1933. In Hermanns, L. (Hrsg.): Spaltungen in der Geschichte der Psychoanalyse. edition diskord, Tübingen

Brockhaus, G. (1997): Schauder und Idylle. Faschismus als Erlebnisangebot. Kunstmann, München

Brockhaus, G. (1998): Zur Psychologie der Faschismusanfälligkeit am Beispiel der "Deutschen Seelenheilkunde". In Weber, K. (Hrsg.): Unterstellte Subjekte. Der Beitrag der deutschen Psychologie zur Faschisierung des Subjekts. Argument, Hamburg/Berlin

Bruder-Bezzel, A. (1999): Geschichte der Individualpsychologie. Vandenhoeck & Ruprecht, Göttingen

Cocks, G. C. (1975): Psyche and Swastika: "Neue Deutsche Seelenheilkunde" 1933–1945. Diss. Univ. California, Los Angeles

Dahmer, H. (1989): Zur aktuellen Debatte um die Psychoanalyse im "Dritten Reich". In: Fallend, K., et al. (Hrsg.): Der Einmarsch in die Psyche. Junius, Wien

Dreikurs, R. (1972): Kinder fordern uns heraus. Klett, Stuttgart

Eckstaedt, A. (1989): Nationalsozialismus in der "zweiten Generation". Psychoanalyse von Hörigkeitsverhältnissen. Suhrkamp, Frankfurt/M.

Ermann, M. (1996): Verstrickung und Einsicht. Nachdenken über die Psychoanalyse in Deutschland. edition diskord, Tübingen

Geuter, U. (1984): Die Professionalisierung der deutschen Psychologie im Nationalsozialismus. Suhrkamp, Frankfurt/M.

Göring, M. H. (Hrsg.) (1934): Deutsche Seelenheilkunde. Hirzel, Leipzig

Gröner, H. (1993): Individualpsychologie in München. ZfIP 18. Jg., H. 3, 203–223

Grunert, J. (1984): Zur Geschichte der Psychoanalyse in München. Psyche 10. Jg., 865–904

Haffner, S. (1939/1996): Germany: Jekyll & Hyde. 1939. – Deutschland von innen betrachtet. Verlag 1900, Berlin

Handlbauer, B. (1989): Die Emigration der Wiener Individualpsychologen. In: Fallend, K., et al. (Hrsg.): Der Einmarsch in die Psyche. Junius, Wien

Haug, W. F. (1986): Die Faschisierung des bürgerlichen Subjekts. Argument, Berlin

Hermanns, L. (1989): Bedingungen und Grenzen wissenschaftlicher Produktivität bei Psychoanalytikern in Deutschland 1933 bis 1945. Jahrbuch der Psychoanalyse, 25. frommanholzboog, Stuttgart

Kutscher, K. (1995): Psychische Folgen extremer menschlicher Verunsicherung am Beispiel des Holocaust. ZfIP 20. Jg., H. 2, 92–106
Marcuse, H. (1942/1998): Die neue deutsche Mentalität. In: Marcuse, H. (Hrsg.): Feindanalysen. zu Klampen, Lüneburg
Mentzos, S. (1990): Interpersonale und institutionalisierte Abwehr. Suhrkamp, Frankfurt/M.
Mitscherlich, A. (1967): Die Unfähigkeit zu trauern. Piper, München
Moser, T. (1993): Politik und seelischer Untergrund. Suhrkamp, Frankfurt/M.
Oppenheim, D. E. (1996): Von Eurem treuen Vater David. In: Gaisbauer, A. (Hrsg.): D. E. Oppenheim in seinen Briefen 1938–1942. Böhlau, Wien
Rattner, J. (1979): Zum 90. Geburtstag von Fritz Künkel 1889-1956. ZfIP 4. Jg., 152–167
Roberts, U. (1994): Starke Mütter – ferne Väter. Fischer, Frankfurt/M.
Roberts, U. (1995): Unklare Identitäten bei der "dritten Generation". ZfIP 20. Jg., H. 2, 107–120
Rothschild, B. (1996): Psychoanalyse – mündliche Tradierung – Selbstmystifizierung. In: Rothschild, B. (Hrsg.): Selbstmystifizierung der Psychoanalyse. Vandenhoeck & Ruprecht, Göttingen
Schmidt, R. (1995a): Selbstzerstörung – Fremdzerstörung. Die innerpsychische Struktur von Selbstzerstörung und Fremdzerstörung am Beispiel Heinrich Himmlers. Beiträge zur Individualpsychologie, 21, S. 55–68. Reinhardt, München/Basel
Schmidt, R. (1995b): "Heldertrop" oder Geschichten vom Seelensterben. Alano, Aachen
Schörken, R. (1998): Jugend. In: Benz, W., et al. (Hrsg.): Enzyklopädie des Nationalsozialismus. dtv, München
Seif, L. (1934): Volksgemeinschaft und Neurose. In: Göring, M. H. (Hrsg.): Deutsche Seelenheilkunde. Hirzel, Leipzig
Tenbrink, D. (1998): Betrachtungen zum Spannungsfeld zwischen individualpsychologischer Identität und psychoanalytischem Selbstverständnis in der Individualpsychologie. ZfIP 23. Jg., H. 2, 95–115
Witte, K. H. (1998): Individualpsychologische Identitätsdiffusion. ZfIP 23. Jg., H. 2, 185–194

Namenverzeichnis

Abraham, Karl 14
Adler, Alfred 16, 17, 26, 37, 38, 42, 43, 61, 94, 95, 97, 100, 102, 103, 106, 114, 115, 122, 128–133, 135–137,
Adler, Valentine 131
Ansbacher, H. L. 94, 95, 97, 100
Ansbacher, R. R. 100
Antoch, R. 96, 100
Aufmuth, U. 48, 50
Ausländer, Rose 118, 121, 123

Balint, M. 31–33, 36–38, 59
Bauer, Helene 131
Bauriedl, Thea 45, 46, 50, 55, 58–60, 64
Benjamin, J. 53, 64
Berger, M. 81, 85
Berker, P. 105, 115
Berner, P. 78, 85
Biermann, Wolf 48
Bion, W. R. 84
Blankenburg, W. 81, 85
Bohleber, W. 134, 137
Bohus, M. 81, 85
Breuer, Josef 58, 88–91, 97, 98
Brockhaus, Gudrun 126, 129, 132, 137
Bruder, K. –J. 95, 100
Bruder-Bezzel, Almuth 130, 137
Brunner, R. 123
Buchholz, M. B. 61, l64
Buxton, W. D. 75

Carroll, G. J. 75
Claudius, Mathias 13
Cocks, G. 134, 137
Constable, J. F. 67,74
Credner, Lene 132, 133
Cremerius, J. 44, 45, 50
Cronin-Stubbs, D. 67, 74

Dahmer, H. 136, 137
Danckwardt, J. F. 28, 38
Dante, A. 40
Daser, E. 96, 100
Dornes, M. 23, 38

Drees, A. 63, 64
Dreikurs, Rudolf 127, 129, 136, 137
Dürck, Johanna 133

Eckstaedt, Anita 129, 137
Enzmann, D. 66, 74
Erdheim, Mario 41, 50
Ermann, M. 90, 91, 93, 100, 130, 133, 136, 137

Favazza, A. R 85, 78
Fengler, J. 67, 72, 74, 75
Ferenczi 32, 33, 59, 90
Fischer, G. 82, 85
Fliess, Wilhelm 14, 57
Freisfeld, A. 65, 66, 75
Freud, Anna 17
Freud, Sigmund 11–16, 19, 20, 22, 24, 28, 29, 32, 36–38, 57, 58, 60, 88–90, 94, 100
Freund, Hugo 131
Frings, W. 30, 38
Fromm, Erich 11, 20
Fromm-Reichmann, G. 29, 38
Fuchs-Brüninghoff, Elisabeth 103, 104, 115

Gandras, Gisela 119, 123
Gattig, E. 28, 38
Gay, Peter 12, 13, 20
Geuter, U. 133, 137
Gfäller, G. R. 108, 115
Giordano 129
Goethe, J. W. 13
Göring, Mathias Heinrich 132, 133, 137
Goscinny 101, 115
Green, R. C. 75, 66
Greenson, R. R. 47, 50
Gröner, H. 127, 136, 137
Grunert, J. 136, 137
Gurris, N. F. 82, 85
Gysling, Andrea 59, 64, 90, 100

Habermas, Jürgen 44
Haffner, Sebastian 127, 128, 133, 137
Handlbauer, B. 126, 131, 137

Hann-Kende 90
Harris, B. A. 66, 75
Haug, W. F. 135, 137
Heimann, Paula 90, 92, 100
Heine, Heinrich 20
Heisterkamp, G. 29–31, 38, 42
Helfrich, C. 121, 124
Herman, J. L. 86
Hermann, Ludger 133, 137
Herpertz, S. 78, 83, 85
Herzog, Edgar 133
Hesse, Hermann 15, 49, 50
Hilferding, Margarete 131
Hirsch, M. 29, 38, 81, 85
Hitler, Adolf 15, 132
Hoghe, R. 124
Hölderlin, Friedrich 1 0
Holub, Arthur 131
Hölz, Max 15

Izraeli, D. N. 67, 75

Jacobsen, Jens Peter 13
Jacoby, Henry 129, 131
Jellinek, Elfriede 85
Jones, J. W. 67, 75
Jung, C. G. 88, 132

Kächele, H. 92
Kafka, J. S. 81, 85
Kahr, G. 15
Kaiser, Helmut 43, 50
Kausen, R. 123
Keilson, Hans 7, 21
Kernberg, Otto 43, 50, 59
Kleiber, D. 66, 74
Köhler, L. 79, 83, 85
Kohut, H. 30, 33, 38
Körner, J. 89, 91–93, 100
Kraus, Karl 44
Kristen, W. 122, 124
Kronheim, Kurt 14, 16
Kuhn, Thomas S. 11, 21
Künkel, Fritz 16, 126, 128, 131–133, 135,
Kutscher, Karin 126, 138
Kutter, P. 36, 38, 44, 45, 50

Lang, Robert 41, 45, 50
Lehmkuhl, G. 28, 38

Namenverzeichnis

Leist, M. 124
Lichtenberg, J. D. 26, 36–38
Linehan, M. M. 80, 84, 85
Loch, Wolfgang 93
Lorenzer, Alfred 87, 100
Löwenberg, H. 80, 85
Ludendorff, Erich 15
Lüps, Alice 133
Lynch, David 40

Mahler, Margaret 52, 64
Mann, Thomas 15
Marcuse, Herbert 11, 19, 21, 126, 138
McDougall, Joyce 43, 51
McKay, H. B. 78, 85
Mentzos, S. 37, 39, 129, 130, 138
Mertens, W. 42, 51
Metzger, Wolfgang 136
Miller, Henry 47, 51
Mitscherlich, Alexander 130, 138
Moser, T. 129, 138
Müller–Braunschweig, C. 136
Musalek, M. 85

Neuer, Alexander 16, 131
Neumann, Johannes 132, 133, 136
Nietzsche, F. 46, 51, 52, 64
Nin, Anais 47, 48

Ogata, S. N. 80, 85
Ogden, T. H. 56, 57, 64
Ohm, K. 94, 100
Oppenheim, David 131

Perry, J. C. 86
Pfannschmidt, Hansjörg 55
Piaget, J. 23, 37, 39
Plättner, Karl 15
Plottke, Paul 131
Popper, Karl 43, 44, 51

Pühl, Harald 103, 115

Racker, H. 91, 100
Rank, Otto 90
Rappe–Giesecke, Kornelia 104, 115
Rathenau, Walter 15
Rattner, J. 126, 138
Rau, Johannes 110
Reich, Wilhelm 11, 21
Reik, Theodor 11, 21, 90
Reimer, Ch. 65, 66, 75
Reiß, Sidonie 131
Resch, F. 79, 85
Richter, H. E. 53
Riedel, J. 41, 51
Riedesser, P. 82, 85
Riemann, Fritz 136
Roberts, Ulla 126, 138
Rosen, P. M. 78, 81, 86
Rosenkötter, Lutz 42, 51
Rosenzweig, Franz 18
Ross, R. R. 78, 85
Rost, J. 115
Rothschild, B. 130, 138
Roy, A. 67, 75
Rühle, Alice 16, 131
Russell, D. W. 67, 74

Sachsse, U. 81, 83, 86
Salber, W. 24, 37, 39, 42
Sandler, A. M. 90, 91
Sandler, J. 90, 91
Scharfetter, C. 82, 86
Scharff, J. M. 30, 31, 37, 39
Scherke, Felix 132, 136
Schmidt, Rainer 122–124, 126, 137, 138
Schörken, R. 128, 138
Schultz–Hencke, H. 136
Schur, M. 79, 86
Searles, H. F. 90
Seelmann, Kurt 132, 135, 136
Seif, Leonhard 131–133, 138
Selye, Hans 67

Silk, K. R. 85
Simeon, D. 78, 85
Sperber, Manès 16, 17, 129, 131
Spielrein, Sabrina 88
Spitz, René 36
Stegmüller, W. 11, 21
Stern, Daniel 23, 24, 26, 29, 37, 39, 52, 79, 86, 90
Stierlin, H. 88, 100
Stolerow, R. D. 57, 64
Stork, J. 49, 51
Stout, J. K. 67, 75

Tenbrink, D. 137, 138
Thomä, H. 92, 93, 100
Thygesen, Per 9
Titze, M. 30, 39, 123
Tress, W. 57, 64

Uderzo 101, 115

van der Kolk, B. A. 80, 86
von Treitschke, Heinrich 20
von Villers, A. 95, 100

Wächter, F. K. 115
Walser, Martin 7
Walsh, B. W. 78, 81, 86
Walter, H. 85
Watzlawick, P. 115
Wehr 46
Weigl, Egon 131
Welsch, W. 42, 51
Wilkomirski, Binjamin 7
Williams, J. M. 67, 75
Wimmer, R. 102, 114, 115
Winnicott, D. W. 36, 55, 56, 59, 64
Witte, K. H. 136, 138
Wittels, F. 11, 21
Wittgenstein, Ludwig 43
Wolff–Richter, Annemarie 131

Zweig, Stefan 15

Sachverzeichnis

Abstinenz 47, 58f, 63, 91
Abstinenzprinzip 32
Abstinenzregeln 59
Abwehr 32, 37, 125
– schweigende 126
Abwehrformen 26
Abwehrkonstellation, interpersonale 130
Abwehrmechanismen 84, 128
Adler-Gesellschaft 136
Affektbewältigung 80
Affektregulation 79f
Ambivalenzkonflikt 82
Angst 119, 123, 134
Angst-Lust-Spannung 48
Apperzeption, tendenziöse 122
Apperzeptionsmuster 96
Assoziation, freie 32
– leibliche 30
Asymmetrie, therapeutische 27
Atmosphärisches 28
Aufmerksamkeit, gleichschwebende 32
Ausbildung, psychoanalytische 43
Ausbildungsinstitute 130
Ausbildungskandidaten 42
Ausbildungssystem, psychoanalytisches 43
Ausdrucksbewegungen, leibliche 32
Austrofaschismus 130

Bedürfnisbefriedigung 32
Bedürftigkeit, seelische 59
Behandlungsvertrag 83
Belastungskontext 65
Belastungsstörungen, posttraumatische 82
Benötigung, narzißtische 25
Beratung 72, 103
Berührungsproben 30, 32
Bewegungen, intrapsychische 56
Beziehung 22
Beziehungserfahrung 29, 33, 80, 84

– korrigierende 25
Beziehungsfähigkeit 80
Beziehungsmuster 96, 98
Beziehungsphantasie 89, 92
Beziehungsrealität 91
Burnout 65, 67f, 70f, 74
Burnout-Prophylaxe 69, 73
Coping-Mechanismen 81

Deformation, berufliche 71
Desintegration 81
Deutung 22, 29, 32, 35, 60, 87, 90, 93
Deutungsarbeit 99
Deutungsmacht 45
Dialog, analytischer 33
Dissoziationstendenzen 82
Dreierbeziehung 55
Durcharbeiten 32

Eigenanalyse 98
Einfall 37
Einsamkeit, 123
Einsicht 32, 60
Ekelgefühle 117
Eltern-Kind-Beziehung 53
Elternsystem 111
Emigranten 127
Empathie 57, 59
Erfahrung, implizite 24
– traumatische 37
Erinnerungen 23
Erlebensprozesse 26
Erlebnisweisen, dissoziative 78
Ermutigung 122
Ethikkommission 59
Existenznot 134

Fall Breuer 88
Familie 55, 130
Familieninteraktion 80
Familienkonstellation 104
Fehlleistung 17
Fiktion 95, 96, 98f, 130
Finalität 122
Finalanalyse 60
Freude 30
Frustrationstoleranz 26

Ganzheit 134
Ganzheitlichkeit 122
Gegenübertragung 14, 29, 33, 57, 87–91, 93f, 96, 99
Gegenübertragungsagieren 33
Gegenübertragungsbegriff 92
Gegenübertragungsbeziehungen 41
Gegenübertragungselemente 94
Gegenübertragungsgefühle 29, 41
Gegenübertragungsgeschehen 26, 61
Gegenübertragungsinhalte 18
Gegenübertragungskonstellation 55
Gegenübertragungsreaktion 92
Gegenübertragungstheorie 90
Gegenübertragungswiderstand 31, 33
Gemeinschaft 132, 134f
Gemeinschaftsbegriff 135
Göring-Institut 131, 134–136
Grandiositätsphantasien 69
Grenzsetzung 52
Grenzsituation 48
Grenzüberschreitung 52, 114f
Grundstörung 33f, 36
Gruppentheorie 102

Handlung 22
Heilung 30
Helferbelastung 72
Helferqualitäten 65
Holocaust 7
Humor 30

Ichfunktionen 83
Ich-Leistung 20
Ich-Psychologie 36, 59
Identifikation, projektive 29, 45
Identität 20

Identitätsbildung 76
Identitätsentwicklung 40
Identitätskrisen 136
Identitätsunsicherheit 77
Impulskontrolle 80
Individualpsychologie 16f,
  41, 94–96, 102, 117, 125f,
  128f, 131, 133, 136f
Individuation 52f
Individuationsproblem 37
Individuum 52
Institute 44
Interaktionsgeschehen 22,
  28
Interpretation, sprachliche
  29
Introspektion 57
Intuition 63
Inzesttabu 93
Inzestwunsch 92

Kindheit 7, 96
Kindheitserinnerungen,
  frühe 30
Kommunikation, nonverbale 35
Konfliktdynamik, ödipale
  34
Konflikte 113
Kontakt 11
Konzentrationslager 128
Körperausdruck 31
Körpererfahrung 79, 84
Körperpsychotherapie,
  analytische 31, 36
Körper-Selbst 79
Körpersprache 29
Kraft, schöpferische 122
Krankheit 117
Kriegswaisen 12

Lebensbewegung, schöpferische 26
Lebensstil 60, 102, 114,
  122
Lebenswirklichkeit 56
Lehranalyse 92
Leistung, schöpferische 98

Macht 43, 46, 94, 130
Machtfrage 94
Machtgefühl 46
Machtmißbrauch 43
Machtrausch 46
Machtstreben 57, 82
– persönliches 134

Machtstrukturen 130
Mangelerfahrungen 60
Mangellage 33
man-made-disaster 11–13
man-made-disaster-
  Geschehen 19
Märchen 40
Metapher 61
Minderwertigkeit 134
Minderwertigkeitsgefühl
  92, 136
Mißbrauch, sexueller 61,
  80, 82
Mutter 49
Mutter-Beziehung 25

Nacherleben 29
Nazifaschismus 135
Nazizeit 131
Neutralität 32
Normalität, bürgerliche 40
Nürnberger Gesetze 16

Objektbeziehung 34
Objektbeziehungstheorie
  59
Objekterfahrung 79
Ohnmacht 15, 122
Omnipotenzphantasien
  114
Opfer-Aspekt 59
Opferseite 126

Partnerschaftsprobleme
  66
Peinlichkeitsgrenzen 50
Phänomen, massenpsychologisches 103
Phantasien, triebbestimmte
  32
Prinzip der Nicht-Aktivität
  32
Progression 35
Prozeßberatung 105
Psychoanalyse 11, 17, 20,
  41, 44, 126, 129, 136f
Psychohygiene 30, 74

Rahmung 28
Reaktionen, dissoziative
  81
Reanalyse 24, 30
Regression 34-36
Regressionsniveau 33
Reinszenierung 33
Reizüberflutung 82

Reparation 59
Retardation, sozio-kulturelle 9, 12
Retraumatisierung 37, 82
Riten 76
Rivalität 55
Rivalitätsgefühle 45

Säuglingsbeobachtung 79
Scham 129, 130
Schamgefühl 36, 78, 136
Schamgrenze 50
Schamschwelle 71
Schuldgefühl 84, 129, 136
Selbstbelastung 65
Selbstberührungen 30
Selbstbewußtsein 25
Selbstentwicklung 24, 41
Selbsterfahrung 41, 48,
  104
Selbstgleichschaltung 133
Selbstidentität 80
Selbstkonzept 79
Selbstpsychologie 136
Selbstreflexion 101f
Selbstschädigung 83
Selbstsicherung 36
Selbsttötung 67
Selbstüberforderung 66
Selbstverletzung 76–78,
  80f, 83
Selbstverletzungsimpulse
  84
Selbstverstehen 24
– implizites 23
Selbstverstümmelungsriten
  76
Separation 53
Setting 28
Shoa 20
Sicherungsformen 26
Sprache 18
Sprachlosigkeit 117
Sprachprobleme 11
Sterbebegleitung 123
Sterben und Tod 122
Streßkonzept 67
Stundenfrequenz 28
Suchtgefährdung 66
Supervision 72, 103f, 106–
  110, 113f
Supervisionsprozeß 111

Tabu 66
Tabubruch 41
Tabuverletzung 77

Täter-Aspekt 59
Täterseite 126
Teamsupervision 102–105
Tendenzen, schöpferische 26
Testbatterie 11
Testprofil 10
Tod 13, 116, 121–123
Trauer 13, 122
Trauerarbeit 84
Trauma 13
Traumabegriff 12
Traumaerfahrung 9
Traumafolge 9
Traumareaktion 9
Traumata, reale 80
Traumatheorie 60
Traumatisierung bei Kindern 11
Träume 45
Triangulierung 55
Triebe 45
Triebpsychologie 36
Triebtheorie 60
Triebverlangen 36
Tumorpatienten 116

Übergangsobjekt 81
Übergangsphänomene 56
Überlebensstrategie 10
Übertragung 14, 32, 57, 60, 89, 93, 99
Übertragungsanalyse 32, 37
Übertragungsbeziehung 25, 84, 93
Übertragungsdeutung 35, 93, 99
Übertragungsgeschehen 26, 61
Übertragungsinhalte 18
Übertragungskonflikt 93
Übertragungskonstellation 55
Übertragungsphantasie 93
Übertragungssituation 18, 29
Übertragungsszene 24
Unverletzlichkeitsphantasien 69

Vater 49
Verarbeitungsmöglichkeiten 32
Verdrängung 126
– neurotische 90
Verführungstheorie 12
Vernichtungslager 10
Verschmelzung 53
Verschwörung, therapeutische 46
Verstehen, präsentisches 23, 27
Verstehensprozesse implizite 27
Vorurteilsforschung 19

Wahrheitsgehalt 20
Wandlungserfahrungen, implizite 26
Widerstand 13, 29, 33
– konzeptueller 26
Wiedergutmachung 19
Wirklichkeit, lebensstiltypische 26
Wirkungsgeschehen, therapeutisches 27
Witz 66
Wut 122

Zeitgeist 20

Beiträge zur Individualpsychologie

I. Delmenhorster Fortbildungstage für Individualpsychologie 1980
Hrsg. von Franzjosef Mohr
1982. 86 Seiten. (3-497-01007-3) kt

Die Begegnung der Individualpsychologie mit anderen Therapieformen
Ausgew. Beiträge aus dem 15. Kongreß der Internationalen Vereinigung für Individualpsychologie in Wien 1982
Hsrg. von T. Reinelt, Z. Otalora und H. Kappus
1984. 187 Seiten. (3-497-01063-4) kt

Wege zur Einheit in der Tiefenpsychologie
Hrsg. von Franzjosef Mohr
1987. 110 Seiten. (3-497-01137-1) kt

Psychotherapie und Beratung in Gruppen
VIII. Delmenhorster Fortbildungstage für Individualpsychologie 1988
Hrsg. von T. Ahrens, U. Lehmkuhl und F. Mohr
1989. 192 Seiten. (3-497-01175-4) kt

Individualpsychologisch-pädagogische Beratung. Grundlagen und Praxis
Hrsg. von Hans Josef Tymister
1990. 111 Seiten. (3-497-01207-6) kt

Entwicklung und Individuation
X. Delmenhorster Fortbildungstage für Individualpsychologie 1990
Hrsg. von Thea Ahrens und Ulrike Lehmkuhl
1991. 120 Seiten. (3-497-01232-7) kt

Methoden und Prozeß individualpsychologischer Therapie und Beratung
XI. Delmenhorster Fortbildungstage für Individualpsychologie 1991
Hrsg. von Thea Ahrens und Ulrike Lehmkuhl
1992. 223 Seiten. (3-497-01268-8) kt

Praxis und Therapie der Individualpsychologie. Aus der analytischen Psychotherapie mit Kindern, Jugendlichen und Erwachsenen
Hrsg. von Karl Heinz Witte
1992. 175 Seiten. (3-497-01271-8) kt

Arbeit und Arbeitslosigkeit
Zum Wert von Arbeit heute
Hrsg. von E. Fuchs-Brünninghoff und H. Gröner
1993. 96 Seiten. (3-497-01285-8) kt

Verlaufsanalysen von Therapien und Beratungen. XII. Delmenhorster Fortbildungstage für Individualpsychologie 1992
Hrsg. von Ulrike Lehmkuhl
1993. 175 Seiten. 7 Abb. (3-497-01295-5) kt

Register der deutschsprachigen individualpsychologischen Periodika
Hrsg. von Gerd Lehmkuhl und Horst Gröner
1994. 187 Seiten. (3-497-01323-4) kt

Familie und Gesellschaftsstruktur
XIII. Delmenhorster Fortbildungstage für Individualpsychologie 1993
Hrsg. von Ulrike Lehmkuhl
1994. 195 Seiten. (3-497-01329-3) kt

Gewalt in der Gesellschaft
XIV. Delmenhorster Fortbildungstage für Individualpsychologie 1994
Hrsg. von Ulrike Lehmkuhl
1995. 232 Seiten. (3-497-01364-1) kt

Heilen und Bilden – Behandeln und Beraten
Individualpsychologische Leitlinien heute
XV. Delmenhorster Fortbildungstage für Individualpsychologie 1995
Hrsg. von Ulrike Lehmkuhl
1996. 221 Seiten. (3-497-01408-7) kt

Biographie und seelische Entwicklung
XVI. Delmenhorster Fortbildungstage für Individualpsychologie e. V. 1996
Hrsg. von Ulrike Lehmkuhl
1997. 223 Seiten. 18 Abb. (3-497-01446-X) kt

Sinnverlust und Kompensation
XVII. Delmenhorster Fortbildungstage für Individualpsychologie e. V. 1997
Hrsg. von Ulrike Lehmkuhl
168 Seiten. 4 Abb. (3-497-01465-6) kt

Ernst Reinhardt Verlag München Basel